みらいに架ける社会学

情報・メディアを学ぶ人のために

早坂裕子・広井良典 編著

ミネルヴァ書房

まえがき

　一般的に社会学は「社会のあらゆる場における人と人との相互関係を対象とする」などと解説されます。確かにその通りなのですが，より具体的には，朝起きてテレビをつけ，ケータイをチェックしてメールを読み，返事を送る，というこの一連の行動が社会学の対象そのものだといえます。

　19世紀のアメリカに生きた詩人，エミリー・ディキンソンは，手紙の読み方を次のようにうたっています（安藤一郎訳）。

　　　わたしの手紙の読み方はこうです
　　　最初は戸に錠をおろし
　　　確かに戸が閉まったか
　　　手で押してみる

　　　それからずっと端にいって
　　　外からのノックを防ぎます
　　　そしてやっとわたしのかわいい手紙を引きだして
　　　そっとその錠をこじあけます
　　　　　（後略）

　明らかに，ディキンソンは，大切な人からの手紙についてうたっており，宝物のように扱っていることが判ります。これほどに扱わないとしても，郵送される手紙には電子メールとは異なった意味を見出すことができます。内容以外にもさまざまなメッセージがそこにはあり，場合によって受け手は，それらを一つも見逃さずに受けとめようとするでしょう。一方，電子メールには同時性や簡便さという利点があり，21世紀に生きる人びとの間に広く浸透しています。
　社会学が対象としているのは，まさにこのような社会的事象やその背景，そして人間のあり方だといえます。

　本テキスト『みらいに架ける社会学——情報・メディアを学ぶ人のために』は，2004年に刊行され，ご好評をいただいている『みらいを拓く社会学——看

護・福祉を学ぶ人のために』の姉妹編として刊行されました。社会学の主要な専門分野を縦軸とし、情報・メディアの最も今日的な問題を横軸として論じられています。

全体的には半期のカリキュラムにも通年のカリキュラムにも対応できるような構成になっています。1章ごとの内容が豊富ですので、前半と後半とに分けて使用することも可能ですし、章全体の中から特定のトピックを選んで使用することも可能です。

本テキストで学んだ社会学が、知識レベルでも実践レベルでも、皆さん一人ひとりの希望に満ちたみらいに架橋されることを筆者一同は心より願っています。

最後になりましたが、編者として本テキストを「分かりやすく、充実した」ものにするために編者と筆者、そして筆者同士が積極的に意見を交換しあったことを記し、筆者の皆さまの努力に感謝申し上げたいと思います。また編者が担った仕事の一部をお手伝いくださった和田奈津美さんに心より感謝申し上げます。ミネルヴァ書房の杉田啓三社長、堂本誠二氏には大変お世話になりました。

2005年1月

早坂　裕子

広井　良典

みらいに架ける社会学
―― 情報・メディアを学ぶ人のために ――

目　次

まえがき

第1章 情報技術と人間・社会　　　　　　　　　　　　広井　良典
　　　　──生命・ケア・関係性──

1　情報とは何か………………………………………………………1
2　情報と生命：非生命から生命へ…………………………………4
3　情報とケア：ほ乳類から人間へ…………………………………8
4　情報と関係性：農村から都市へ………………………………10
　　情報とコミュニティ／「関係性」の組みかえ

第2章 社会学概観　　　　　　　　　　　　　　早坂　裕子・小松　丈晃
　　　　──Open new avenues for understanding society──

1　お菓子の社会学………………………………………………18
　　政治社会学の視点から／健康・病気と医療の社会学の視点から／労働社会学の視点から／メディア社会学の視点から／環境社会学の視点から／地域社会学の視点から／宗教社会学の視点から／コミュニケーション論の視点から
2　学生のコメントから…………………………………………26
　　メディア・情報／医療／政治／逸脱／宗教／労働
3　社会学的想像力………………………………………………31
　　社会学的思考／社会学を学ぶ意義

第3章 情報・メディア・コミュニケーション　　　　　矢原　隆行
　　　　──コミュニケーション・システムとしての社会──

1　コミュニケーションとは何か………………………………35
　　情報とコミュニケーション／コミュニケーション・モデルズ／メディアへの注目
2　コミュニケーション・システムとしての社会………………40
　　3つの選択としてのコミュニケーション／コミュニケーション・システムとしての社会と観察者としての社会学

目 次

第4章 メディア・リテラシー　　　　　　　　　　　　　柴田　邦臣
　　　　──社会に参加する力の積層──

　1　メディア・リテラシーの現在……………………………………48
　　　メディア・リテラシーの語られ方／メディア・リテラシーの理論と実践
　2　ひとつめのアプローチ：メディアの基礎論 ……………………50
　　　メディアの基礎(1) その"不可欠"さ／メディアの基礎(2) その"リアリティ"／メディアの基礎(3) その"リテラシー"
　3　ふたつめのアプローチ：メディアを使おうとする場から ………54
　　　メディアを獲得する(1) ハード面／メディアを獲得する(2) ソフト面／メディアを使用する(1) 個人生活面／メディアを使用する(2) 社会生活面
　4　社会参加のためのメディア・リテラシー……………………………60

第5章 国家と公共圏　　　　　　　　　　　　　　　　水上　英徳
　　　　──操作と批判の間──

　1　公共圏の構造転換 ……………………………………………64
　　　公共圏とは？／市民的公共圏の成立／市民的公共圏の変容
　2　操作される公共圏と国家 ………………………………………68
　　　情報技術を開発する国家／情報を操作する国家／監視する国家
　3　批判する公共圏の可能性 ……………………………………72
　　　公共圏と市民社会／市民社会と電子ネットワーク／電子ネットワークと市民ジャーナリズム
　4　公共圏と情報・メディア ………………………………………76

第6章 犯罪・逸脱　　　　　　　　　　　　　　　　　　大庭　絵里
　　　　──メディアと犯罪・逸脱の関係──

　1　メディアと犯罪に関する研究 …………………………………80
　2　メディアにおける犯罪の社会的構築とは，どのようなことか …82
　3　犯罪がニュースとなるまでの過程 ……………………………83

v

4　メディアに表される犯罪……………………………………85
　　　　目立つ凶悪事件／犯罪に関する社会的役割を意識するマスメディア／メディアにおける刑事司法手続の社会的構築／「犯人」の社会的構築
　　5　犯罪とメディアの関係………………………………………89
　　　　犯罪を誘発するメディア／社会統制を強化させるメディアの作用
　　6　犯罪とメディア：概括……………………………………91

第7章　情報時代と宗教　　　　　　　　　　　　　深水　顕真
　　　　――IT化による宗教の破壊と創造――

　　1　宗教と教団……………………………………………………94
　　　　宗教の定義／カリスマ論／宗教教団形成への3つの段階／情報による権威の維持
　　2　メディアの変化と宗教の変化……………………………101
　　　　メディアと宗教／人間拡張の原理／時間の接近／空間の接近
　　3　宗教と情報・メディア……………………………………107
　　　　情報化社会のなかでの宗教のこれから／情報時代の宗教を研究するということ

第8章　電子ネットワーク社会の子どもと教育　　　重松　克也
　　　　――学校は今，何をすべきなのか――

　　1　情報化社会を生き抜くメディア・リテラシー…………114
　　　　情報教育を学校に浸透させた教育政策／情報教育実践におけるリテラシー／「批判的なメディア・リテラシー」の視座
　　2　消費文化の世界における電子ネットワークと子ども…117
　　　　情報によって形づくられる消費空間／個人化する子どもの世界／個人化された空間の人づきあいの作法／世界を変えずに，自分の感情を変える
　　3　孤独と世界喪失……………………………………………122

閉塞的な社会システムを射程する「自由なコミュニケーション」／合意形成をめざすコミュニケーションと無力感の増幅／自分への気づかいから世界への気づかいへ／教育と情報・メディア

第9章 社会運動とメディア　　　　　　　　　　松浦さと子
　　　　──共感そして理解と協力を求めて──

1 社会運動はメディアとどのように関わってきたか……………130
　「世直し一揆」と「ほっとけない」──どんな運動もメディアを必要とする／社会運動をどうとらえるか／少数者の意見の意義とその伝達／社会運動にとってのマスメディア／NPO/NGOが関与する意味──市場は言論の自由を拒む／社会変革のためのメディア──放送へのアクセス／市民ジャーナリズムの台頭とデジタル社会の到来

2 運動が活用する多様なメディア…………………………………137
　広報マネージメントとして身につけるメディアの基礎／インターネットを使いこなす／記録媒体の簡便化，低廉化と映像記録運動／さまざまな社会運動でのメディアの活用／シビック・ジャーナリズム──マスメディアとの協働

3 求められるコミュニケーションの権利…………………………143
　さまざまな障壁／運動の情報発信における課題

4 情報集約型社会運動で対立を越える……………………………145
　フリーライダーは薄情なのか／ものいう人びとに合理的な判断を求める運動

第10章 地域と情報　　　　　　　　　　　　　山尾　貴則
　　　　──地域情報化の可能性──

1 政策としての地域情報化…………………………………………150
　地域情報化とは何であったのか／地域情報化政策の「問題」

2 地域情報化とは何でありうるのか………………………………155
　住民主体の活動──「外来型開発」から「内発的発展」へ／地域活動とボランティア──アソシエーションとコミュニティと／できることをやる──地域活動イメージの転換

3　地域情報化の新しい流れ……………………………………161
　　　4　地域と情報・メディア………………………………………163

第11章　情報社会の働き方　　　　　　　　　　　　竹内　治彦
　　　　　──IT労働市場とセーフティネット──
　　　1　働き方の変化と賃金制度……………………………………167
　　　　　あるIT企業の物語／伝統的企業モデル／年功賃金
　　　2　長期の雇用と企業内労働市場………………………………170
　　　　　ビジネスチャンスと雇用の長さ／IT以後の労働の変化
　　　3　ITによる労働の変化 …………………………………………175
　　　　　雇用の流動化とセーフティネット
　　　4　労働と情報・メディア………………………………………179

第12章　健康・病気と医療の社会学　　　　　　　　早坂　裕子
　　　　　──社会的事実としての生と死──
　　　1　患者と情報……………………………………………………184
　　　　　患者／個人情報の保護
　　　2　医療化・医療化と情報・メディア・バイオ医療化・医原病……187
　　　　　医療化／医療化と情報・メディア／バイオ医療化／医原病
　　　3　死そして死の周辺……………………………………………191
　　　　　自殺／がんと情報

第13章　データの読み方・使い方　　　　　　　　　対馬　栄輝
　　　　　──情報の正しい解釈──
　　　1　データとはどのようなものか………………………………201
　　　　　データの尺度／データの取り方／データの偏り／データの要
　　　　　約／グラフ
　　　2　データを読む…………………………………………………210
　　　　　標本抽出の特徴とデータの偏り／要約値は適切か／グラフは
　　　　　適切か
　　　3　データを使う…………………………………………………213

データを取る前の留意点／データのチェック／記述統計とグラフ／データの統計的解析と検定

第14章　社会学理論　　　　　　　　　　　　　　　　　小松　丈晃
　　　　──機能分化と個人──
　1　社会有機体説と「機能の分化」……………………………219
　　　　スペンサー理論の時代背景／功利主義的個人主義
　2　19世紀から20世紀の社会学へ………………………………222
　　　　社会分業／文化諸領域の分化／AGIL図式
　3　「個人と社会」と情報・メディア …………………………230
　　　　フランクフルト学派の問題提起／「個人と社会」のゆくえ

コラム
◇ 語られることを聞くこと ……………………………… 44
◇ 補助技術からみえるメディアのデザイン …………… 61
◇ 行政の情報化と「eデモクラシー」…………………… 77
◇ アメリカにおける陪審報道 …………………………… 92
◇ インターネットの救い ………………………………… 110
◇ 子どもがわからないという不安 ……………………… 126
◇ 市民ジャーナリズムが導いた環境保全 ……………… 147
◇ 公共圏のゆくえ ………………………………………… 164
◇ lifetime commitment：終身雇用 ……………………… 180
◇ コンビニで薬──「国民のニーズ」とは？ ………… 197
◇ 安全社会／リスク社会と情報 ………………………… 235

事項索引 ………………………………………………………238
人名索引 ………………………………………………………241

第 1 章

情報技術と人間・社会
――生命・ケア・関係性――

広井　良典

　本章では,「情報・メディアを学ぶ人のために」という本書全体の趣旨を踏まえ, そもそも「情報」とは私たち人間や社会にとってどういう意味をもつものなのか, という基本テーマについて, 科学の歴史を視野に入れながら幅広い観点から考えてみましょう。

1　情報とは何か

　「情報産業」,「IT（information technology, 情報技術）」,「情報化の時代」,「個人情報の保護」,「情報格差」等々, 毎日の新聞やテレビで「情報」という言葉は頻繁に使われていますが, そもそも「情報」とは何でしょうか。
　この問いは, あまりにも自明すぎてかえって答えるのが難しい問いともいえます。つまりそれほど私たちは日々の生活の中で,「情報」という言葉を何気なく使っているからです。「それは新しい情報だ」,「その件についての情報をちょっとくれ」,「メンバーの間で情報がうまく伝わっていないんじゃないか」等々……。
　ここで, 少し角度を変えて, さまざまな情報の「量」を表したり比べたりすることができるだろうか, という問いを考えてみましょう。
　たとえば, 少々奇妙な質問に聞こえるかもしれませんが, 平仮名の「あ」という文字と, アルファベットの「a」という文字は, どちらが"情報量"が多いでしょうか。あるいはさらに, 漢字の1つの文字（たとえば「海」という漢字）と比べるとどうでしょうか。少し考えてみてください。
　答えは, 漢字の1文字, 平仮名, アルファベットの順に「情報量」が多いの

です。理由は，たとえば平仮名は約50文字，アルファベットは26文字ですから，そのうち1文字を選んで示すという場合，平仮名のほうがいわばより強い"選別（ないし選択）"をしたことになるといえます。漢字に至っては，数万も存在しているわけですから，そのうちの「海」という1字を取り出したということは，大変な選択をしたことになるわけです。

　ゆえに，漢字は「海」なら「海」という1文字を示すだけで，それは相当な情報を含んでおり，実際，私たちはそこにひとつの（「海」という）"意味"を見つけています。これに対して平仮名やアルファベット1文字の情報量はごくわずかなものです。

　逆にいえば，たとえばある何らかの意味をもった文章を表現しようとする場合，漢字で表現する場合のほうが，平仮名やアルファベットで表現するよりも少ない文字数で表現することができるわけです。それは漢字のほうが，上記のように1文字当たりの「情報量」が多いからに他なりません（中国語の文章を日本語に翻訳すると1.5倍から2倍くらいに量が増えますね）。

　ではさらに，いま述べているような「情報量」を，数字で示すことができるでしょうか。

　「ある"問い"を発見したとき，実はその時点で"答え"の半分は見つかっている」というような言い方がされることがありますが，いま述べている「情報量を数字で表すことができるか」という問いは，まさにそうしたことがあてはまることかもしれません。「情報量を数字で表すことができるか」という"問い"を思いついたこと自体に，大変な発見があるからです。

　その問いを最初に思いついたのはクロード・シャノン（C. Shannon）という人で，シャノンは1948年にそれらを情報理論としてまとめました。正確にいうと，1920年代頃から「情報」を量としてとらえるという考え方は唱えられるようになっていましたが，実現していませんでした（しかし電話網の発達，第1次・第2次という2度の戦争を通じて飛躍的に発展した各種の通信手段・方式，電子計算機の発明などが，「情報の理論」の必要性を高めたといえます）。これは人間の歴史の中では比較的最近のことであり，シャノンが亡くなったのはつい数年前のことです。

　シャノンは「ビット」という概念（単位）を導入し，情報量を「何ビット」という形で表しました。もし仮に，アルファベットの26文字よりもはるかに少

なく，「0」と「1」の2文字だけですべてのことを表現しようとしたとします。そして「0」か「1」の1文字を示す場合の情報量を情報の最小単位（1ビット）と考えます。そうすると，たとえば「0」や「1」は1ビット，「001」「110」等と3つ並べれば3ビット，という具合に，あらゆる情報の「量」を数字（単位はビット）で表すことができることになるわけです。皆さんがパソコンの文書やメモリーなどを扱うとき，この「ビット」という言葉が（キロビット，メガビットなどといった形で）出てくることはご存じでしょう。

しかも，アルファベット26文字で英語の文章が表現されていることを考えれば，「0」と「1」の2文字だけでも，全く言語と同じことが表現できることになりますね（たとえば，「0」を「a」，「1」を「b」，「01」を「c」，「10」を「d」，「001」を「e」に対応させる……）。

さらに考えていくと，このように私たちの言語がすべて「0」と「1」で表現できるのであれば，さまざまな工夫をすれば，言語以外のさまざまな「情報」——たとえば絵や写真などの画像情報——も，それを2次元の区画に細かく分けてそれぞれの色を指定するなどしていけば，同様に「0」と「1」で表現できることになります。音楽なども同様です。

このようなことを最初に思いついた人（といっても，上記のシャノンが1人でというわけではなく，多くの人の蓄積や時代状況から生まれたわけですが）の発想には驚嘆せざるをえないと同時に，見方によっては，どこか空恐ろしい思考のようにも思えます。といいながら，携帯メールやDVD映画を日々使い楽しんでいる現代の私たちは，こうした思考や発明の"恩恵"の上に暮らしているわけですが。

そして，1920年代頃から1940年代頃にかけて展開した上記のような情報理論の流れ——すべての情報ないし事象を「0」と「1」で表す——にさらに決定的な技術が加わります。それは量子力学やエレクトロニクスないし電子工学技術の発展であり，単純にいえば「0」と「1」を電流の「オン」「オフ」と結びつけ，これらを通じてさまざまな計算や「情報処理」を行うコンピューターや，種々の通信機器・技術がやがて飛躍的に発展していくことになります。私たちが生きているのはそうした時代なのです。

シェイクスピアの戯曲の中でハムレットがいった「生か死か，それが問題だ

(To Be, or Not to Be, that is the question)」という有名な言葉がありますが，世界の事象をすべて「0」と「1」の組み合わせで表現しようとする情報理論の発想は，これと相通ずる側面をもっているといえるかもしれません。つまり一方で，たとえば地球上の各地に伝わるさまざまな神話において，世界ないし宇宙がまず「有と無」「天と地」「男性と女性」などに分化し，さらにそこから分化を繰り返すなかで現在の世界が成り立っている，といった物語が広くみられるように，世界や私たちの生を根源的な何かの（無限に多くの）分化の帰結とみるような世界観は一定の深い意味をもっています。他方で，世界のあらゆる事象をそのように「0」と「1」の組み合わせに還元してしまう「デジタル」な見方（デジタル digital の digit とは「桁」という意味。まさに「0」と「1」の連なる桁の連鎖ですべてを表現することに通ずる）は，世界のもっともベースにある「何か」を見失っているのではないか，という疑念もついてまわります。

そもそも「情報」とは，という基本テーマについての以上の確認を踏まえながら，次節においてさらにこうした話題について考えていきましょう。

2　情報と生命：非生命から生命へ

先ほど20世紀において「情報」という概念がいかにして科学の中に登場したかを簡単にみましたが，これを科学のもっと大きな流れのなかでみるとどうでしょうか。言い換えると，「情報」という概念は科学の歴史の中でどのようなポジションにあるのでしょうか。

私たちが現在いう「科学」（西欧近代科学）は，17世紀に「科学革命」と呼ばれる出来事がヨーロッパにおいて起こったことに起源をもっています。私たちにもなじみ深いガリレオやコペルニクス，デカルトやニュートンといった人物が活躍した時代であり，そこから現在に至る「科学」がさまざまな形で発展してきました。

ここで，科学における基本的なコンセプト，つまりそこで中心的な重要性を占める概念に注目してみると，非常に大雑把にいえば，科学の「基本コンセプト」は，

物質（ないし物体）→　エネルギー→　情報→　生命

という形で展開してきたといえます。

　つまり，近代科学の出発点をなしたのはニュートンに代表される古典力学であり，そこでは「物質（物体）」ということが中心的な位置を占めており，その運動や相互作用の法則を明らかにすることが科学の基本的な課題とされました（このなかには，私たちが生きる地上の物体の運動も，また月や太陽などの天体の運動の法則も含まれています）。

　やがて近代科学が発展し，より幅広い現象——「熱」に関する現象や電磁気など——が研究の対象とされていくなかで，19世紀には「エネルギー」という概念が重要な位置を占めるようになります。また，この時代に「科学」と「技術」が強力に結びつくようになり，それは工業化（産業化）を支える駆動力ともなりました。つまり，電気を使ったり，石油を用いて自動車を走らせるといった，私たちが現在生きている社会の基本的な姿が作られていきます。

　やがて20世紀に入ると，先ほど述べたように「情報」という概念が科学の前線に登場し，コンピューター技術や通信技術の発展とも相まって，あらためて述べるまでもなくインターネットをはじめ今日の経済社会を根本において動かす力となりました。

　いま「物体（物質）」「エネルギー」「情報」という順に科学の基本的コンセプトが展開してきたと述べましたが，これは見方を変えると私たち現代人の「消費構造」の変化ということとも対応しています。私たちが消費しているものは何でしょうか。まず（食料などを含めた）大量の「物質」であり，また私たちは日々の生活のなかで暖房・冷房や交通機関など大量の「エネルギー」を消費し，さらに無数の「情報」を得たり他人に送ったりして生活しています。現代の私たちの消費生活が科学・技術の発展の上に乗っているものであるということがあらためて認識されます。

　そして，いま「情報」という概念まで話が及びましたが，科学の展開において，この「情報」の次なる場所に位置しているのが「生命」といえます。言い換えれば，これからの21世紀の全体を通じた科学の"前線"が，生命科学とその周辺にあることは大方共有された認識ということができます。しかもこうし

た「生命」をめぐる科学の発展は、「情報」と深く関連しながら進んでいます。

では「生命」と「情報」とはどのような関係にあるのでしょうか。

20世紀後半ないし第2次大戦後の生命科学の展開は、それ自体「情報」というコンセプトと不可分の関係にありました。高校の生物学にも出てくる、DNAの二重らせん構造の発見（1953年）にも象徴されるように、そこで基本とされたのは、塩基の配列構造が一種の暗号として「情報」（遺伝子情報）をもち、それが世代を通じて伝達されていくということでした。

しかもそれはあらゆる生物ないし生命に共通のことであるとされました。つまり、ふつう私たちは意味ある「情報」を"伝達"しあうのは人間だけだと考えていますが、そうした情報伝達のメカニズムがあらゆる生命体に備わっていることを明らかにしたのが生命科学のひとつの成果であり、またそこに「情報」というコンセプトの再定義があったといえます。

このように考えると、「生命」と「非生命」との違いはまさに「情報」の伝達を行うかどうかにあるという見方が浮上することになります。これをここではひとまず"「生命＝情報」観"と呼んでみましょう。

こうした「生命＝情報」観の登場とその後の浸透によって、19世紀に浮上し展開しかかっていた「生気論」という考え方（＝生命現象は、単なる物質やエネルギーには還元できない何らかの要素を含んでおり、生命現象に固有の何かを想定するべきであるという考え方）が、科学のメインストリームから完全に駆逐されたといってもよいでしょう。逆にいえば、再定義された「情報」というコンセプトの導入によって、近代科学は「生命（そのもの）」というやっかいで扱いにくい代物に正面から向かうことを回避することができた、ということもできます。「情報」によって生命現象を説明する考え方が主流になったのです。

このような形でその後の生命科学は展開していき、アメリカを中心に推進されてきたヒトゲノム計画により、数年前に人間の遺伝子の全塩基配列が解読されました。そうしたなかで、科学そのものの前線は「情報」の解読からやがて今後は"「生命」そのもの"に移っていくと考えられます。これは、17世紀以降大きく展開してきた近代科学が、生命という究極的な現象を対象とするなかで、ある意味でその最終的な段階に到達しようとしているということもできるでしょう。

あらためて歴史を大きく振り返ると，ギリシャの時代に，世界は「質料」と「形相」によって成り立つものと考えられました。つまり前者はそれ自体は形のない"素材"であり，後者はそれに形やパターンないし意味を与えるもので，現代風にみれば実は「情報」です。そうしてみると，先にふれた「生命＝情報」観は，他ならぬ「形相」をもって生命を理解しようとした考え方だったといえます。しかし最終的に問題となるのは，そうした「形相」を根底で支える，あるいはそのベースをなす「質料」，まさに"究極の質料"（ギリシャ哲学において，宇宙や世界の究極の"素"と考えられたもの）そのものです。それは「生命」とどう関わるのでしょうか。さらには「非生命」そして「死」とどのような関係にあるのでしょうか。

おそらく私たちは「生命＝情報」観の次のステップにいま進もうとしています。それは「情報」というコンセプトとその普及によっていわば"延期"された，「生命そのもの」に再び向かい合うことであり，もしかすると"新しい生気論"の時代といえるのかもしれません。

やや話題が広がりますが，「自然」の現象を単なる物理化学的なものとはとらえず，それを超えた何ものかを含んでいると理解し，"風の神様""岩の神様"といった表現を使ってきた日本の伝統的な自然観・生命観——日本に限らず，地球上の各地域の伝統的な自然観においてこうした発想は広く認められます——は，こうした文脈のなかで新しく見直されていくかもしれません。それは，WHO（世界保健機関）が近年，人間の「健康」の定義に加えることを検討している「スピリチュアリティ」（人間の存在の目にみえない次元）といった概念とも関わってきます。

議論を振り返ると，前節の終わりで，世界のあらゆる事象を「0」「1」の組み合わせで表現しようとする情報理論の考え方あるいは世界観は，私たちの生きる世界のもっともベースにある「何か」を見失っているのではないか，という疑念についてふれました。本節で述べてきた「生命そのもの」「世界の根源にある何か」などといった事柄は，まさにそうした「何か」と重なってくるものです。

けれども逆にみれば，「情報」という概念をもったからこそ，私たちは自分たちが生きるこの世界についてのより深化した認識をもつことができたともい

えます。「情報」によって把握できるものと、どうしても把握できないものがあるとしたら、それは何でしょうか。「情報」について考えるとき、私たちは常にこうした問いを意識の片隅に置いておくことが重要なのではないかと思われます。

3　情報とケア：ほ乳類から人間へ

　前節で、「情報」伝達のメカニズムがあらゆる生物に備わっていることを明らかにしたのが20世紀の生命科学のひとつの成果だったという話をしました。ここでいう情報は「遺伝子情報」、つまり遺伝子に刻まれた、個体の形質や行動を規定する情報ということですが、生物においてやりとりされる情報はこれだけではありません。この点について次に考えてみましょう。

　一般に動物の場合、原始的なものを含めて、身体をそなえた「個体」というものが行動の単位となっています。ただし、この場合の個体とは、個体そのものが独自の主体であるというよりは、むしろ「遺伝子」の道具という性格が強いものです。つまり、イギリスの動物行動学者ドーキンスがその世界的ベストセラーとなった著作『利己的な遺伝子』（原著1976年）で論じたように、基本に存在するのは自己複製しながら自分のコピーを後代にまで残そうとする「遺伝子」であり、生物の進化のある段階までは、「個体」はその遺伝子のための"乗り物（vehicle）"に過ぎません。これは少しわかりにくく聞こえるかもしれませんが、たとえば自らの身体をぼろぼろにして河流をさかのぼり、産卵を終えたとたんにその「個体」自らは死んでいく鮭の例を考えてみれば理解ができます。そこでは個体は遺伝子の手段ないし乗り物に過ぎない、ということがまさにあてはまります。

　このことは、別の観点からみると次のことを意味しています。それは、そうした動物の場合には、世代間の、つまり親から子への情報伝達というものは、もっぱら「遺伝子」を通じてなされるものであり、親から子への直接の（つまり個体間の）コミュニケーションというものは存在しない、ということです。たとえばある魚の種が親とまったく同じ行動をとるのは（成熟すると大洋に出て一定のルートを泳いで回り、産卵のときにまたもとの川に戻ってくる等々）、決して親

から直接「教わった」ものではなく、そうした行動そのものが（親から受け継いだ）遺伝子にプログラムとして書き込まれているからに他なりません。親から子への情報伝達はまさに「遺伝子情報」のバトンタッチを通じてなされるわけです。

ところが、一定以上の複雑な、あるいは高等な動物になってくると、それだけではすまなくなります。いうならば、（親から子へと）伝えるべき情報が多すぎて、遺伝子だけでは"容量"が足りなくなるのです。そこで、「脳」という装置を発達させ、つまり外界を認知したり記憶したりするメカニズムを発達させ（＝これが「意識」の発生ということに他なりません）、そのことを通じて、「個体」と「個体」が直接に情報交換などコミュニケーションを行う、ということが行われるようになります。これがまさに「社会性」の発達ということに他なりません。

いうまでもなく、このことがまず大きく発達したのがほ乳類であり――「ほ乳」つまり親が個を「ケア」し育てる、という名称自体にその本質がよく示されています――、そしてこれらの要素、つまり脳の発達、「意識」の発生、個体間コミュニケーションすなわち社会性の発達が、ほとんど質的な飛躍があるほどまでに高度に進化したのがまさに人間という生き物、ということになります（ちなみに、「遺伝子情報から脳情報へ」といういま述べた発想は、日本でもよく知られた宇宙学者カール・セーガンが、ピュリッツァー賞を受賞した初期の著作『エデンの恐竜』で展開した議論でした。現代の社会においては、そうした「脳情報」すら"容量"が足りなくなり、人間はさらに脳を「外部化」させたコンピューターという存在をつくった、というのがセーガンが展開した斬新なストーリーでした）。

たとえば猫が、自分のなわばりを示すためにさまざまなマーキングの行動をしたり、しきりに毛づくろいをしたりするのは、べつに「親から教えられた」ものではなく、遺伝子情報そのものに書き込まれた行動であって、実際、生まれてすぐ親から引き離された猫であっても同じ行動をします。ところが人間の場合は、その行動の大部分はそうした遺伝子情報のプログラムによるものではなく、親や他の個体との関わり、つまり「ケア」の関係を通じて学習され、形成されるものです。

まとめると、人間は、その（一人ひとりの）意識や行動、そして感情そのも

のを含めて，個体と個体の間のコミュニケーションを中心とする強い社会性のなかで初めて「人間」となる生き物です。それはまさに「ケア」の関係ということであり，こうした意味で，人間は文字通り「ケアする動物」といえます。そしてそれは，「遺伝子情報」の伝達から，さらに「脳情報」の伝達（＝個体間のコミュニケーション）という新たな「情報」交換のかたちを手に入れたということと重なっており，この意味で本書の中心テーマである「情報」という概念と深く関連しているのです。

4　情報と関係性：農村から都市へ

　本章のこれまでの記述では，まず「情報」という概念そのものについて論じ，次に「生命」と情報の関わりについて考え，さらに人間固有の次元として個体間の情報交換（「脳情報」の進化）についてみてきました。本節では，前節から入った社会的な側面，つまり個体間の情報の伝達やコミュニケーション，あるいは人と人との「関係性」のあり方といった側面に焦点をあてながら，これからの展望について考えてみましょう。

▍情報とコミュニティ

　「情報」とは，前節までの記述でも示されてきたように，何らかの「意味」を担うものであり，そうした意味というものは，ある人間一人が保有するものではなく，その人が所属する集団あるいはコミュニティ（共同体）において，そのメンバーの間で"共有"されるものです。言語によって表現され伝達される情報というのがそのひとつの典型ですが，それに限らず，情報というものはこのように何らかの形でコミュニティというものと結びついています。

　ところで，情報というものは，こうしたコミュニティあるいは集団において，さまざまな使われ方をします。

　ごく卑近な最近の例について考えてみましょう。筆者がこの原稿を書いている少し前の時期にも繰り返しメディアで報道されていましたが，日本道路公団の橋梁発注工事をめぐる「談合」事件というのがありました。こうした類の事件は，この件に限らず毎月，毎年のように繰り返し起こっており，事件として

発覚するのはその一部に過ぎないといえるかもしれません。

　こうした談合事件において注目すべきは，その関係者ないし当事者においては，"悪いことをしている"という意識がほとんど存在しないことです。公共事業，たとえば道路やダムの建設をどの建設会社が行うかは，入札という手続きによって，事前に応募会社が互いに相談（談合）したりすることなく，純粋な"競争"によって価格が決まる（もっとも安い価格を提示した会社が受注する）というのが基本であるわけですが，そうしたやり方だと，"過当競争"になったり，特定の会社（たとえば比較的大規模で効率のよい会社）に発注が集中したりして弱小な会社が淘汰されるおそれがあるということで，関係者が事前に価格を（高めに決まるよう）調整したり，関連する会社が順繰りに受注できるようやりくりしたりするというわけです。

　「情報」ということに関連づけてみると，そうした集団においては，その内部だけで流通されるさまざまな「情報」が幅を利かせていると同時に，その集団内部でのみ使われるような，独特の言葉使いや（外部の人間にはわからない）"言語"が存在したりしています。

　いずれにしても，こうした公共事業の発注をめぐる談合事件に限らず，とくに日本では，ある集団ないし組織のメンバーが，もっぱらその集団・組織の利益や存続のために行動し，それが社会的に問題となった場合でも，その集団・組織の内部では"問題のある行動をしている"という意識がほとんど存在しない，という例が広く一般的にみられます。それはどうしてでしょうか。

　筆者としては，ここで「集団が内側に向かって閉じる」という言い方をしてみたいと思います。つまり，ある集団が存在しているとき，その集団のメンバー同士の関係性や調和にもっぱら関心が払われ，集団の「ソト」（外部の人間）に対する意識や配慮が非常に薄いものになる，という傾向のことです。この「集団が内側に向かって閉じる」というあり方（関係性）こそは，日本社会の最大の特質のひとつであり，克服すべき課題であると筆者は考えています。

　これと似たようなことは，すでにさまざまな形で論じられてきたといえますし，たとえば文化人類学者の中根千枝は，高度成長期に出版されベストセラーとなった著作のなかで次のように述べています。

　「『ウチ』『ヨソ』の意識が強く，この感覚が先鋭化してくると，まるで『ウチ』の者

以外は人間ではなくなってしまうと思われるほどの極端な人間関係のコントラストが，同じ社会にみられるようになる。知らない人だったら，つきとばして席を獲得したその同じ人が，親しい知人（とくに職場で自分より上の）に対しては，自分がどんなに疲れていても席を譲るといったような滑稽な姿がみられるのである。実際，日本人は仲間といっしょにグループでいるとき，他の人々に対して実に冷たい態度をとる」（『タテ社会の人間関係』）。

■「関係性」の組みかえ

　このような「集団が内側に向かって閉じる」傾向は，現在の日本において，見方によっては当時（1960年代）以上に強くなっているのではないか，と筆者は感じています。

　これも身近な例ですが，少し前にヨーロッパと中国に続けて行く機会があった際，そのときの印象として，残念ながら日本社会がいちばん「個人がバラバラになっている」という感じがありました。ヨーロッパの場合，自立した「個人」というものがしっかりあって，それがさまざまな形でコミュニケーションをとるという，いわば成熟した姿があります。たとえばそれは，見知らぬ者同士でもちょっとしたことで挨拶したり声をかけあうとか，互いに道を譲る，といったごく日常的な場面に現れていることです。一方，中国の場合は，ある意味でかつての日本のような「古い共同体」のようなものが残っていて，人と人のあいだの"距離"がぐっと近いという印象がありました。結果として，日本がいちばん「人と人との距離が大きく，孤立している」という風に感じられました。

　一言でいえば，現在の日本は「地縁・血縁的な"古い共同体"が崩れ，しかしそれに代わる"新しいコミュニティ"ができていない」ということに尽きるともいえます。都市化が進み，経済も豊かになって社会が「個人」単位のものになっていきます。そうした個人をもう一度「つないで」いく何かが必要なのですが，それがまだできていません。いわば日本社会全体がある種の「ひきこもり」状態にあるともいえ，よく議論される若い世代のひきこもりもそうした社会がもたらす自然な帰結と考えられます。

　笑い話のようになりますが，ある人からこんな話を聞きました。その人の住

むマンションでは，日本で一般的にみられるように，住人同士が互いに挨拶もしないということが，ごく当たり前のように続いていたそうですが，そこにあるとき外国人の夫婦が引っ越してきた。その外国人夫婦は，マンションのなかで出会う住人たちに，ごく自然に日常の挨拶をしたり，ちょっとしたことで声をかけたりしたそうです。そして面白いことに，これがきっかけとなって，そのマンションでは，住人同士が互いに挨拶をする"習慣"が広がっていった，という話です。

先ほど記した「新しいコミュニティ」というものは，要するに「独立した個人と個人のつながり」ということであり，これは単純にいえば"都市の文化"といえます。日本の場合，風土的な環境に恵まれていたせいもあり，2000年以上にわたって小単位の農村の「ムラ」社会の中の関係性で十分にやってこれたという長い歴史をもっています。それは，比喩的にいえば"稲作の遺伝子"ともいえるような形で，人と人の関係性，言語のあり方，日常的な行動規範や習慣等々の中に，深くしみ込んでいます。たとえば，「こんにちは」といった挨拶の言葉が日本語において意外に新しいものであることや，英語の"thank you"や中国語の"謝々"のように日本語の「ありがとう」が人びとの間で使われず，大半は「すみません」で対応されるといったことなどもそうした例といえます。そして，先ほど指摘した「集団が内側に向かって閉じる」という傾向は，おそらくこうした風土的環境およびそこでの社会構造の特質から帰結していたとみることができます。

やがて，急速かつ大規模な形で「農村から都市への人口大移動」を行ったのが戦後の日本社会でした。けれども，2000年に及ぶ"稲作の遺伝子"が，数十年くらいの期間でそう簡単に変わるものではなく，戦後，農村から都市にやってきた人びとは，今度は「会社ムラ」「核家族ムラ」という，新しい「ムラ」をつくったといえます。しかも，時代は経済の「拡大，成長」の時代ですので，それぞれの個人が自らの「会社」「家族」の利益を追求することが，予定調和的に（パイの拡大を通じて）日本社会全体の利益にもつながるという状況でした。

ところが，90年代以降，経済の低成長ないし成熟化の時代を迎え，それまでのように自らの属する集団（ムラ）の利益の追求が社会全体の利益となるといった状況は根本から変わりました。こうした意味で，現在の日本社会そして私

たちは，基本的なレベルでの（人と人との）「関係性の組みかえ」という課題に直面しているといえます。それは，本当なら農村から都市への大移動があった戦後の時代にすでに向かい合うべきはずだった課題が，経済の拡大・成長の中で最近まで隠蔽されていた，ということもできるでしょう。

「新しいコミュニティ」というもの，つまり「自立した個人が互いにつながる」というような，従来のムラ社会的な共同体とは異なる関係性を，私たちはどうやってつくっていけるのかという課題に，私たち日本人は初めて向かい合っているといえます。

以上のようなこと，つまりコミュニティのあり方，そして「関係性」の組みかえという課題に，「情報」はどういう関連をもつでしょうか。

先ほど，談合の話のなかで，「情報」ということに関連づけてみると，そうした集団においては，その内部だけで流通されるさまざまな「情報」が幅を利かせていると同時に，その集団内部でのみ使われるような，独特の言葉使いや（外部の人間にはわからない）"言語"が存在したりしている，という点を指摘しました。

日本人あるいは日本社会は，これまで論じてきたように「集団が内側に向かって閉じる」という傾向をもっていますが，そうした場合は，上記の談合の場合のように「情報」もまた集団内部で"閉じて"いきます。いま述べている「関係性の組みかえ」に即してみれば，「情報」を"開いていく"ということがひとつの基本的な課題になるといえます。

「情報」を"開いていく"というのは，文字通りオープンな公共の場に公開していくという意味だけでなく，いくつかの重要な要素を含んでいます。ひとつは「言語化」ということです。集団が閉じている場合，その集団のなかでのみ通用するような，独特の習慣や行動様式，暗黙の了解事項といったものが多く蓄積されていることがしばしばあり，それらは通常明確な言語として表現されていません。それは，集団内部の人間にとっては時としてある意味で"心地よい"ものであり――たとえば会社から帰った男性が「オイ，アレ」ですべてを表わそうとする等々――，また家族（という集団）の内部関係を想像してみればわかるように，必ずしもそれは一概に"望ましくない"ことではないでしょう（「言葉にしなくても伝わる間柄」等々）。けれども，それは潜在的には常にあ

る種の「閉鎖性」，あるいは「ウチとソト」の区別（さらにいうと「ソト」の者の排除）という傾向を含んでいます。情報を言語化して共有すること，またそうした情報のやりとりの「きっかけ」や「入り口」を開いたかたちで用意しておくことが重要となります。これは先ほど少しふれた，日本社会における"挨拶"（の言葉）の少なさや，見知らぬ者同士が声をかけあうことの少なさということとも関係しています。

　情報を"開いていく"ことの重要な要素として，以上の「言語化」と並んで「ルール化（規範化）」ということを挙げておきたいと思います。ここで「ルール化（規範化）」とは，情報の伝達や共有に関するルールをできるだけ一般的な形でつくるということであり，逆にいえば，「個々の場面にゆだねる」ということをできるだけ避けるということです。これは必ずしも情報に関してだけの話ではありませんが，結局は先ほどから論じている集団の閉鎖性を避けるためのものです。

　集団がごく小さいものであれば，さまざまな決まりや問題解決をいちいち一般的なルールとして明文化する必要はなく，個々の場面に応じて，関係者ないし当事者の間の"調整"で対応すれば事足ります。けれども，社会が一定以上の規模になったり集団相互間の関係が問題になったりしているときにこのやり方を続けていると，それはさまざまな弊害を生みます。先ほどの「談合」による個別の調整はそのひとつの典型でしょう。結局はその集団内のメンバーだけの利益を図ったり，あるいはその時その時の"力関係"によって決着がつけられたりしていくことになるからです。そうしたことにしないためにも，一般的な「ルール化（規範化）」ということが重要な課題となります。

　以上，情報を"開いていく"ということの要素として，「言語化」と「ルール化（規範化）」ということを挙げました。これは，本節で述べてきたように，これまでの日本社会ないし日本人の行動様式や集団のあり方からすれば，ある意味で非常に困難な側面をもっています。また，先ほども確認したように，そうした「言語化」や「ルール化（規範化）」ですべてが律せられるものではなく，その逆の「言語化しえないもの」「個別の状況に応じて調整されるべきもの」という領域も確かに存在するのであり，最終的に重要なのは両者のベクトルのバランスといえます。

しかしいずれにしても，日本社会あるいは日本人は，比較的小規模の「ムラ社会」の論理でうまくやってこられた状況から，農村から都市への大移動，そして（ムラ社会の行動様式がパイの拡大によって吸収されてきた）高度経済成長の時代を終え，いま非常に深いレベルでの（人と人との）「関係性の組みかえ」の時代を迎えていることは確かと思われます。こうしたなかで，日常的なちょっとした場面での人と人との関わりのレベルを含めて，情報の伝達・共有のあり方や個人と個人のコミュニケーションのとり方の"作法"ともいうべきものが問われています。

　まとめましょう。本章のこれまでの議論を振り返ると，「情報」という概念を手がかりに，

（a）非生命から生命へ（＝遺伝子情報の伝達を始めること）

（b）哺乳類から人間へ（＝脳情報を発達させ，個体間のコミュニケーションを始めること）

（c）農村から都市へ（＝閉じた共同体内部の情報交換から，独立した個人間の開かれた情報交換が展開すること）

という，大きな進化あるいは歴史の流れをたどってきたことになります。このようにみると，生命あるいは人間の歴史とは，実は「情報」のあり方や，それと私たちとの関わりの変化の歴史であるともいえるかもしれません。こうした大きな認識や，現在の日本社会についての皆さん一人一人の見方を問い返しながら，本書の各章でのテーマについて考えていただければ幸いです。

▍引用・参考文献

リチャード・ドーキンス著／日高敏隆・岸由二・羽田節子ほか訳『利己的な遺伝子』紀伊国屋書店，1991年

カール・セーガン著／長野敬訳『エデンの恐竜』秀潤社，1978年

金子郁容・松岡正剛・下河辺淳『ボランタリー経済の誕生』実業之日本社，1998年

広井良典『ケアのゆくえ　科学のゆくえ』岩波書店，2005年

▍推薦文献

金子郁容・松岡正則・下河辺淳『ボランタリー経済の誕生』実業之日本社，1998年

　――「情報はひとりではいられない」という基本コンセプトから発しつつ，生命の歴

史，コミュニティ，「つながり」，公共性といったテーマを新たな視点から縦横無尽に論じた書物。

中根千枝『タテ社会の人間関係』講談社現代新書，1967年
——日本における人と人との関係のあり方の特質を，中国・インドなどアジア諸社会やヨーロッパ・アメリカなどとの比較のもとに論じる。日本人論の代表作のひとつだが，その内容はいまあらためて新鮮。

広重徹『近代科学再考』朝日選書，1979年
——科学の歴史の大きな流れと，そこでの「情報」の位置について理解するのに役立つ。

第2章

社会学概観

——Open new avenues for understanding society——

早坂　裕子
小松　丈晃

1　お菓子の社会学

　皆さんは、「社会学（sociology）」という言葉を、このテキストや大学での講義ではじめて知ったかもしれません。社会学というとなんだか難しそうな雰囲気ですね。でも、「社会学」を学ぶといっても、別段身構える必要はありません。

　もちろん、社会学には難しい理論や厳密な方法論が用意されてはいます。けれども、目を三角にしていきなりそういう理論などにがむしゃらに取り組む必要はありません。自分の生活のごく身近な「人間関係」や「地域」、そして

「社会」や「世界」へと考えを大きくふくらませていくための「道具」が、社会学なのです。まずは自分の身の回りに、目配りすることから始めてみてください。社会学することは、そういう意味では、何も難しいことではありません。

　けれども、「まずはリラックスしてください」なんて、あらためて皆さんにいうまでもないかもしれませんね。皆さんは、いま、コーヒーやお茶をすすりながら、そして傍らにおいたポテトチップスをパリパリとかじりながら、あるいは夕方、近所のスーパーで買っ

てきたケーキを頬張りながら，それこそリラックスして，このテキストを繙いているのかもしれません。

そうだとすれば，ポテチやケーキを口に運ぶあなたのその手の動きをいったん止めて，いま，あなたの身の回りにあるもの，つまり「お菓子」に，まずはいつもとは違った眼差しを投げかけてみてください。身近な生活から，社会へ。お菓子を手がかりにしながら，本書で繰り広げられる社会学の世界に入っていくための第一歩を踏み出してみることにしましょう。

▌政治社会学の視点から

まず，「お菓子」といえばケーキやお饅頭などの甘いお菓子が思い浮かびますね。その甘さのもとになっているのは，もちろん砂糖です。そこでまずは「砂糖」から考えてみましょう。砂糖は，紀元前以来の長い歴史をもつ食品です。主要な原料はサトウキビやてん菜（サトウダイコン）などです。日本でも奈良時代に中国からもたらされたといわれ，後に茶の湯の流行，和菓子の普及などによって広く食されるようになりました。

しかし，今日，アメリカをはじめとする先進諸国では，肥満や糖尿病が大きな社会問題になっており，砂糖の摂取がその原因になっているかどうかについて大きな議論となっています。アメリカでは子どもの肥満率は50％にまで上昇しているということですし，肥満のため，人口の3分の1が大変高いレベルの健康上のリスクにさらされているそうです。

WHOによる食習慣関連の疾患防止戦略，なかでも肥満した人を減少させる方策に対して，アメリカのブッシュ大統領は「肥満は個人的なことであって国家の課題ではない」と声明しました。少し本題から離れますが，一般に，ブッシュ政権や日本の小泉政権などが推し進めている政策は，「新自由主義」という言葉で特徴づけられるものですけれども，この政治的立場は，「個人の自由」の増大を手放しで賞賛する傾向があります。しかしその反面，個人の身の上に降りかかる数々の（たとえば健康上の）損害は「個人が自由に振る舞った結果なのだ」というかたちで，個人に帰属する趨勢を生み出しています。

さて本題に戻りますが，WHOによる「砂糖の摂取によるエネルギーを全体の10％に留めるべきだ」との提言に対して，合衆国は25％のガイドラインを独

自に設定しています。このような事態の中で，同大統領が製糖会社から巨額の献金をうけていることが発覚し，論争をさらに大きくしています。

　砂糖の生産，販売に関しては国家の関与の度合いが高く，国家が直接生産ラインを所有，管理している場合も多くみられます。また直接携わっていない場合にも価格は国家が決定しますので，ロビー活動が非常に活発であることが知られています。このような背景が上記のような政治家との関わりに発展するわけです。

　日本のある製糖会社のHPによりますと，「1997年4月FAO（国連食糧農業機構）／WHO（世界保険機構）合同会議では，あらためて『砂糖は肥満・糖尿病・子供の行動過多には直接影響のない食品である』と宣言しております」と書かれています。また「砂糖を科学する会」のHPでは，砂糖は炭水化物であり，ご飯やそばと同じカロリーしかなく，肥満の原因は，砂糖の摂取よりもむしろ食事から摂るエネルギーと生活で使うエネルギーのアンバランスによるものである，と説明しています。

▎健康・病気と医療の社会学の視点から

　このような砂糖をめぐる一連のトピックは，上記のように政治社会学のテーマにもなりますし，健康・病気と医療の社会学のテーマにもなります。

　健康・病気と医療の社会学では健康と社会階層や貧困との関係を検証する領域があり，アメリカにおける当該領域の研究によりますと，一般的に心疾患，肥満，高血圧などの健康状態やそれらと関連する疾患の罹患率，死亡率は収入や教育レベルが低いほど高くなることが示されています。

　またアメリカに限らず，一般的に貧困は個人の選択肢を制限し，結果的に不健康につながるといわれます。たとえば食費が不十分なとき，人びとは食欲を満たすためだけにカロリーが高く，栄養価の低い食品を購入する傾向があるというのです。また，住宅などの生活環境などについても，経済力のない人びとは健康に不利な条件で我慢しなければならない場合が多々あります。

　日本の厚生労働省は，従来の，「成人であればほとんどすべての人が罹患しうる」という含みをもつ「成人病」という言い方に代えて，「あなたの生活習慣に問題があるから病気になったのですよ」という含みを強くもつ「生活習慣

病」という言葉を多用してきましたが、これも前述の自己責任を強調することで相対的に国家の責任を軽くする新自由主義的な流れに属する動きだとみることができるでしょう。

　確かに、肥満や高血圧は「個人的なこと」なので、個人で独自に対処するべきだという考え方も成り立つかもしれませんが、労働時間・通勤時間の長さや食事時間の不規則さ、定期的に運動する時間的・空間的な余裕のなさなどを考えますと、現在「生活習慣病」とされているものの多くは一概に「個人的なこと」として片づけてよいものだとはいえないでしょう。

▌労働社会学の視点から

　砂糖は労働社会学からもアプローチすることができます。歴史を顧みると、砂糖のプランテーションでは大量の、安い、しばしば奴隷や農奴のような強制的に働かされる労働者を用いて、「世界市場」向けに大量生産を行なっていました。たとえばカリブ海に展開した砂糖プランテーションでは黒人奴隷の安価な労働力を使い、過酷な労働を強いていたことが知られていますが、現代でも低賃金・未組織労働者などの問題は依然として存在しています。

　このような、カリブ海の砂糖プランテーションが、たとえばイギリスの「紅茶と砂糖」によるいわゆる「アフタヌーンティー」とか「ハイティー」といわれる生活習慣を支えていた、という見方をもっとも明確なかたちで打ち出したのは、社会学でもしばしば議論されることの多い、I. ウォーラーステイン（I. Wallerstein）によって提唱された「近代世界システム論」です。

　この理論はもともと、1959年のキューバ革命を理論化すべくラテンアメリカで展開されていた歴史学の中のいわゆる「従属理論」（ラテンアメリカのような周辺部が、先進資本主義諸国という中枢部に政治的・経済的に従属しているために低発展から抜け出せない、それゆえ周辺諸国が発展するには、中枢部への従属を作り出している現在の周辺諸国内部の支配階級を打破すべきである、と考える理論）にヒントを得たものでした。

　この近代世界システム論によれば、「世界システム」は、中核地域（西欧）と従属地域（ラテンアメリカやアフリカ、アジア）から成り立っており、この両者の間に、一種のグローバルな分業体制が内包されているために、後者から前者

へとたえず富が移動していってしまうのです。アフリカ諸国やラテンアメリカが，なかなか西欧諸国のようには発展しないのは，こういった国々の人びとの「怠惰」のせいでも何らかの宗教的特質のせいでもなく，従属地域の国々が，近代世界システムという枠組みの中にがっちりと取り込まれてしまっていて，中核地域の「発展」と従属地域の「低発展」とが直結している，逆にいえば，中核地域の発展は従属地域の低発展によって支えられているからだ，と考えるわけです。この近代世界システムがあるかぎり，世界中のどんな国でも次第次第に西欧並に「近代化」し「発展」してゆくのだとは単純にはいえない。だから，イギリスの産業革命と，カリブ海での砂糖プランテーションの成立とを，同じ1つの現象とみなければならないというのです（川北，1996）。この考え方は，1つの国の中だけで，資本主義や産業の発展をみてしまう考え方への大きな批判ともなっているのです。

■ メディア社会学の視点から

さて，イギリスの産業革命がカリブ海のプランテーションと不可分だといいましたが，当時のイギリスの発展ひいては近代文化の発展のいわば影の舞台となったのは，「コーヒーハウス」と呼ばれる一種の社交場です。17世紀頃から増え始め18世紀初頭のロンドンには数千軒あったといわれています。

これは私たちが知っている喫茶店とは似て非なるもので，身分の上下を問わず誰でも自由に出入りでき，経済事情，政治的な時事問題，科学，文学といった話題について，互いに自由に活発に批判しあう場所でした。

名前がコーヒーハウスですから，コーヒーはもちろんのこと，紅茶も飲まれていたようですが，いずれにも，カリブ海プランテーションで栽培されたサトウキビからとれる砂糖が，必ず入れられたために，砂糖消費の場でもありました。ここで人びとが砂糖入りの紅茶を飲みながら（ときには討論に激高して相手の顔にぶちまけながら!?）議論しあわれた事柄は，当時の新聞や雑誌の情報源ともなっていたので，ここが，マスメディアを媒介にしたいわば「公論」あるいは「ジャーナリズム」の形成の舞台となり（こうした開放的な自由な論議による公論形成の場を「公共圏（公共性）（Öffentlichkeit, public sphere)」というのですが），当時の政治権力に対する批判的な潜勢力を内包する場ともなっていったのです。

ここではさまざまなことが議論しあわれたのですが，議論するさいは，どんなことでも批判をおそれず論議しあい（批判性のルール），どんな階級や地位の人々でも参加でき（開放性のルール），そして身分がどうであろうと議論では互いに対等である（対等性のルール），という暗黙のルールが存在していたのだと，ドイツの社会学者ユルゲン・ハーバマス（J. Habermas）は『公共性の構造転換』（原書は1962年刊）という有名な著作の中で述べています。

しかし，ハーバマスによれば，こうした政治権力への対抗力・批判力を養っていたはずの公共圏ですが，19世紀になると次第に，マスメディアがたんなる娯楽提供の場，あるいはすでに決定された政治的案件のPRの場と化してゆくことになります（「公共性の構造転換」）。人びとは，それ以来，批判的に論議する「公衆」から，批判力を喪失し受動的にメディアによって操作されるだけの「大衆」へと変貌してしまったというのです。

ハーバマスは，こうした事態を打破するためには，現代にかつての公共圏の理念を新しいかたちで蘇らせてゆくことが肝要であると考えるわけです。じっさい，80年代末の東欧革命はその可能性の一端を垣間みせています。こうした彼の考え方は，政治のあらゆるレベルで「代表制」の危機が顕在化している今日，市民運動やボランティア・住民参加の行政，等々といった動きを分析するさいのヒントとして，政治社会学でも頻繁に参照されています。

▌環境社会学の視点から

もう1つ，さきほどのグローバルな体制という話ともかかわることですが，ケーキやクレープなどにも使われるバナナも，環境問題などと絡めて考えるとき，重要なテーマとなってきます。バナナと環境問題？　ちょっと想像がつかないかもしれませんね。しかし，バナナがどこからやってくるか考えたことがあるでしょうか。

ラベルをみると，エクアドルやメキシコなど，南米産もありますが，その多くがフィリピンなどの東南アジア諸国産と書いてあるでしょう。バナナはもともとからフィリピンにあったものではなく，日本やアメリカの多国籍企業が南米から移入したものでした。

しかも，バナナ栽培のプランテーションでは，こうした先進国の多国籍企業

は，自国では許可されていない危険な農薬を大量に使用します。農薬がシャワーのように降ってくる労働者住宅もあり，労働者は風邪，肺結核などの呼吸器系疾患やアレルギー性疾患，皮膚炎などさまざまな健康問題を抱えています。また大地，川，海も農薬により汚染されているのです。日本でのバナナの消費が，東南アジアでの環境破壊や健康被害を引き起こしているわけです。

■ 地域社会学の視点から

ちょっと難しい，そしてやっかいな話にまで展開してしまいました。

もつれた頭をほぐして，お菓子の話に戻りましょう。みなさんが観光地を訪れたとき，地方の銘菓によく出会うのではないでしょうか。その味やユニークな形などが思い出として心に刻まれることも多いと思われます。いわば当地の名産品として売り出すことによって，「まちづくり」に一役買っているお菓子は少なくありません。そのような銘菓・名産，あるいはひっそりと家族でつくっている伝統菓子もまた，たとえば「地域社会学」や「家族社会学」を通してみたとき，興味深い側面がたくさんみえてきそうです。

■ 宗教社会学の視点から

さらに，ちょっと意外かもしれませんが，お菓子は宗教とも深いかかわりをもっています。最後の晩餐の席でイエスがパンと葡萄酒を「これはわたしの体である。これはわたしの血である」といったことがよく知られていますが，パンとキリスト教とは深いつながりがあります。教会がパンを製造する技術を維持・向上させていったことや，パンを焼く技術を利用して宗教色豊かなお菓子を次々とつくっていったことは，皆さんにとっても興味深いことではないでしょうか。

また，キリスト教の祭日としてのクリスマスには，ドイツではレープクーヘンというクッキーを食べますし，イタリアではパネットーネという菓子パンを食べるのが慣習となっているなど，宗教にじつはお菓子は不可欠のものなのです。イースター（キリスト教でいう復活祭の日）にも，アメリカでは，店頭に卵やウサギ（強い繁殖力から復活のシンボルとなっています）の型のキャンディやチョコレートが並びますし，（正式なキリスト教会の暦には入らず，祝うのを禁じてい

る教会もあるようですが）ハロウィーンで，子供たちが近隣の家々を巡りながら唱える「trick or treat（いたずらかお菓子か，お菓子をくれないならいたずらしちゃうぞ）」という文句も宗教とお菓子の深い結びつきを物語っています。

■ コミュニケーション論の視点から

　また，日本でもなじみのある聖バレンタインの日には，女性が男性にチョコレートを贈りますね。もっとも，日本の場合ほとんど宗教色はありませんし，チョコをプレゼントする習慣が日本独自のものだということは有名です。ただ，欧米でも，恋人たちが互いの愛のシンボルとして，チョコを贈る場合もないわけではないようです。

　いずれにしても，チョコをはじめとしたお菓子はさまざまな行事の際に欠かせないものになっています。ウェディングケーキやバースデーケーキ，桃の節句のひなあられや端午の節句のちまき，七五三の千歳飴など，いろいろとありますね。これらはすべて本人だけでなく，他者に祝ってもらうことを前提としていると思われます。つまりコミュニケーションの一部としてお菓子を分け合って食べるという習慣です。このようなコミュニケーションのあり方も，社会学では重要なテーマになるのです。

　では社会学ではこのコミュニケーションをたとえばどのように考えるのでしょうか。前述の，女性が男性に「チョコを贈る」というコミュニケーションを事例にして，ちょっとだけ立ち入って考えてみましょう。

　バレンタインの日にチョコをもらうとき，男性の皆さんはしばしば「これって，やっぱり義理チョコ？」と悩んだりしたことはありませんか。この「悩み」の背景となっているのはコミュニケーションの「レベル」の違いです。バレンタインデーとは，公式的には，恋人たちが愛を確かめあうために贈り物を交換する日のことです。しかし，ちょっと気になっている女の子から「バレンタインなので……」とチョコを手渡されたとき，その箱入りのチョコがもし，先日スーパーで見かけた100円前後のショボい品物と同じで，しかも箱がちょっと潰れていたりなどした場合には，通常は，そこから，「チョコをあげはするけれど，この行為は『おふざけ』なんですよ」とか「サークルでお世話になっていることへの『義理だて』なんですよ」といった，「チョコをあげている」

このコミュニケーションのもつ意味について読み取るのではないでしょうか。つまり，コミュニケーションについてのコミュニケーションやメッセージについてのメッセージ（メタ・コミュニケーションあるいはメタ・メッセージ）を，です。

こうしたメッセージとメタ・メッセージとの区別という考え方は，グレゴリー・ベイトソン（G. Bateson）によるものですが，人びとのコミュニケーションは，このように，メッセージとメタ・メッセージとを半ば無意識的に区別しながら進行するものなのです。逆に，この2つの「レベル」が区別できなくなると，コミュニケーションが通常とは，かなり違った経過をたどることになります。

さて，いかがでしょうか。スペースの都合で「お菓子の社会学」の一端しかみてみることができませんでしたけれども，お菓子に向けられていた皆さんの眼差しは，社会学という眼鏡（道具）を通して，大きな世界へと向けられたのではないでしょうか。

「社会学する！」ことの醍醐味は，このように，皆さんの小さな日常と，大きな社会の動きや時代の流れとを，結びつけて考えてみるところにあるのです。

2　学生のコメントから

これまで数多くの先輩方が社会学を学んで社会学へと巣立っていきました。学生の皆さんは，はじめて社会学を学んで，どんな感想や意見を述べたのでしょうか。社会学が取り扱うさまざまなテーマについて，ある大学の教室で，講義後の率直なコメントに目を通してみましょう。

まずは，マスメディアについての鋭い「論評」から。

▍メディア・情報

マスメディアは人びとを操作しているのではないか——こういう疑念は学生の皆さんの日常生活でも実感として知覚されているようです。

　　＊マスメディアの恐怖は情報操作があったとしても，ほとんどの大衆がそれに気づかないし疑うことすらもしない点である。仮に加工前のすべての情報を知り得たとしよう。大衆は複眼的な視点でその事実をみつめ，多様な反応を返してくるだろう。

第2章 社会学概観

しかし，マスメディアが大部分の情報を握りつぶした上で，一人の人間がその定義づけをしたとすると，大衆はその単眼的な視点を疑わず，それほどの反応は返ってこないだろう。つまり，ひとつのつくられた観念が，確固たるものとしてあるように錯覚してしまうことが，最大の恐怖なのである

* メディアの機能の1つである「状況の定義付け・価値と地位の付与」によって，現代社会は動かされているのではないだろうか。たとえば，今まで消費量の少なかった食品がテレビで「○○が〜に効く」と紹介されると，その消費量が増加する。またメディアを利用して民衆を操作している北朝鮮の状況は，H. M. マクルーハンの「メディアはメッセージである」という言葉があてはまると思った。

* イラク戦争が始まる前に，日本人のほとんどが『戦争に反対』であったが，戦争が始まってからは『戦争に賛成』とほぼ半々，もしくは少し多い程度になったと世論調査をみて知った。そういえば開戦前はテレビで頻繁に反戦メッセージを流していたのに，始まってからはバグダッドでフセイン像を壊している様子など，あたかも「戦争が正しい」というような映像ばかりが流れていた。メディアに踊らされる日本人の戦争に対する意識とメディアの影響力を考えさせられた。

もっとも，メディアが人びとの意見形成に対してどれほどの影響力をもつものなのかという点については，メディア論の大きな論点の1つです。ですから，「人びとを操作する」ような強い力をマスメディアはもっているのだ，と考える立場ばかりではないことも，心にとめておくべきでしょう。

また，情報・メディアを考える上で欠かせないのは，プライバシーの問題ですね。

* 個人情報保護に私は疑問を感じる。少年犯罪が起った場合，加害者の名前などのプライバシーは守られるが，被害者のプライバシーは守られるといえない。プライバシー保護は，難しい問題ではあるが，情報を得る手段が多様化している今だからこそ，あいまいなままでは済まされない。

では，私たちはメディアにどう向き合うべきなのでしょうか。

* メディアは両刃の剣だと思う。便利な面もあるが，間違った情報が大衆に伝わってしまう場合もある。例えば松本サリン事件で第1通報者が冤罪となった事件である。その原因もメディアにあると思う。私たちは自分たちで真実を見分けなければならない。

▎医　療

　続いて，医療の問題については学生の皆さんはどう考えているでしょうか。ここでは社会と医療との関わり，とくに「医療化」についての学生さんたちの意見を中心にみてみましょう。

　＊医療の中に社会が含まれるか，社会の中に医療があるのか，私は社会の中に医療があってほしいと考える。なぜかというと，医療の分野で物事をすべて考えたのでは，社会の倫理基準をも医療で支配されてしまう気がするからである。これはソーシャルコントロールとよばれているが，私はマインドコントロールすら感じてしまうことがある。これは陰謀という名の社会システムかもしれない。生死の判断や善悪の判断でさえ医学的な見聞に委ねられているのは事実である。すべてのことが医療という視点でみられてしまう医療化は人を物とみるようなくらい機械的な冷たい社会に変えてしまう危険性すら感じる。フォックスの脱医療化もまた医療の視点からみていることに変わりがないと私は思う。

　＊医療化は社会を作りだしている人びとが医学に依存しすぎているから進んでいるのだと私は思う。医学に依存しきった態度をあらためない限り止まることはない。

　＊医師の力が強いことは現状でもあることだと思う。また，医療化の進行も一般的に広がっている。『人間の生命』という事柄を扱う以上，ある程度の立場の確保は必要だが，権力が一人歩きすることは防がなければならないと感じた。そのためには，我々一人一人が医療への依存から，独立することが大切だと思う。

　＊医原病について学び，医療の進み過ぎによって病をもつことにとても不安を抱えることが起こっていることをはじめて知った。日本は特にそれが強いと思う。文化による病への受容が希薄であると思う。

▎政　治

　政治についてはどうでしょうか。政治といえば，権力の問題，力関係がテーマの中心となってきますね。

　＊『力関係』と聞いても，最初はピンとこなかったけど，どんな人間関係にも存在すると聞いて，なんとなくわかった気がした。人が2人以上集ると，そこには『優劣』が存在する。『劣』であることが悪いというのではなく，人は知らず知らずのうちに『優劣』を受け入れ，お互いに不足の部分を埋め合って，人間関係を築いているのだと思う。

　近代社会が達成した自由や平等の理念もまた，政治社会学の重要な論点の1

＊そもそも自由という言葉はアメリカからきたものを勝手に訳したもので，アメリカ人のもつ自由とはまったく違うベクトルでできたものである。自由と平等は同じ場には存在しないと思う。なぜかといえば平等とは古来から日本にある上下関係を払拭したいという「あこがれ」に近い概念から発生したからである。現に平等はどんな人間関係でも成立していないのである。もしも平等があるというならば，それは生を失ったときのみ，得られるものだと思う。

逸　脱

続いて，逸脱についての学生さんたちの考え方です。
＊私は逸脱したい方だ。しかし犯罪なんて犯したくないし，非行なんて反対だ。『合法的逸脱』を求めている。喫煙者の友達が私にもタバコを勧めるが，それを受け入れない。自分の正義のために同調を避けたいのだ。誰もが同調すれば間違ったことも基準になりかねない。私はそれに気づきたい。

逸脱というと，犯罪や非行といった「否定的」なイメージが先行してしまいますが，社会学では非常に多角的な視点から逸脱を考察していきます。次の学生さんたちは，逸脱の，むしろ「肯定的」な側面に光を当ててみたいようですね。
＊逸脱は規範を明確にするものであるが，逸脱がなければ同調だけの単調的な社会になり，進歩が望めない。逸脱があればこそ，革新的な進歩があるのではないか。初めのうちは批判されていても，後には一般的になることもあると思う。そのような点で逸脱は必要とされているのではないだろうか。
＊同調や逸脱は社会や国によって形や内容が異なる。同性愛者の問題についても，日本は他の国々と比べて同調心の強い社会であるため，逸脱的なものとしてみてしまう傾向がある。日本人は，他者と同じことに満足するのではなく，違うことをする勇気も時には必要だと思う。

最後に，逸脱と差別との関わりについてはどうでしょうか。
＊主要逸脱行動である犯罪が社会全体にとっての反面教師的な意味をもっているという考えはなるほどと思ったが，逸脱全般が反社会的な存在というわけではないという点は留意すべきだと思う。社会の常識それ自体が深い偏見をはらんでいることが多いので，しっかりとした理解なしに常識的に感覚的にという理由だけで逸脱＝反社会と決めつけることはあまりにも早計である。こうした常識観自体が個人単位で

の差別や偏見を助長し，必ずしも反社会的ではない逸脱者たちを深く傷つけている事実を忘れてはならない。

▌宗　教

　宗教は，社会学の創成期からその中心的なテーマの１つでしたし．今日でもそうです。2001年９月11日以降の世界ではとくにそうでしょう。無宗教ともいわれる日本の中で，学生たちは，宗教に対してどんな考えをもっているのでしょうか。

- ＊日本はもっと宗教も神もあった方がいいと思う。日本人は気持ちの拠り所が欠けている。現実に心の拠り所を探すが，理想的なものはなかなかみつからない。宗教抽象的であるため，理想にあてはめられる。理想は現実になる。日本にはいろいろな宗教が存在していると思う。葬式は仏教式でやることが多いのに，キリストの誕生日であるクリスマスを祝っている。これは諸外国からみたらとてもおかしくみえると思う。イギリスでは事件があると，コメンテーターとして宗教者が出演するということに驚いた。日本ではなかなかあり得ないことだ。それだけ，イギリスでは宗教が根付いているということだと思う。
- ＊救いやすがるものを求めたくなるけど，答えなんていらない。罪も罰も痛みも苦しみも迷いも全部自分のものだから。押しつけず受けとめて，全部自分で背負って生きていきたい。
- ＊宗教とは必ずしもこうあるべきだという教えではなく，いってしまえば人生を楽に生きていくための１つの指針に過ぎない。だから，本来，宗教は互いのエゴがぶつかる事はありえないし，どちらが正解という問題でもない。互いに答えのない暗中の１つの道に過ぎない。尊いものではあるだろうが，他人の個を殺してまでの絶対などはありえないことを，世界の万人が絶対の理として理解していく必要があるだろう。

　９．11以降の世界を暗に示唆しているようですね。

▌労　働

　最後に，労働問題についての学生さんたちのレポートを拝見してみましょう。

- ＊社会学を学ばなかったら，「労働と職業の違い」「階級と階層の違い」各々の違いについて考えもしなかったのではないだろうか。労働とは財やサービスを生産すること。職業とは報酬を伴う持続的労働。これまで私が考えていた職業とは労働に近か

ったのかもしれない。生み出すものが労働ならば,労働者はなんとかけがえのない存在なのだろうか。

近代社会での労働問題といえば,皆さんも高校までに幾度も耳にした,ベルトコンベアーなどを利用しての,単純な流れ作業の問題を思い浮かべるのではないでしょうか。

＊先日,ニュースでみたのだが,あるコピー機を生産するメーカーがベルトコンベアーによる流れ作業をやめて,1人で1台をつくるように変えたところ,企業成績があがったらしい。1人で作ることによって責任が生まれ,技術の熟練した人にはボーナスを与えたらしい。この方法だとモデルチェンジがしやすく,製作途中の在庫を減らせる。もはや分業も古いかもしれない。

労働の現場が変化してきているようですね。

マルクス主義に基づいた社会主義国家での労働については,学生さんたちは,どんなイメージをもっているのでしょうか。

＊『社会主義』の下では,国（官僚）が国民（労働者）を支配する。一方,『資本主義』も金持ち（資本家）が労働者を支配している。支配していることに変わりはないのではないか。

＊『共産主義』は極めて不自然な仕組みである。人はその中で平等を手にしたようにみえるが,自由を奪われている。そして国家権力はふくらみ,それに怯える。

社会学を学んで,（正しいか間違っているかは別としても）現代社会の重要問題の核心をつくような考え方にいたっている学生さんもいるようですね。社会学は,いまみてきたようないろいろなテーマについて,日常に埋没している視点からはなかなかみえてこないような見方を提示してくれています。あっと驚くような議論もあります。この本のそれぞれの章では,そのような,わくわくするような話を,テーマごとにじっくりとみていくことにしましょう。

3　社会学的想像力

社会学的思考

この章を締めくくるにあたって,「社会学的に思考する」とはどんなことなのか,考えてみることにしましょう。

社会学は個人と社会とが分裂しはじめた近代において成立してきた学問です。

このことと関わって,アメリカの社会学者ミルズは,社会学的な思考力のことを,「社会学的想像力」と名付け,現代に生きる私たちにとっての社会学の重要性を強調しました (C. W. Mills, 1959)。ミルズは,いわゆるラディカル派社会学の創始者として知られていますが,彼によれば,私たちは通常,自分たちが享受している安楽や耐えている苦難というものを,自分たちが生きている社会のマクロな(巨視的な)変化と結びつけては考えていません。自分たちの周囲のごく限られた範囲でしかものを考えることができない。そうなってしまったのは,多くの人びとが急速に,またすさまじいほどの変化にさらされることになってしまったからだ,というのです。しかし,自分の生活のチャンス(ライフチャンス)をきちんと知ることができるのは,自分自身の経験を自分が生きている時代や社会の中に位置づけて,自分のいわば「運命」を推し量り,周囲にいる人びとの生活のチャンスに気づくようになることによって,なのです。こうしたことを可能にさせてくれるものこそ,社会学的想像力です。社会学的想像力とは,「われわれ自身の身近な現実を,全体の社会的現実とのつながりの中で理解することを,もっとも劇的に約束する精神の資質」のことです。要するに,非常に個人的で私的な事柄,自分だけのものだと考えている事柄と,自分とは関係ない「対岸の火事」のようにみえる疎遠な公的問題,現代の社会構造とを,密接につなげて考える能力です。私たちの生活のそれぞれの断片を日本や世界の社会構造とつなげてはじめて,自分たち自身が生活の中で活用できるチャンスを充分に知り,もっと別の可能性を探求していくこともできるようになります。さらに重要なことは,こうした社会学的想像力は,「社会学的」と形容詞はついているものの,決して専門の「社会学者」だけではなく,ジャーナリスト,芸術家,編集者,そして一般の市民もまた身につけることのできるものだということです。

社会学を学ぶ意義

社会学を学ぶ意義は,このような社会学的想像力の涵養にある,といっていいでしょう。とくに,情報・メディアを学び,将来それと関連する職業に就く皆さんは,日常生活の多様な局面で悩んでいる人びとや解決しにくい問題に接する一方で,そうした悩みや問題を誘発する社会構造がどんなものかという点

にも思いをはせる必要が必ず出てきます。つまり，自分自身や他の人びとの身近な日常生活と，地域社会や日本社会，あるいは世界全体の動きとを関連づけて考えていかなければならないのです。

　そのとき，まさに，ミルズのいう社会学的想像力が必要になってくるはずです。

　本書を通して社会学を学ぶことによって，社会学的想像力を培い，「日常に生きる社会学者」を自負できるようになってください。筆者にとって，こうした日常の社会学者がたくさん現れてくれれば，これに過ぎる喜びはありません。

▍引用・参考文献

Habermas, J. *Der Strukturwandel der Öffentlichkeit,* Suhrkamp, 1962（細谷貞雄・山田正行訳『公共性の構造転換』（第二版），未来社，1994年）

川北稔『砂糖の世界史』岩波書店，1996年

Mills, C. W. *The Sociological Imagination,* Oxford UP, 1959（鈴木広訳『社会学的想像力』紀伊國屋書店，1995年）

鶴見良行『バナナと日本人――フィリピン農園と食卓の間』岩波新書，1982年

第3章

情報・メディア・コミュニケーション
――コミュニケーション・システムとしての社会――

矢原　隆行

　F　とにかく，人が話をするときは，怒ってるとか怒ってないとか，そんなことしか言っていない場合がほとんどなんだな。おたがい一生懸命フレンドリーだと言い合って，しかもそれがウソだったりして。みんな，話すことがなくなるとどうなる？　気まずそうな顔をするよね。
　D　でも，パパ，その「気まずい」っていうのだって情報でしょ？　怒っているのとは違うっていう……
　F　もちろんさ。「猫はマットの上です」というのとは，違った種類の情報だけどね。
（グレゴリー・ベイトソン『精神の生態学』）

　皆さんは，情報，メディア，そしてコミュニケーションという言葉からどのようなことをイメージするでしょうか。情報やメディアについてさまざまな形で専門的に学ぼうとしている皆さんにとって，それらはきっとごく基本的な概念でしょう。しかし，コミュニケーションという言葉ひとつをとってみても，その具体的な意味を求めて日々の生活で私たちが行っていることを振り返ってみるならば，ほとんどすべてといってよいほどの場面においてコミュニケーションがその前提となり，手段となり，目的となっていることに気付かされ，あらためてその概念を対象化し，指し示すことの難しさに途方に暮れてしまうかもしれません。
　本書のそれぞれの章では，社会学という観点から個々の具体的社会領域における情報やメディアをめぐる現状，すなわち何らかのテーマに焦点化した一群の社会的コミュニケーションの編成について詳しく論じられています。本章では，そうした個別具体的なテーマに進む前に，それらの議論について理解するためのひとつの視座を学ぶことを目指して，情報，メディア，コミュニケーシ

ョンという概念が有する社会学的な広がりについてみていきましょう。

1 コミュニケーションとは何か

▍情報とコミュニケーション

　情報化（あるいは高度情報化）社会といわれ、私たちのまわりにはかつてに比べ膨大な情報が溢れているとしばしば指摘されます。たしかにテレビや新聞からは、日々新たな話題が提供され、何か調べ物をする時には、パソコンからインターネットを介して読みきれないほどのデータを手に入れることができ、また、ほとんどどこからでも携帯電話を通して誰かと連絡をとることが可能です。しかし、そこで溢れているといわれる「情報」とはいったい何なのかについては、必ずしも明確ではありません。

　情報の量を測る代表的な方法のひとつは、シャノンとウィーバー（C. E. Shanon and W. Weaver）によるものですが、それによれば、ある事象の情報量は、その事象が生起する確率が低いほど高いものとみなされます。つまり、AかB 2つのうちどちらかひとつが正解であるような場面において、「Bが正解である」という情報は、確率2分の1の不確実性を除去する情報量（＝ 1 bit）をもっているということになるわけです。しかし、実際の社会生活における情報の意味について検討しようとするなら、多くの場合、こうした情報量の計測はきわめて困難であることがあきらかでしょう。

　たとえば、ある金融機関の破綻をしらせるテレビ・ニュースは、たしかに「破綻する／破綻しない」という確率2分の1の不確実性を除去する情報ですが、すでにその事実を知っていた一部の人にとっては、もはや「情報」とは言い難いかもしれないし、その金融機関に長年勤めてきた人にとっては、将来の不確実性を増大させる可能性を有するような情報でしょう。また、日頃からそ

▶情報化社会
　情報技術の発達、普及を中心とする社会の情報化を現代社会の革新的変動要因としてとらえるもの。ただし、「いよいよ情報技術が社会を変える」という言説は、1960年代後半以来今日にいたるまで、明確な内実をもたないまま異口同音に繰り返されているものであるともいわれます（佐藤, 1996）。

のニュース・キャスターのファッションに注目している人にとっては，そのニュース映像は別種の情報を伝えるものでしょうし，メディア・リテラシー（第4章参照）を学ぶ学生にとっては，他局のニュース番組と比較した場合のその番組における演出方法の違いこそがそこで注目すべき情報なのかもしれません。すなわち，実際の社会における情報の意味づけは，その外部から客観的に測定可能なものではなく，その情報を含んだコミュニケーションの流れのなかで把握されなければ有効なものとは言い難いのです。

　もちろん「コミュニケーション（communication）」概念についても留意が必要です。コミュニケーションという言葉が日常語としてさまざまな場面で用いられ，そこに実に多様な意味が込められていることは，皆さん日々実感されているでしょう。たとえば，あるインターネット上の書店で「コミュニケーション」というキーワードを用いて書籍検索をしてみると，「今すぐ使える○○語」といった語学に関するもの，「人に好かれるテクニック」といった対人関係の技術に関するもの，さらに「インターネットで始める証券取引」から「愛犬のしつけ方」まで実に多岐にわたる内容の書籍が表示されます。また，日常語としてばかりではなく，学術用語としてのコミュニケーションという概念もきわめて多義的に用いられているのが実状です。ある研究者がその定義について調べたところ，実に100例をこえる定義が見出されたそうです。ダンス（F. E. X. Dance）はそうした膨大な定義を整理し，①シンボル・スピーチ・言語，②理解，③相互行為・関係，④不確実性の縮減，⑤プロセス，⑥移送・伝達，⑦リンク・結合，⑧共有性，⑨チャネル・担体・回路，⑩記憶・記憶装置，⑪識別反応，⑫刺激，⑬意図，⑭時間と状況，⑮力，という15の大まかなタイプに分類しました（McQuail, 1984）。こうした定義にみられる多様性からも，コミュニケーション概念の多面性，複雑性がうかがえるでしょう。これらのなかには物質や機械，人間以外の生物系におけるようなコミュニケーション概念も含まれていますが，社会学という学問領域に足場をおく本書では，以下，社会的コミュニケーションに焦点を当てながら，そこで情報やメディアといった概念がどのように位置付けられ，論じられてきたのか，あらためてながめていきましょう。

コミュニケーション・モデルズ

　社会的コミュニケーションが科学的研究の対象として明確に位置付けられたのは，1940年代から50年代のアメリカにおいてですが，その当初の研究で，コミュニケーション・プロセスのモデルとして最も大きな影響を与えたのが，アメリカの政治学者ラスウェル（H. Lasswell）がコミュニケーション行為を記述する便利な方法としてつくったラスウェルの公式と，情報・通信分野におけるシャノン，ウィーバーのつくった数学的モデル（図3-1）の2つでした。今日にいたるまで大きな影響を及ぼしているこれら初期のコミュニケーション・モデルの特徴は，①送り手から受け手へのメッセージの移送というコミュニケーションの流れの一方向的かつ直線的な描写，そして，②基本的に「送り手」が何らかの意図をもってメッセージ（情報）を発し，「受け手」はそれを受容するものとして存在しているという送り手主体のモデルになっていることでした。

　こうした線形的モデルが（場合によってはシャノン理論が有していた含意を削ぎ落として）広く活用された背景のひとつには，当時のコミュニケーション研究をめぐる社会状況があります。すなわち，当時のコミュニケーション学者の主要な研究対象は，アメリカ社会において急激に普及し，影響力を発揮していたマスメディア（新聞，ラジオ，テレビ等）であり，それら一方向的コミュニケーションの効果を論じるうえで線形的モデルは，より便利で適合的であったわけです（Rogers, 1986）。

　その後，シャノンらのコミュニケーション・モデルは，多くの研究者の指針となると同時に批判的検討の対象ともなり，1950年代以降，より精密化された

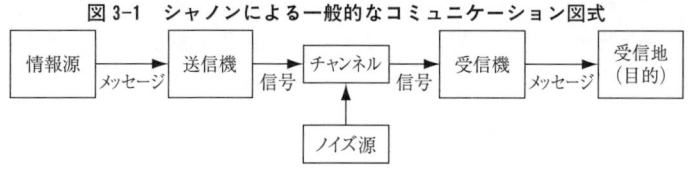

図3-1　シャノンによる一般的なコミュニケーション図式

情報源 →メッセージ→ 送信機 →信号→ チャンネル →信号→ 受信機 →メッセージ→ 受信地（目的）

ノイズ源

出典：Shannon and Weaver, 1967

ラスウェルの公式

　コミュニケーション活動を記述する上で便利な方法は，「誰が，何について，いかなる通路によって，誰に対して，いかなる効果をねらって」という問題に答えることである，としたもの。

図 3-2　フィードバックを認めたド・フルールによるコミュニケーション図式

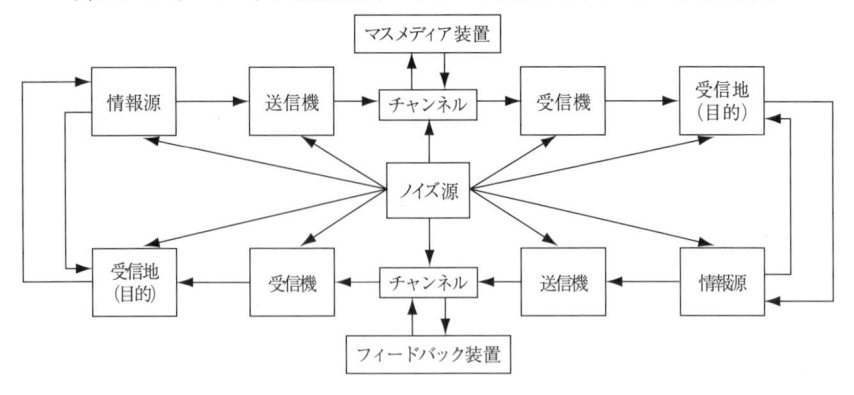

```
                    ┌──────────┐
                    │マスメディア装置│
                    └──────────┘
                         ↕
┌────┐   ┌────┐   ┌────┐   ┌────┐   ┌────┐
│情報源│→│送信機│→│チャンネル│→│受信機│→│受信地│
│    │   │    │   │    │   │    │   │(目的)│
└────┘   └────┘   └────┘   └────┘   └────┘
                    ↕
                 ┌─────┐
                 │ノイズ源│
                 └─────┘
                    ↕
┌────┐   ┌────┐   ┌────┐   ┌────┐   ┌────┐
│受信地│←│受信機│←│チャンネル│←│送信機│←│情報源│
│(目的)│   │    │   │    │   │    │   │    │
└────┘   └────┘   └────┘   └────┘   └────┘
                         ↕
                 ┌──────────┐
                 │フィードバック装置│
                 └──────────┘
```

出典：McQuail and Windahl, 1981

さまざまなコミュニケーション・モデルを生み出しました（McQuail and Windahl, 1981）。ここでの主要な展開は大きく2つあります。まず，第一には，その構成要件として「フィードバック」が組み込まれたことです（図3-2）。すなわち，そこではコミュニケーション過程が一方向の直線的なものではなく，循環的，あるいは繰り返し生じる螺旋状のものであることが認識されました。そして，第二には，「受け手」への着目です。コミュニケーションの輪が必ずしも完全なものではないことは，初期のモデルにおいても認識されていましたが，図3-2からも見て取れるように，その問題はあくまでシステム内の「ノイズ」として扱われてきました。このことは，初期のモデルが多くの場合，コミュニケーションが成功したかどうかについて，送り手側の意図をそのおもな基準としていたためです。しかし，受け手の側が持つ前提や予備知識等により，そのメッセージの解釈の仕方が異なってくることは，先に触れたテレビ・ニュースの例からもあきらかでしょう。そうした受け手側の観点を組み込むことで，たとえば，図3-3のようにコミュニケーションがもつ相互行為的性格が認識されたモデルが構成されます。

■ メディアへの注目

しかし，以上のようなコミュニケーション・モデルの精密化のなかで，メッセージと受け手との関係に研究の関心が集まる一方，そうしたメッセージを媒

第3章 情報・メディア・コミュニケーション

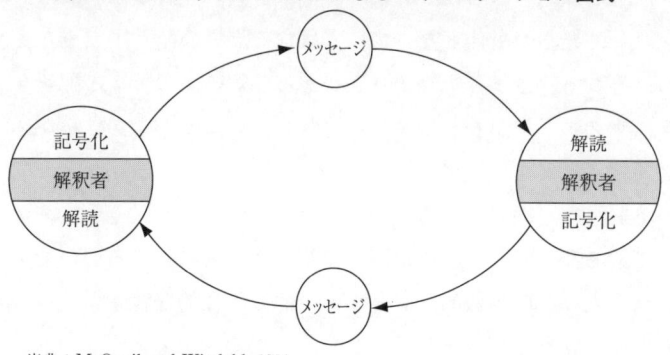

図 3-3 オズグッドとシュラムによるコミュニケーション図式

```
        メッセージ
      ↗         ↘
 ┌─────┐       ┌─────┐
 │記号化│       │ 解読 │
 │解釈者│       │解釈者│
 │ 解読 │       │記号化│
 └─────┘       └─────┘
      ↖         ↙
        メッセージ
```

出典：McQuail and Windahl, 1981

介するものとしてのメディアについては，ほぼその存在は看過されていました。すなわち，メディアはそこにノイズさえ含まなければ，正しく情報を伝達することが可能なたんなる技術的機器として位置づけられていたわけです。そして1960年代，そのようなメディア概念の透明性に対する批判的検討が展開されることになります。その代表であるマクルーハン（M. McLuhan）の「メディアはメッセージである」という有名な言葉は，まさにメディアをめぐる視点を多層的に切り拓くものでした（McLuhan, 1964）。

　吉見俊哉は，従来のいわば「透明な」メディア概念に対する批判を3つの点からあらためて整理しています（吉見，2004）。批判の第一点は，送り手の意図がそのまま受け手に伝えられることが，そのメディアがうまく機能することであると考えられてきた従来の見方に対するものです。たとえば受け手が送り手の意図とは異なる仕方で作品を解釈し，あるいはそこに多様な意味の広がりを読みとることで，その作品が人気を呼んでいくようなことが日常的に起きていることからもわかるように，私たちの身のまわりのメディアで語られていることは，メッセージというよりも「テクスト」であるとする考え方も優勢になってきました。テクストとは，それぞれが異なる立場からその意味を編み出すことが可能な記号の複合体であり，すなわちそこには一義的に正しい意味などそもそも存在しないということになります。

　批判の第二点は，第一点から導かれる送り手，受け手という概念そのものの相対性についてのものです。従来のコミュニケーション論が送り手，受け手と

呼んできたものは、むしろ社会的なコミュニケーションの諸局面においてメディアと交渉し、発話の主体となっていく異なる立場の語り手とみなされます。すなわち、そこではさまざまな語り手がある一定のメディアの配置を通して、どのようにテクストや語りを生産し、消費しているのかをあきらかにしていくことが必要とされます。

　批判の第三点が、従来の「透明な」メディア概念がそれぞれのメディアを成り立たせている社会的な文脈を隠蔽してしまうことに対するものです。諸々のメディアは、人びとの階級的、ジェンダー的、人種的な背景と結びつきながらその技術を成り立たせてきました。したがって、メディア研究においては、あるメディアの存在を前提とするのではなく、そもそもそうしたメディアが存在しているのはどうしてなのか、という根元的な探求から始めねばならないことになります。

　以上のようなメディア概念に対する新たな視点は、種々のメディアがはらむメッセージ性と同時に、メッセージ（あるいはテクスト）が個々の具体的なメディアと不可分の存在であることをあらためて認識させてくれるものでしょう。

2　コミュニケーション・システムとしての社会

▎3つの選択としてのコミュニケーション

　前節でながめてきたコミュニケーション概念をめぐる視座の変化についてあらためて整理してみると、そこには大きく2つの流れを見出すことができます。それはひとつには、たんなる「受け手」という描像をこえた能動的な「理解」という働きへの着目であり、もうひとつには、「メッセージ（あるいはテクスト）」と「メディア」との関わり、別言すれば「情報」の次元と「伝達」の次元の関わりへの着目といえるでしょう。そして、こうした観点を踏まえるなら、コミュニケーションという概念は、たんなる情報のやり取りという以上の、社会を論じるうえできわめて基底的なものとしてとらえ直されねばなりません。そうしたコミュニケーション概念の新たな視座を体系的に提示する議論として、以下では現代を代表する社会学者であるルーマン（N. Luhmann）の社会システム論を参照しましょう。

ルーマンもまた，従来のコミュニケーションをめぐる議論においてその前提とされてきた，情報を送り手から受け手へと移転させるといった「移転」のメタファーを問題をはらむものとして退けています（Luhmann, 1984）。その理由として挙げられるのが，このメタファーにより，情報があたかも「モノ」が手渡されるように同一のものとして送り手から受け手へと手渡されるイメージが形成されてしまうこと。すなわち，その存在論的発想と送り手主導のとらえ方です。さらに，そうしたとらえ方は，コミュニケーションの基本が送り手と受け手からなる二極の過程と見なすことを意味しています。

そうした従来の見方に対して，ルーマンは，コミュニケーションを情報，伝達，理解という三極の選択過程とみなすべきであると論じています。ここでいう「選択」とは，何かを選びだし，それ以外のものをその時点では取り上げないということを意味します。つまり，コミュニケーションは，情報それ自体の選択性（何を伝えるか），そうした情報を伝える行動の選択性（いかに伝えるか），そして，それらの理解における選択性（何を／いかに了解するか）という3つの選択からなる統一体として定義されます。

ここで決定的に重要なのが，第三の選択（すなわち理解）が情報とその伝達の区別に基づいているということです。情報と伝達の差異については，言語行為論における事実確認的（constative）／行為遂行的（performative）という2つの次元の区別を踏まえるとイメージしやすいでしょう（Austin, 1962）。たとえば，道でよくみかける「赤ちゃんが乗っています」という言葉が記された車のステッカーは，たんにその車に赤ん坊を乗せているという状態の記述（事実確認的）であるというよりも，周囲の車に一定の運転方法への注意を促す（行為遂行的）ものとして受け取られるのが適切なケースが多いかもしれません。そして，そうした情報と伝達を区別することにより，場合によっては，「この車は赤ん坊を乗せていると称して，わがままな運転を大目に見てもらおうとしているのではないか」といった理解も可能になるわけです。

このように理解を情報と伝達の差異の観察とみなすことによって，従来のコミュニケーション概念は，前

よく車に貼られている「赤ちゃんが乗ってます」のステッカー

節においてみたようなその基本モデルの修正といったレベルにおいてではなく，まさに根本的に転回することになります。まず，従来のコミュニケーション概念において中心的な位置付けを占めていたメッセージ（情報の次元）はあくまで選択の一側面となり，場合によっては，メッセージの内容はほとんど重視されず，伝達という行為自体に重点がおかれるようなコミュニケーションさえ想定されることになるでしょう（本章冒頭のベイトソンの対話を参照）。さらに，たとえ送り手側にまったく伝達の意図がなかったとしても，受け手側がそこに情報と伝達の差異を観察することに成功するならば，コミュニケーションは可能となるのです。実際，相手の意図しないあくびや，ふとした素振り，あるいは返事がないことによってさえコミュニケーションは成立し得るでしょう。

　言うまでもなく，こうした事態はけっして突飛な例外事象ではなく，日常を少し振り返ってみるならば，友人との相互行為の水準から国家間の外交関係まで，広くその事例を見出すことが可能であるようなごくありきたりの出来事にほかなりません。しかし，そうであるからこそ，そこから導かれる含意は画期的なものです。すなわち，理解とは一般にイメージされるような理解する者とされる者との間に何かが共有されることを意味するのではなく，情報／伝達という二重の選択性を次の行動の前提として引き受けるということを意味しているのです（馬場，2001）。

■コミュニケーション・システムとしての社会と観察者としての社会学

　このように情報，伝達，理解という3つの選択の総合としてコミュニケーション概念をとらえなおすことは，コミュニケーションを単独の出来事としてではなく，回帰的なネットワークの中で継続的に生産・再生産される一種のオートポイエティック・システム▶の構成要素とみなすことにつながります。なぜなら，コミュニケーションは，情報／伝達の差異を理解することによって，すなわち他の先行するコミュニケーションに接続することによってのみ生じるから

▶オートポイエティック・システム
　生物学者マトゥラーナとヴァレラ（H. R. Maturana and F. J. Varela）により生命システムの特徴として提起された概念で，オートポイエーシスとは「自己産出」を意味し，オートポイエティック・システムとはそれ自身の構成素を自ら産出するようなシステム。

です。そして，そうした先行するコミュニケーションによって，日々生み出され続けるコミュニケーションの総体こそが私たちを取り巻く社会なのです。

　以上のような議論をふまえて，社会をコミュニケーションの総体，すなわちコミュニケーション・システムとしてとらえるならば，皆さんがこれから学ぼうとしている社会学という学問についても，あらためてその位置付けを検討することが可能となるでしょう。社会学もまた，あくまで学問的コミュニケーションという一種のコミュニケーションを産出する営みである以上，それは当然のことながらコミュニケーション・システムとしての社会の一部を構成するものにほかなりません。そして，このことは社会学がけっして社会をその外部から観察するような超越的な視点をとり得ない営みであることを意味しています。すなわち，個々の社会学的分析は，社会に内在しながら先行する他のコミュニケーション（それは政治であったり，宗教であったり，教育であったりするでしょう）における情報と伝達の差異を社会学的な視座から観察することを通してはじめて可能になるのです。

　したがって，以下の各章でなされる個々の領域における情報やメディアをめぐる現状の社会学的観察もまた，たんに情報技術やメディアの発達という事態が社会の各領域にどのような影響を及ぼしているのか，あるいはまた，社会の各領域におけるどのような事柄が個々の情報技術やメディアの発達を促しているのか，といった水準のみならず，それらを用いた多層的なコミュニケーションを通して，その時々に社会の各領域がいかにそれ自身の現実を構成しているのか，という水準をもめぐっても展開されることになります。そして，本書を介した社会学的コミュニケーションの受け手である皆さんに期待されることは，そうした社会学的視点からの観察によって，そこに何が（what）見出されているのかのみならず，そこで社会学がいかに（how）対象を見出しているのかを読み取っていくことなのです。

> コラム

語られることを聞くこと

　社会学者としての筆者は，これまでインタビューというかたちで実に多くの方々の印象的なお話を伺ってきました。そして，そこで「語られることを聞くこと」の意味について，たびたび考えさせられてきました。

　さまざまな人びとが「語ること」を「聞くこと」としてのインタビューは，現在，私たちの身の回りに溢れています。テレビのニュース映像や，雑誌の記事など，マス・メディア上で目にされるインタビューのみならず，ビジネスや研究の場においても，それは貴重な情報収集の手段です。そして，とりわけ社会調査の一環としてなされるインタビューにおいて従来重視されてきたのが，客観的なデータを得るための信頼性と妥当性，すなわち，質問がいつでもどこでも変わることのない「正しい」回答を引き出すことができるかどうかということでした。多くの調査法の入門書にも書かれているように，そこでは回答者にバイアスを与えることのない，誠実で正確なコミュニケーション技法が必要とされます。

　しかし，そもそも誠実で正確なコミュニケーション技法とはいったいどのようなものでしょうか。そして，そこで引き出されるという回答者の「本当のこと」「本当の思い」とはいったい何なのでしょう。インタビュアーがコミュニケーションのプロセスにおけるさまざまな「ノイズ」を除去することで，より望ましいインタビューを行なうことができるのだとするなら，そこでの回答者のイメージは，まるでそこから正しく引き出されるのを待っている情報を詰め込んだだけの「回答の容器」のような存在といえるかもしれません。

　米国において「アクティヴ・インタビュー（active interview）」という調査のスタンスを提唱している社会学者のホルスタインとグブリアム（J. Holstein and J. Gubrium）は，そうした従来のインタビュー観に対し，インタビュアーと回答者が，物語の意味を協同して構築していくプロセスとしてそれをとらえなおす視点を提示しています。そこでは，回答者の声は必ずしも一貫したものではなく，自在に転換されるものであり，またインタビュアーには語られたこと（what）とそのインタビュー・プロセス（how）の二重の観察を遂行することが要請されます。

　実際，筆者自身の行なってきたいくつかのインタビューにおいても，良く聞いていると，ある質問への回答者の答えが，いつの間にか二転三転していくことがありました。それらを首尾一貫しない，無効な答えだと考えるならば，それはコミュニケーションとしてのインタビューをとらえ損ねているでしょう。そこでは揺れ動く語りというかたちで，その語られ方を通して，聞かれるべき物語が語られているのです。人は，何を語るか（what）を通してだけでなく，いかに語るか（how）を通しても雄弁に語るものです。

　もちろん，そうしたことを分かっているつもりでも，人が紡ぎ出す物語は一筋ではないし，それぞれの筋も入り組んでいます。回答者に面する私もまた，それらを

聞き取りつつ，私なりの新たな語りを紡いで新たな私となり，ときに回答者の物語とそれらを撚っていきます。「心が通い合う」とか，「本当の思いをつかむ」といったこととは程遠いけれど，「語ること」を「聞くこと」とはそのようなことでしょう。私たちは今日もコミュニケーションを続けることができるし，「本当の」などと限定されない多様な「あなた」や「私」の物語をやりとりすることができます。そして，そのなかで互いにとって新たな「あなた」や「私」をときに見出すことができるなら，そこには無限の可能性があるのかもしれません。

▍引用・参考文献

Austin, J. L. *How to Do Things with Words,* Oxford University Press, 1962（坂本百大訳『言語と行為』大修館書店，1978年）

馬場靖雄『ルーマンの社会理論』勁草書房，2001年

Bateson, G. *Steps to an Ecology of Mind,* Ballantine Books, 1972（佐藤良明訳『精神の生態学　改訂第2版』新思索社，2000年）

Holstein, J. and J. Gubrium, *The Active interview,* Sage, 1995（山田富秋ほか訳『アクティヴ・インタビュー――相互行為としての社会調査』せりか書房，2004年）

Luhmann, N. *Soziale Systeme,* Suhrkamp, 1984（佐藤勉監訳『社会システム理論（上）（下）』恒星社厚生閣，1993/1995年）

McLuhan, M. *Understanding Media,* McGraw-Hill Book Company, 1964（栗原裕・河本仲聖訳『メディア論』みすず書房，1987年）

McQuail, D. *Communication 2nd edition,* Longman Group Ltd., 1984

McQuail, D. and S. Windahl *Communication Models,* Longman Group Ltd., 1981（山中正剛・黒田勇訳『コミュニケーション・モデルズ』松籟社，1986年）

Rogers, E. M. *Communication Technology,* The Free Press, 1986（安田寿明訳『コミュニケーションの科学』共立出版，1992年）

佐藤俊樹『ノイマンの夢・近代の欲望』講談社，1996年

Shannon, C. E. and W. Weaver, *The Mathematical Theory of Communication,* The Unversity of Illinois Press, 1967（長谷川淳・井上光洋訳『コミュニケーションの数学的理論』明治図書，1969年）

吉見俊哉『メディア文化論』有斐閣，2004年

▍推薦文献

グレゴリー・ベイトソン著／佐藤良明訳『精神の生態学　（改訂第2版）』新思索社，2000年

――文化研究，精神病理学，情報理論，動物記号論，芸術論など，きわめて多様な領域を横断する思索体系を築いた議論は，現在も新鮮な視界を切り拓いてくれます。

ニクラス・ルーマン著／佐藤勉訳『社会システム論（上）（下）』恒星社厚生閣，1993／1995年
——独自のコミュニケーション概念に基づき，コミュニケーション・システムとしての社会を理論的に体系づけた大著。

ジェイムズ・ホルスタイン，ジェイバー・グブリアム著／山田富秋・兼子一・倉石一郎ほか訳『アクティヴ・インタビュー——相互行為としての社会調査』せりか書房，2004年
——インタビュアーと回答者が物語の意味を協同して構築していくプロセスとしてインタビューを描いた面接調査法の実践的入門書。

第4章
メディア・リテラシー
──社会に参加する力の積層──

柴田　邦臣

　「メディア・リテラシー」は，すでによく知られた言葉になっています。たとえば，みなさんのなかには，学校教育のなかで習ったという人もいるでしょう。メディア・リテラシー学習は「情報」科目でも導入されていますし，総合的学習の範囲内で，マスコミを教材として取り上げて学ぶといったことも増えています。そのなかでメディア・リテラシーや，類似した情報リテラシー，コンピュータ・リテラシーという言葉が多く出てきたことでしょう。

　一方で，マスコミ業界やNPO活動のなかで，メディア・リテラシーを知ったという人も多いでしょう。なかには，そういった番組製作に携わったことがある職業の方もいらっしゃるかもしれません。ご承知のとおり，全国のTV，CATVやインターネットでのストリーミング配信などでも，メディア・リテラシーを取り上げた番組は急速に増えています。なにしろ，総務省が率先してメディア・リテラシーを推奨しているほどです（総務省，2000）。

　では，私たちは本当にメディア・リテラシーを習得しているのでしょうか。そう問い直すことで，メディア・リテラシーの難しさが透けてみえてきます。またその難しさが，メディアのわかりにくさに由来していることもわかります。この章は，本書で「メディア」を正面から扱う最初のものです。そこでメディアに関する考察を基礎から積み重ねることで，メディア・リテラシーを浮き彫りにしてみましょう。なお後述のように，本章でいうメディアはTVなどのマス・メディア，ケータイなどのパーソナル・メディア，インターネットなどのICT（Information Communication Technology）のメディアらのすべてを含んでいます。それぞれの差，またメディアに関する初歩的な知識については，姉妹刊『みらいを拓く社会学』の「第7章　情報・メディア・プライバシー」を

ぜひ参考にしてください。

1　メディア・リテラシーの現在

▍メディア・リテラシーの語られ方

　教育や製作の現場では、メディア・リテラシーというとどうしてもITスキルを学習するコンピュータ・リテラシーや情報リテラシー▶と混同されたり、いわゆる「メディアの利用法」——カメラによる撮影技法や、インターネットの活用法など——に偏りがちであったりするといわれています。しかし、現在の日本におけるメディア・リテラシーの考え方は、むしろそういった単なる「メディアの使い方」ではないというところからはじまります。たとえば日本の第一人者である鈴木みどりは、メディア・リテラシーがテレビ製作の仕組みを一方的に理解させたりすることや、単にコンピュータの使い方にとどまらず「市民がメディアを社会的文脈でクリティカルに分析し、評価し、メディアにアクセスし、多様な形態でコミュニケーションを作り出す力を指す。また、そのような力の獲得をめざす取り組みもまたメディア・リテラシーという」（鈴木編、2001：4）と定義しています。同じく研究と実践の双方を牽引している水越伸も、単なるメディアの利用法を越えて、情報を批判的に解釈し表現するための複合的な能力であると定義しています（吉見・水越、1997など）。

　これらの定義は広く認められており、それを受けて日本の教育現場、NPOや製作の場で、メディア・リテラシーに関する活動が推進されています。本書の第8章・第9章などや推薦文献でも関連する事項に言及していますので参考

▶**情報リテラシーとメディア・リテラシー**
　単純な技法論が多いコンピュータ・リテラシーに対して、情報リテラシーは含意に富む議論がなされています（関口、2005など）。一方でメディア・リテラシーは、当然視されるものを多義に問うという意味で、より社会批判的（クリティカル）な視点を提示します（Potter, 2005など）。特にマクルーハン以来のカナダにおける理論と、批判的な実践との重なりは興味深く（SHIBATA, 2002）、現在でも"Scanning Television"などの一連の試みが注目されています（菅谷、2000など）。もっともICTの急速な技術展開によりメディアの様態そのものが変化する現在、理論と実践とを交差し続ける試みは困難を伴います。だからこそ圧倒的な現実から積み重ねていく「メディアの基礎論」が求められているでしょう。

にしてください。現在，メディア・リテラシーはすでに定義論を終え，どう実践に取り組むかの段階に踏み込んでいるようにみえます。

メディア・リテラシーの理論と実践

しかし本章では，一度踏みとどまって基本的な話をしてみたいと思います。実は筆者も自分の授業で，前述のメディア・リテラシーの定義に従って説明しています。受講した学生にレポートを書いてもらっているのですが，以下のような意見が多いのです。「私はその情報をそのまま信じ込んでしまう，ということはしません。(略) 私なりに情報を見極め，誤った情報を鵜呑みにしてしまわないように生活していきたいと思います。だからといって，すべて疑ってかかるのは寂しい気がします」。「"受け手が情報を判断する賢さ"はとても大事だと思う。しかし，このようなことばかりいっているときりがない」。「情報に振り回されないようにしたいが，本当にそうできるのかわからない」。

私の説明下手のせいでわからないというのもあるでしょう。しかし彼女らの意見のなかには「あたりまえのことを，なぜいわれるの？」「で，結局どうすればいいの？」という，素朴な疑問がみえ隠れしています。その思わず頷いてしまうほど自然な苛立ちは，以下の例と共通するものがあります。「CMをみた後，9歳になるリア・シルバーブラッドに，シャンプーがモデルの髪をあんなに素敵にしたのか，それとも広告主が最初から美しい髪をもったモデルを選んだのか，と尋ねてみた。すると彼女は即座に，たぶんあのモデルは初めからいい髪をしていたんでしょ，と答えたのである」(Silverblatt, 1999：151)。

後に触れるようにTVのCMは，批判の対象になるほど巧妙な技法をもっています。にもかかわらず，子供でもそのからくりに直感的に気づくことができます。そもそも私たちは小さいころから，マスメディアの情報を自分なりに受け取り，ケータイやインターネットを駆使して生きてきました。その意味で，それぞれ"メディア利用のプロ"といっても差し支えないような経験をもっているはずです。では，メディア・リテラシーはすでに自然と私たちに身についているものなのでしょうか。もちろんメディア・リテラシーの定義は，情報を鵜呑みにしないとか，能動的にメディアを使うといったことではありません。単純な技法論であるコンピュータ・リテラシーや情報リテラシーとも異なり，

より踏み込んで，自明視されてしまうものを批判的に，主体的に問い直すことまで視野に入れています。それが建前論に聞こえてしまうのは，私たちがそのメディア・リテラシーを，体感的に自己流に，ある意味擬似的にゆがめて取得してしまっているからではないでしょうか。

　こう考えると私たちに求められるのは，メディア・リテラシーの新しい習得ではなく，それを"再度問い直す"ことにありそうです。つまり，既知であると思い込んでいることを，原点から問い直す作業こそが必要なのです。そのために本章では２つのアプローチを提案します。まず，メディアの基礎論から問い直すアプローチです。メディア・リテラシーがどういったもので，なぜ，どのように必要なのかを知るためには，私たち自身がメディアに関するもっと深いまなざしを備えなければなりません。メディア・リテラシーの理論と実践に安易に踏み込む前に，メディアとリテラシーそのものをより精緻に考え直す作業が必要でしょう。それを受けてはじめて，生活でのメディア利用を具体的に考えていくことができます。利用場面のもっとも基礎的な地点から問い直す作業を，もうひとつのアプローチとしましょう。以上を重ね合わせることで，わかりにくいメディア・リテラシーの全体像を描き出すことができるはずです。

2　ひとつめのアプローチ：メディアの基礎論

　メディア・リテラシーを考えてみてまず気になるのは，それが「メディア」と「リテラシー」の複合語である点です。「メディア」は本来，中間・媒介物という意味をもっています（柴田，2004a）。確かに，私たちが思い当たるメディアは，すべてなにかしらの情報の媒介物になっています。そのようなものを"問い直す"ために，メディア研究の基礎を築いた論者を３人挙げながら，私たちがメディア・リテラシーを再考するきっかけを得たいと思います。その作業はメディアの本質そのものを浮かび上がらせるものにもなるでしょう。

▎メディアの基礎(1)　その"不可欠"さ

　内容である情報よりも媒介する器でしかないメディアの方が注目されたのは，それほど昔ではありません。その重要性にいち早く気がついたのが，カナダ出

身のマクルーハン（M. Mcluhan）です。彼は私たちの社会において単に情報を媒介するモノだと思われていたメディアという存在にこそ，重要な機能があることを看破しました。そして情報を媒介しているさまざまなメディアが，私たちの感覚を媒介している点に注目しました。彼にとっては「すべてのメディアが人間の感覚の拡張」(Mcluhan, 1964) であり，そのような感覚の拡張をもたらす機能をもっているものがメディアということになります。つまりメディアは確かに媒介物ですが，その媒介の内実は感覚の拡張として現れるのです。

　具体的に考えてみましょう。TVは私たちが直接みられない遠くの出来事を目の前に映し出してくれます。つまり視覚の拡張です。ラジオは聴覚の拡張といえるでしょう。ネットはさまざまな感覚を広げるため，まさにマルチメディアと呼べそうです。なるほど，メディアといわれるものはすべて私たちの感覚の拡張という機能をはたしていることがわかります。もっとも「感覚の拡張」なのであれば，「手袋」は素手で触れないものの感覚を媒介する触覚のメディアでしょう。移動手段である足の延長として「自動車」をも，マクルーハンはメディアとして考えます (Mcluhan, 1964)。このように，あらゆるものがメディアとして働きえます。つまりメディアとはTVや新聞というモノそのものを指すのではなく，感覚を拡張するよう媒介するという機能を果たしているものなのです。ただしその感覚の拡張のもっとも典型的な例が，TVやインターネットであるのも事実です。現在，私たちがメディアだと思っているものはたいてい，そういった機能が前面に出ているにすぎないということもできます。

　ここで見落とせないのが，メディアの媒介が人間の感覚すべてに関わるのなら，私たちの生活のあらゆる局面に関与していることになる点です。現在の社会生活を振り返っても，メディアに媒介されていない感覚はないといえるでしょう。たとえば今，私たちはメディアについて論じていますが，その舞台であるこの「本」もまたメディアです。メディアの"不可欠"さは，メディアを語るときにもメディアを用いなければならないことからもわかります。それがなければ何も知ることができず，何もすることができない。メディアはそこまで不可欠な存在であり，私たちの生活は，そのようなものに包まれているのです。

メディアの基礎(2) その"リアリティ"

　次に考えたいのが，そのようなメディアが私たちに及ぼす影響についてです。ここで重要な補助線を与えてくれる論者に，ブーアスティン（D. Boorstin）がいます。前述のように私たちはメディアを介してしか知ることができません。それは自分の周囲で何が起こっているのか，何が事実なのかという現実感覚まで含んでいます。彼は私たちが置かれているそのような状況では，現実が幻影化──「擬似イベント」化──していることを指摘しました（Boorstin, 1962）。

　例として広告やPRを考えてみましょう。広告は企業の販売戦略ですが，それによって私たちがありえない欺瞞や捏造に影響されているというわけではありません。現にもっとも効果の高い広告は，ニュースになることです。スポーツの冠イベントを思い出してみるとわかります。サッカーの日本代表戦や野球のオールスターなど，たいていのスポーツにはスポンサーの企業名を冠した大会があります。もちろん大会は企業のPRとして行なうわけですが，スポンサーにとって試合はどうでもよく，最大の狙いは自社の名前をメディアにニュースとして載せてもらうことにあります。試合があるからニュースになるのではなく，ニュースになるから大会が開かれるのです。実際にその大会はまさに事実として新聞やTVを飾り，私たちは一私企業のPRイベントを，必死に応援していることになります。

　私たちは，メディアにより事実が伝えられ，その積み重ねによって世界を知り，リアリティを感じることができると考えがちです。しかし実態は逆に，私たちに知らせることを目的として事実が生み出されています。そこにあるのは事実の「発見」ではなく「製造」の技術です。「すぐれた広告技術者は，われわれに幻影を抱かせて，それを真実らしく」みせます（Boorstin, 1962）。事実は擬似的に製造され，その意味で幻影になっているのです。

　このリアリティの幻影化から私たちが逃れることができない理由は，私たち自身がその構造に加担しているからです。私たちが見もしない，望まない事実は幻影としても起こらないでしょう。それを期待してしまうから，事実としてメディアに流れ，構成されてしまうのです。逆にいえばリアリティは，私たちが自覚して選びとり，みずからに合わせ作り上げるものになっているのではないでしょうか。つまり，メディアに由来する幻影を自分の生活のなかに位置づ

け直して,"リアリティ"を構築する力が求められているといえるでしょう。

▌メディアの基礎(3) その"リテラシー"

その上で鍵となるのが,もうひとつの単語の"リテラシー"です。もともとリテラシーの語義は「文字の読み書き能力」「識字率」ですが,現代に至るまでに,その意味を大きく変えています。ではそのリテラシーとメディアには,どのような関係があるのでしょうか。

そこに注目したのがホガード(R. Hoggart)です。ホガードはその著書『*The Uses of Literacy*』(読み書き能力の効用)のなかで,それまであまり社会的に意味があるとは考えられてこなかった民衆の文化に注目し,マス・メディアが流す情報に対して人びとの生活の実態が,もっと複雑で豊かな内容をもっていることを指摘しました。「この数十年間コマーシャルソングや宣伝文句についていつも行っていたように,彼らは多くのことに頓着せず,あるいは実際以上のものを作り出し,まだ実際にあてはまらないようなものに彼ら特有の考え方を相変わらずあてはめることができるのである。その結果,労働者階級はさもなくば受けたであろうほどには,それらのものから影響を受けていないのである」(Hoggart, 1957＝1974:255)。彼はそれをバネのように跳ね返る弾性として評価し,大衆が,単に一方的に影響を受けたり搾取されたりする存在ではなく,自由な力を発揮して情報をさまざまに解釈していることを重視します。しかし,すべての人びとがそうであるわけではなく,そうあり続けられるわけでもありません。ホガードは当時,民衆が手にしようとしていた文字を読み書きする能力,リテラシーが作用している点を見抜き,その普及が抵抗を形式的なものにしてしまい「無意識のうちに画一的になってしまうような贈り物をたえず受け取っている」(Hoggart, 1957＝1974:265)状態となる危険性がある一方で,干渉からの抵抗の契機になる可能性も指摘しました。その分岐点がリテラシーであり,彼は私たちなりの道に賢くなることで,自由を保持していくために,リテラシーを獲得しなければならないと述べています。

彼の議論は精緻化や批判を受けつつ,メディアの社会的,文化的な面を分析するカルチュラル・スタディーズに引き継がれています。そこでは,メディアに産業の論理や権力支配のあり方といった特定の価値観やイデオロギーが現れ

るために，それが人びとの不平等や格差を固定する役割を果たしてしまうことが指摘されています。一方で私たちは，その影響を盲目的に受けないよう抵抗的な解釈を行ってもいます。この場合の抵抗は単にメディアの情報を信じないのではなく，その価値を利用者である私たちが決定することであり，気づきにくい抑圧から自分を守る——エンパワーメントする——ということでもあります。つまりメディアによりそれが可能かどうかの分岐点は，私たち利用者のリテラシーにかかっています。だからこそ，あらためてメディア・リテラシーが求められているといえるのです。

3　ふたつめのアプローチ：メディアを使おうとする場から

　ここまでメディアに関する基礎的な話をおさえれば，なぜメディア・リテラシーが求められるのか，疑問の余地はないでしょう。次に課題となるのは，具体的にどのようなメディア・リテラシーが必要なのか，そのあり方についてです。そのための戦略として本節では，前に述べたふたつめのアプローチ——生活におけるメディアの利用場面を取り上げた分析——を行います。ただし，単にメディア実践の新奇な具体例をなぞるだけでは，十分"問い直す"ことにはならないでしょう。むしろメディア利用のもっとも基礎的な部分から考察を積み上げていく必要があります。しかし，前述のようにリアリティさえ構成してしまうメディアに対して，確かな出発点を設定するのはきわめて困難です。現に私たちの日常生活は，ありとあらゆるメディアに囲まれて始まっています。一度，すべてのメディアをリセットして，徹底的に確実な地平をみつけることはできないでしょうか。

　極限状態までメディアを引き剝がしてみると，ひとつだけ疑いようもないリ

▶ **カルチュラル・スタディーズ**
　メディア・リテラシーやメディア教育を含めたメディア論に重要な影響を与えているもうひとつの学派が，イギリスを中心に展開した「カルチュラル・スタディーズ」です。ホガードやウィリアムズ（Williams, 1980）などに代表されるその成果を一言で語ることはできませんが，メディアの利用者が「どんな支配的なイデオロギーからも逃げ続けようとする」（上野・毛利，2002）面を浮かび上がらせた点は見落とせません。ホガードら本節で扱った3人が，当時メディア産業の発展に対面したほぼ同時代人なのも興味深いでしょう。

アリティが残ることがわかります。それは「生きている」ということです。累積する擬似的なリアリティのなかでも、心臓が動いている、意識があるといった、私たちが生きていることだけは揺らぎません。もっとも、そもそも生活に不可欠なメディアをすべて取り払ってしまうというのは、逆にリアリティがないように聞こえてしまうかもしれません。しかし、現実にそのような状態で生活している人、生きようとしている人は大勢います。たとえばALSという、運動神経が冒され、筋肉が萎縮していく進行性の難病があります。意識はまったく変わらない一方で、症状が進行するにしたがって手や足が動かなくなり、やがては声も出なくなって、多くの人が呼吸器と共にベッド上で生活することになる病です（立岩、2004）。

そのような状況下では残念ながら、大半のメディアが使えなくなります。新聞を開くことも、TVのチャンネルを変えることも、ケータイで話すこともままなりません。まさにすべてのメディアから引き離された状態になってしまいます。一方で自力では、外出することも、室内を移動することも、家族と話すこともできません。だからこそ周りとつながる、みずからの感覚を拡張してくれるメディアが不可欠になるのです。

筆者はこのような、メディア利用という点できわめて不利な、ある意味極限状況におかれている人の、生活の場面でのICT利用をお手伝いしたことがあります（柴田、2004c）。そこは利用できるメディアがほとんどないという過酷なリアリティに直面する場です。と同時に、だからこそなにがしかのメディアが利用できるようになることの価値がきわめて高い、まさにメディア・リテラシーを得ることがリアルに望まれる場でもあります。本節でそういった方々の例を取り上げる理由は、ゼロからメディアを積み重ねていく作業に寄り添うなかで筆者自身が、まさにメディア・リテラシーとでも呼ぶべき「知」が隆起してくる場面に何度も立ち会ってきたからです。なんとかメディアを利用できるようになろうとするそのたくましい生き様は私たちに、どのようなメディアが、そしてどのようなリテラシーが必要なのかを、より確定的に、根源的に理解させてくれます。実際に求められるのは、その過程をひとつずつ積み重ねていく作業です。しかし紙幅が限られますから、本節ではわかりやすく4つの段階に分け、その内実を概観してみたいと思います。

■ メディアを獲得する(1) ハード面

　不可欠なはずのメディアがないところで，最初にしなければならないのは，なにかしらのメディアを獲得することです。ここを第一の段階とすると，私たちが従来，メディアが所与である生活環境を，あまりに自明視してしまっていたことがわかります。さらにメディアの不可欠さを振り返れば，メディアの不在がいかに不利なのかについても理解できるでしょう。その意味でメディアは誰にとっても獲得されなければならないものです。ないと著しく不利になる，これは情報格差——デジタル・デバイド——といわれる問題でもあります。

　ALS の人を手伝うと，メディアを獲得できない問題が個人的なものではなく，きわめて社会的なものであることがわかります。たとえば TV をみたい場合，直接それを買わずに TV の映るパソコンを用意することがあります。TV のリモコンは駄目でも，パソコンなら操作できるという人が多いからです。後のコラムのように，キーボードやマウスを特別な入力補助装置で代用したり，他の方法で操作をしたりすることが可能なため，パソコンは TV だけでなく，メールや Web など，メディアの欠如を解決する決定打となりえます。

　ただしここには，そのモノを準備するための経費の問題があります。購入しなければならないパソコンは安くはありません。さらに特別な装置の購入・維持コストもかかります。パソコンで情報格差を克服する契機を得ることができるなら，その格差は身体状況ではなく経済力の差になります。病のため働けない人も多い ALS 患者にその負担は重いものです。そこで各種レンタルや助成金を探したり，なかには使わなくなった人の装置を譲り受けたりするなどして，"自分に合わせた"獲得を講じる必要があります（柴田・金澤，2004b）。

　ここで留意しなければならないのは，"自分に合わせた"獲得が，まさに知恵と工夫の産物であるという事実です。たとえば，ALS と同じく手足の動かない人が，口にくわえた棒でキーボードを操作するという工夫もまさに解決の技法です（柴田・金澤，2004b）。ところがキーボードは上から垂直に押すように作られているため，単に口に棒をくわえただけでは，うまく打つことができません。そこで発想を転換し，本立てでキーボードの方を立てることで，棒で垂直に押せるようにしたりしているのです。このように，メディアを獲得する行為は，そのハードを入手できるように，入手できたらそれが自分に合うように，

工夫したり戦略を立てたりする過程です。社会的な条件を克服し，メディアを自分に合わせて獲得していく過程，そのための知恵はまさにメディア・リテラシー以外のなにものでもありません。それが社会的な問題だからこそ，克服するためのさまざまな技法や知恵が必要なのです。

■ メディアを獲得する(2) ソフト面

　メディアをハードとして獲得できても，すぐに利用できるわけではありません。次に必要なのはそのメディアを利用するためのスキルやテクニックです。いわばソフト面も獲得できて，はじめてメディアを獲得したことになるわけです。これが第2の段階です。

　しかしそのスキルは，単なる使い方だけに限りません。筆者がお手伝いしたなかに，何度パソコンの使い方を覚えようとしても，なかなか身につかないALSの人がいました。ところが，e-mailの練習をしようと思ったある日，離れて住んでいるいとこがe-mailを送ってくれていました。それを受信した日からどんどん覚えが良くなり，みる間に送受信の仕方を身につけてしまいました。その方にうかがうと「それまではe-mailがなんなのか，よくわからなかったけど，いとこからメールが届いて理解できた」ということでした。つまりそのメディアに関する知識が身につかない理由は，むずかしいからではなく，そのメディアが結局自分に何をもたらしてくれるのかの実感がなかったからなのです。連絡手段がなかった人とのメールによって，自分が期待するコミュニケーションを具体化できるリアリティをもつことができたために，そのメディアを理解できるようになったといえます。

　同じことは私たちにもあるのではないでしょうか。たとえばケータイというメディアを積極的に選び取る理由は，そのメディアとそれによるコミュニケーションが，自分にとって必要なリアリティをもたらしてくれるという理解を獲得できたからでしょう。第2段階で私たちに求められているのは，単にうまく使うテクニックを獲得するだけではなく，そのメディアが自分にとってどのような意味をもつのかという，メディアに関する理解です。そのようなリテラシーは，生活にある現実の問題に対して，メディアによるリアリティをどのように結びつけていくのかという意味で，メディアを用いてみずからのリアリティ

を再構築する「知」であるといえるかもしれません。それを自分の生活のなかに位置づけるようなさまざまな知識をも含めて，メディアを獲得する必要があることを，私たちは見落とすことができないでしょう。

■ メディアを使用する(1) 個人生活面

　ハード面でもソフト面でもメディアを獲得できれば，次は利用者がメディアを実際に使っていく段階になるでしょう。先ほどのALSの人も，Webやオンラインショッピングなど，パソコンでいろいろできるようになり，自室と外とをつなぐ貴重なメディアとして使っていました。ところが以前，体調を崩して病院に入院することになりました。もちろんそこでもe-mailやWebなどを利用したいので，PHSでネットにつなげるようにしたパソコンを設置しようとすると，看護師にとめられてしまいました。病室のなかで利用できるメディアはTVだけなのだそうです。医療器具に影響しないタイプのPHSで，TVよりも他の人に迷惑をかけないといっても，規則ですからの一点張りでした。

　まるで病人はおとなしくしていろといわんばかりの対応でしたが，その方にとってパソコンはすでに生活に欠かせない位置づけになっていました。そこで一人でもパソコンが使えること，インターネットで外部と連絡をとれたほうが生きることに前向きになれることなどを何度も説明し，実演をして説得を繰り返し，他の関係者の協力も得てパソコンの使用を許可してもらいました。さらに看護師の理解を深められたことで，他の患者も病棟で積極的にパソコンを使えるようになり，生活の質が向上するという成果までありました。

　患者が医療専門職に，治療や看護を受ける受動的な役割を引き受けさせられてしまうことは，第12章で詳述されています。対して，パソコンでインターネットをする患者は，医療側が関与できない外部とのコミュニケーションをする，きわめて能動的な存在にみえ，治療に専念する「受動的な患者像」と著しく異なります。それゆえ，患者に病人役割という価値観を押し付けてしまうことが，この例のようにメディアの利用を制限する形で現れているといえるでしょう。他方でICTは，患者が外部とやり取りをしたり能動的に活動したりするエンパワーメントのためのメディアになっています。

　私たちの周りに構成されるメディア環境には，陰に陽にこのような価値観，

イデオロギーの強制が存在します。ここで大事なのは，それを強いる図式もそれに抗う行為もメディアの使われ方によって具現化されることです。みなさんもドラマで描かれる「おしゃれと恋愛にしか興味がない」極端な女性像に違和感をおぼえたことがあるでしょう。一方でバンド活動での自己表現が「従順な良い子」という役割への反発だったこともあるでしょう。このようにメディアの使用は，自分が対峙したそのイデオロギーを識別し抵抗したり，己の価値観をメディアによって解釈し表現したりする行為でもあります。メディア・リテラシーは価値観の闘争の舞台であるメディアを，みずからの主体性を形づくるために使用する力でもあるのです。

▌ メディアを使用する(2) 社会生活面

　第1段階から第3段階まで，何もなかったところからメディアの獲得と使用を積み重ねてきたことで，いよいよもっとも重要な問いに答えられそうです。つまりこの第4段階は，私たちは最終的にメディアで何をするのかを問うことになります。

　その答えも，ALSの人が紡ぎだすメディアを使う場からつかむことができます。その目的はたいてい2つでした。まず，自室にいながら友達を作ったり連絡を取りあったりしたいというものです。時候の挨拶をe-mailで送ったり，患者同士や他の障害者との親睦会を組織したり，ベッド上で各種のボランティアや社会活動をやるようになった人もいました。さらにパソコンを使って就労をめざした人もいました。Webサイトで商品を販売したり，パソコンで編集作業やWeb製作を受注したり，中には作曲した音楽を販売している人もいます。そのような取り組みは，まさに現在進行形です（Microsoft, 2005）。

　このような社会活動と就労は「社会参加」の両輪とされます。ほとんどのALSの人びとがメディアによってめざす目的は，社会参加です。そのためにメディアを使う必要性は私たちとまったく変わりません。なぜならALSの人たちが求める社会参加は，誰しも等しく社会生活を実現できることでもあるからです。自分の生活を振り返って，メディアがどれくらい社会参加を実現しているか，それを使わない社会参加がありうるかを考えてみると，その重要性がわかるでしょう。ALSの人の例は私たちがメディアを求めてやまない理由が，

社会から孤立して傍観するためでも勝手な自己主張をするためではなく，能動的に人びとと関わるためであることを教えてくれます。みずからの主体を周囲の社会に位置づけて，そのなかでリアルに生きていくための最大の接続経路，それこそがまさしくメディアです。最終的に私たちに求められているメディア・リテラシーは，それを用いて社会に参加するという力なのです。

4　社会参加のためのメディア・リテラシー

　第1段階から第4段階へと，メディアを手に入れるところから具体的に使うところまでを積み重ねてきました。大きく獲得と使用の場面に分かれ，それぞれ2つの段階をもち，すべて合わせて「メディアの利用」といえることを示せたと思います。もっとも，獲得と使用は一方向には進まず，連続した相補関係にもあります。それでもこのように積み重ねてきたことによって，メディア・リテラシーの全体像を"問い直"し，把握することができたのではないでしょうか。みなさんにとって，すでに習得できていた層もあれば，気づいていなかった層もあったでしょう。どこがどう必要なのかはその人が置かれている生活状況や社会的文脈によって異なります。重要なのは，メディアを用いて社会参加するために，より取得され洗練されなければならない「知」の領域を発見することです。

　メディア・リテラシーはそのような，メディアの獲得と使用に関する「知」の積層として存在しているのではないでしょうか。そしてそれは私たちが，さまざまな課題を抱えながらもそのなかで生きていかなければならない現代社会に，みずからを主体として参加させるための力の積層でもあります。メディア・リテラシーという営みは，私たちを社会に接続していくために，メディアを問い直し工夫して利用していく試みにほかならないでしょう。

> コラム
>
> ## 補助技術からみえるメディアのデザイン
>
> 　第3節で触れた,身体に障害のある人がメディアとしてパソコンを獲得するための装置は,補助技術(Assistive Technology)が元になっています。それらのスイッチや機械はe-AT利用促進協会(2003)などに詳しいですが,その観点を踏まえると,これまで私たちが,目の前にあるメディアの「かたち」=デザインにいかに無頓着であったかを思い知らされます。
>
> 　通常より小さく作られたミニキーボードもそのひとつです。手が奥のキーまで届かない人や,片手やスティックでキーを押す人がよく利用しますが,その存在を知って,筆者も使うようになりました。パソコンを買ったときに付いてくるキーボードは自分には大きすぎることに気づいたのです。「いわれてみれば」という人も多いのではないでしょうか。
>
> 　補助技術を利用すると,私たちの方がメディアの「かたち」に無理に合わせてきたことがわかります。その無理の限度が人によって異なるため,メディアが使えない人,情報弱者が生まれてしまうわけです。道具であるはずのメディアのかたちが使う側の人を選ぶというのは,ユニバーサルデザインをもちだすまでもなく,なんともおかしな話です。
>
> 　肝心なのは,メディアによる社会参加の比重が高い現代では,メディアのかたちによって社会参加の可否や濃淡が制限されてしまっているという点です。このように,メディアのデザインのありかたは社会をどうデザインするかにつながっているのです。

▌引用・参考文献

Boorstin, D. *The Image,* Weidenfeld & Nicolson, 1962（星野郁美・後藤和彦訳『幻影の時代　マスコミが製造する事実』東京創元社，1964年）

e-AT利用促進協会『福祉情報技術Ⅰ・Ⅱ』ローカス，2003年

Hoggart, R. *The Uses of Literacy,* Chatto and Windus, 1957（香内三郎訳『読み書き能力の効用』晶文社，1974年）

McLuhan, M. *Understanding Media,* McGraw-Hill, 1964（栗原裕・河本仲聖訳『メディア論』みすず書房，1987年）

Microsoft『宮城 Unlimited Potential プログラム』2005, http://www.microsoft.com/japan/mscorp/citizenship/ca/up

Potter, W. J. *Media Literacy 3rd edition,* Sage, 2005

関口礼子編著『情報化社会の生涯学習』学文社，2005年

Shibata, K. 'Analysis of "Critical" Approach in Media Literacy　Comparative

Studies between Japan and Canada', *Keio Communication Review*, 24：93-108, 2002

柴田邦臣「情報・メディア・プライバシー」早坂裕子・広井良典編著『みらいを拓く社会学——看護・福祉を学ぶ人のために』ミネルヴァ書房, 2004年 a

柴田邦臣・金澤朋広「福祉 NPO における『支援』のあり方——障害者福祉での電子ネットワークの諸相」川崎賢一・李妍焱・池田緑編『NPO の電子ネットワーク戦略』東京大学出版会, 2004年 b

柴田邦臣「ボランティアの"技法"——障害者福祉領域でのパソコン・ボランティアから」『社会学年報』33：69-92, 2004年 c

Silverblatt, A. *Approaches to Media Literacy*, M. E. Sharpe, Inc., 1999（安田尚監訳『メディア・リテラシーの方法』リベルタ出版, 2001年）

総務省（郵政省）『放送分野における青少年とメディア・リテラシーに関する研究会調査報告書』2000, http://www.somu.go.jp/joho-tsusin/pressrelease/japanese/housou/000831j702.html

菅谷明子『メディア・リテラシー——世界の現場から』岩波書店, 2000年

鈴木みどり編著『メディア・リテラシーの現在と未来』世界思想社, 2001年

立岩真也『ALS——不動の身体と息する機械』医学書院, 2004年

上野敏哉・毛利嘉孝『実践カルチュラル・スタディーズ』筑摩書房, 2002年

Williams, R. 'Means of Communication as Means od Production', *Problems in Materialism And Culture*, Verso, 1980（小野俊彦訳「生産手段としてのコミュニケーション」吉見俊哉編著『メディア・スタディーズ』せりか書房, 2001年）

吉見俊哉・水越伸『メディア論』放送大学教育振興会, 1997年

▍推薦文献

オンタリオ州教育省編／FCT 訳『メディア・リテラシー——マスメディアを読み解く』リベルタ出版, 1992年

——カナダ・オンタリオ州教育省が出版したテキストで, メディア・リテラシー実践を世界的に主導した AML（Association for MediaLiteracy）のメンバーが編集をしています。カナダ, 70年代という特殊事情はあるものの, メディアを批判的に読む教材としてもっとも磨き上げられた実践集と評価できます。日本では FCT（市民のメディア・フォーラム）作成の続編も出ていますので, 本章で触れられなかったメディア実践面を補ってくれるでしょう。

フィスク, J. 著／伊藤守・常木瑛生・小林直毅ほか訳『テレビジョンカルチャー——ポピュラー文化の政治学』梓出版社, 1996年

——メディア・リテラシーの典型的な実践として, マス・メディア, とくに TV や

映画などのコンテンツを解釈するという作業があります。本書はニュースやソープオペラなどを豊富に取り上げてTV番組を"読んで"いく，アメリカのカルチュラル・スタディーズの代表的著作であり，本章では十分言及できなかったマス・メディア研究の好例です。

マクルーハン，M.・マクルーハン，E. 著／中澤豊訳『メディアの法則』NTT出版，2002年
──マクルーハンらにとってメディア研究はいわゆるメディア論と異なり，私たち自身そしてその社会が，ある特定の形式をもっていくことを見出そうという作業でした。本書は彼らの主著で，マス・メディアやパーソナル・メディアだけではなく生活を取り巻くあらゆるものを分析するという，メディア研究の思索的土壌を理解できる1冊です。

水越伸・吉見俊哉編『メディア・プラクティス──媒体を創って世界を変える』せりか書房，2003年
──日本のメディア・リテラシーを主導した東京大学ほかのメルプロジェクトを中心に，メディア表現とその学びが多方面から取り上げられています。教育，製作，学術を横断的につないだ実践集として，またICTを含めた事例集としてだけではなく，現在のメディアを巡る問題状況が，一般的にどのように語られるのかを知るためにも，ぜひ一読しておきたい本です。

C&C振興財団監修／山田肇編著『情報アクセシビリティ──やさしい情報社会へむけて』NTT出版，2005年
──本章の事例でもある福祉情報論をより理解するための一冊です。一般に福祉領域とされるものが，なぜ私たちにとって身近な問題で，本章で取り上げられなければならないのかを補強してくれます。メディアが実現するのは情報へのアクセスで，それができるかできないか，つまりアクセシブルであるかどうかは，私たちがリテラシーをどう取得し，それを社会がどう保障するかという問題なのです。

＊本章の具体例に多々ご協力下さった方々に感謝いたします。また本章は，平成16年度大妻女子大学社会情報学部プロジェクト研究費における研究成果の一部です。

第5章

国家と公共圏
―― 操作と批判の間 ――

水上　英徳

　いまの日本の政治制度が民主主義に基づくことを否定する人はいないでしょう。民主主義が何であるかはそれ自体，社会科学の巨大な研究テーマですが，ごく一般的な日常感覚からすれば，自分たちの社会のルールを自分たちで決めていく，しかも自由で平等な議論に基づき決めていくことだといえるでしょう。

　とはいえ，私たちがこの民主主義のプロセスに積極的に参加できているかというと，とてもそうはいえないのが現状です。低落傾向の投票率には，国民の政治的無関心が表れています。政治はどこか遠く離れた世界の出来事，あるいはテレビのなかの出来事であり，自分たちの考えや意見が反映されるとはとても思えない……そんな感覚は，皆さんも多かれ少なかれもっているのではないでしょうか。

　本章では，この民主主義の形骸化と，その変化の可能性とを考えます。キーワードは公共圏，政治的な意思形成の基点をなすものです。

1　公共圏の構造転換

▍公共圏とは？

　公共圏概念の提唱者の１人であるドイツの社会学者・社会思想家，ユルゲン・ハーバマス（Habermas, 1992）によれば，公共圏とは，さまざまな意見が交わされるコミュニケーションのネットワークを意味しており，ひとつの社会空間として捉えることができます。その際，公共圏は，市場や労働といった経済活動の領域や，司法や立法や行政といった政治の領域から区別され，また家族などの私的な領域からも区別されます。経済や政治の領域，また私的領域と

も異なるコミュニケーションの空間，これが公共圏です。

　そうした公共圏は，フェイス・トゥー・フェイスのコミュニケーションからマスメディアを介しての世界大に広がるコミュニケーションまで，きわめて多層的なネットワークをなしており，また，取り上げられるテーマの点でも多種多様に枝分かれしています。したがって，公共圏は，常に複数形で多元的に生成しているといえます。

　これらの諸公共圏では，さまざまな意見が交わされるなかである程度のまとまりのある意見，すなわち「公論」が形成されていきます。そして，どのような公論が形成されるかによって，政治の諸領域は影響を受けることになります。つまり，公論のいかんによって，選挙の投票行動が変わり，司法や立法や行政の決定や活動も変わりうるわけです。

　したがって，公共圏とそこでの公論の形成は，民主主義にとってきわめて重要です。公共圏のコミュニケーションに人びとの考えや意見が十分反映しているかどうか，また公論がしっかりとした議論に基づいているかどうか，それによって民主主義の内実が決まるといってよいでしょう。

▌市民的公共圏の成立

　ところで，ハーバマス（Habermas, 1990）は，この公共圏の歴史的な原型を18世紀ヨーロッパに成立した「市民的公共圏」に求め，現在に至るその歴史的

▶ **公共圏**
　「公共」という日本語には互いに異なる複数の使われ方があります（齋藤，2000）。たとえば「公共事業」「公共投資」といったときには，国家の活動に関係するという意味です。また「公園」の場合には，誰に対しても開かれているという意味での「公」であり，「公共の福祉」では，すべての人びとに関係するという意味合いになります。「公共圏」の場合には，2番目の意味，すなわち原則的に誰に対しても開かれた空間という意味です。もちろん，公共圏は多種多様な諸公共圏に分化していますが，それら諸公共圏の境界も原理的には通り抜け可能で開放されているといえます。

▶ **公論**
　公論は，世論調査の結果として示される「世論」とは異なります。公論は，一人一人が単独に抱いている意見を統計的に集計したものではなく，コミュニケーションのなかで実際に意見を交わすなかで人びとの賛同に基づき形成されてくるものを指しています。批判的な議論を媒介とすることが公論の核心にあるといってよいでしょう。

な変容の過程をあきらかにしています。そこでは，民主主義の形骸化の実像が鋭くえぐり出されています。

　初期近代に成立した市民的公共圏の担い手は，当時勃興しつつあった市民（ブルジョア）階層，すなわち富裕な商工業者や財産所有者，後の資本家たちでした。市民階層は，市民的公共圏を通じて，当時の封建的な国家権力に自分たちの要求を突きつけ，また国家権力の正当性を批判的に問いかけていきました。

　市民的公共圏は，まずは芸術や文化を論じる文芸的公共圏というかたちを取っていました。17世紀以降に広がったコーヒーハウスやサロンやクラブといった施設が，文化に関する議論の場となりました。また18世紀以降に芸術や文化が商品化され，一定の財産と教養さえあれば誰もが近づきうるようになったことも，文芸的公共圏を可能にした条件です。

　その後，文芸的公共圏は政治的公共圏へと変貌していきます。ここでは，芸術や文化ではなく，政治的問題や社会的問題が議論の主題となり，国家のあり方が批判的に論じられたわけです。政治的公共圏は，17世紀から18世紀にかけてまずイギリスで成立しました。当時，イギリスでは，政治的なテーマを扱う数多くの新聞や雑誌が発行され，王室のあり方や国会での議論が日々，解説され批判されるようになります。加えて，政治的テーマを扱う集会や政治クラブが数多く形成されていきます。イギリスに典型的にみられた政治的公共圏は，フランスやドイツといったヨーロッパの各国でも，それぞれの社会環境に特徴的なかたちで生まれていきました。

　こうして政治的公共圏の活性化とともに，近代的な民主主義の政治制度が整備され，そのなかに公共圏も明確に位置づけられるようになります。議会制が確立し，公共圏の基盤となる諸権利が基本権として制度化されていきます。

　ここまでみてきた市民的公共圏について，とくに注目したいのは，その発展が新聞や雑誌といったメディアに支えられていた点です。たとえば，コーヒーハウスでの討論は，それ自体，新聞や雑誌に取り上げられ，そしてその新聞や雑誌を読むことで，市民はますます活発に議論を行っていきます。また，先進的なジャーナリストたちが，さまざまな弾圧を受けながらも，政治的問題を取り上げ，新聞や雑誌を発行していきました。新聞や雑誌というメディアとそこでのジャーナリストの活動が，公共圏での批判的な議論を促進し深めていった

といえるでしょう。

市民的公共圏の変容

　しかし，その後，市民的公共圏は大きく姿を変えていきます。そのことをハーバマスは，「公共圏の構造転換」として描き出します。

　まず，19世紀以降，それまでは明確に分離していた公権力の領域と資本主義的経済の領域，私的領域が互いに浸透し合うようになります。一方では，国家は，さまざまな経済政策を通じて経済活動に介入していき，また社会保障制度や福祉サービスの提供とともに私生活の領域に介入していきます。他方では，企業などの大経営が従業者の福利厚生や生活保障を引き受けるようになります。

　それとともに，自分たちの利害を追求して国家に直接はたらきかけるさまざまな圧力団体が形成され，またかつては公共圏に根ざしていた政党が大規模に組織化され公共圏から自立していきます。これらの圧力団体や政党は，公共圏での議論を媒介することなく，国家と直接に交渉していきます。いわば公共圏を置き去りにして，公共圏の頭ごなしに，政治的決定が進められていくわけです。圧力団体や政党にとって，公共圏は，自分たちの利害や要求を批判的議論に付す場ではなく，利害や要求について喝采と賛同を引き出す場となり，操作とコントロールの対象になっていきます。

　また，文化の商品化の進展は，文芸的公共圏を変容させていきます。かつては，文化や芸術が一部の貴族階級の独占物ではなく，一般の公衆に開かれるという意味で，商品化はたいへん重要でした。ところが，商品化はさらに，文化の内容と質を変えていきます。つまり，難解で敷居の高い文化ではなく，誰もが気楽に楽しめる文化，娯楽として消費できる文化が産出され受け入れられていくわけです。それゆえまた，芸術や文化について小難しい議論は敬遠され，むしろ，個々人が安楽に楽しむだけのものとなっていきます。すなわち，文化を「議論」する公衆から文化を「消費」する公衆への転換です。

　さらに，公共圏とメディアとの結びつきも様変わりします。商業主義の浸透に伴い，マスメディアでは，社会的問題について批判的視点や議論の素材を提供するというよりは，より多くの人びとに受け入れられる内容が求められていきます。要するに，部数を伸ばし視聴率を上げることが優先されるわけです。

また，商業主義の浸透は，マスメディアにおける広告や宣伝や広報の拡大につながっていきます。企業はもちろん，政党や圧力団体，さらには国家それ自体も，マスメディアを用いて情報を発信し，消費者，有権者，クライアントの決定に影響を及ぼそうとします。いまやマスメディアは，人びとのニーズや賛同を引き出すための回路，マーケティングやプロパガンダの手段と化してしまうわけです。
　こうして，かつては政治的問題や社会的問題を批判的に議論する場であった公共圏は，現在では，マスメディアを活用したマーケティングやプロパガンダに覆われ受動的に操作される場になってしまった……。これが，市民的公共圏の変遷を追究したハーバマスの結論です。

　以上のようなハーバマスの立論からすれば，現在の社会における民主主義の空洞化は明らかでしょう。一方では公共圏の頭ごなしに政治的決定が行われており，他方では公共圏の操作が進められているわけです。公論は，その政治的影響力を減じるとともに，現に形成されている公論それ自体，果たして十分な議論に基づくものなのかどうか問われざるをえなくなります。公共圏は，自立した批判の場というよりは，操作の対象として従属的な地位に追いやられているといえます。
　ところでハーバマスの議論では，企業やその他の組織と並んで，国家それ自体も公共圏を操作する主体のひとつに数えられていました。そこで次節では，国家による情報操作・情報管理に焦点をあててみていきます。

2　操作される公共圏と国家

　「情報」という言葉が日本ではじめて使われたのは，明治時代のことです。当時，「情報」は翻訳語として導入され，専門的な軍事用語として使われました。現在のような一般的な意味の言葉として人びとに浸透したのは，日露戦争後です（三上，2004）。いうまでもなく近代の戦争は，国家による組織的かつ直接的な暴力の行使です。「情報」という言葉が日本に導入された経緯には，情報と国家とのきわめて深い関係が象徴的に表れています。本節では，情報と国

家との結びつきを3つの側面に分けてみていき，そのことを通じて「操作される公共圏」の姿を浮き彫りにしたいと思います。

▎情報技術を開発する国家

まず第一に注目したいのは，現在，私たちが活用している情報技術の多くが，第2次世界大戦とその後の冷戦を社会背景として，とくにアメリカ政府の主導のもとに開発されてきた点です（浜野，1997）。コンピュータの開発は，第2次世界大戦中にアメリカ軍の資金によって進められました。世界で最初のデジタル・コンピュータ「ENIAC」は，大砲の弾道計算のために開発が始まり，1946年に完成しています。その後も，コンピュータは水爆実験の計算のために活用されました。また，インターネットのルーツは，アメリカ国防総省の高等研究計画局（ARPA）の資金援助を受け1969年に構築されたネットワーク，ARPAネットに遡ります。

このように情報技術の開発には戦争が大きな影を落としています。戦争こそが，情報社会を可能にした最大の要因といえるかもしれません。

▎情報を操作する国家

第2に挙げられるのは，マスメディアに対する国家の情報操作の局面です。国家による情報操作は，とりわけ戦争時に際立っています。というのも，国内外において戦争支持の世論を獲得することが重要な課題となるからです。戦争時の情報操作というと，第2次世界大戦中の言論統制を思い浮かべるかもしれません。しかし，それは過去の出来事ではなく，報道の自由が確立しマスメディアが発達した現在でも見出されます。

1990年から1991年にかけての湾岸危機・湾岸戦争は，国家による情報の管理と操作が行われた典型例として知られています。湾岸戦争では，アメリカ軍がマスメディアの戦場取材に対し「プール取材（代表取材）」という方式を導入しました（朝日新聞社会部，1991）。これは，限られた報道関係者だけに部隊への同行と戦場での取材を許可するというやり方です。報道してはならない内容が12項目にわたって定められるとともに，取材の行き先や内容まで軍が規制し，記事や画像の検閲も行われました。加えて，定期的に実施された政府の広報で

は，広報担当者の人選から広報の内容に至るまで，効果と影響を考慮してきわめて綿密に準備されたといいます。どの情報を隠し，どの情報を開示するか，国家による組織的で戦略的な情報管理・情報操作が行われたわけです。

また，湾岸戦争に先立ってイラク軍がクウェートに侵攻した湾岸危機の際には，クウェート政府がアメリカの大手 PR 企業に依頼して，大々的な反イラクキャンペーンが実施され，アメリカ国内の反イラクの世論形成に強い影響を与えました（石澤，2005）。民間の PR 企業と連繋した情報操作は，1992年に始まったボスニア紛争でも大々的に行われました（高木，2002）。当時，民族紛争の一方の当事者であるセルビアおよびセルビア人勢力への批判が国際的に高まったのですが，その背景には，ボスニア政府と契約したアメリカの PR 企業の活発な活動がありました。たとえば民族紛争の激しさを表した「民族浄化」「強制収容所」というキーワードは，この PR 会社のはらきかけによってマスメディアに浸透していったとされます。

以上のようなマスメディアに対する国家の情報コントロールは，戦時にのみ特有の現象ではありません。湾岸戦争における情報管理・情報操作は，アメリカの大統領選挙や政権運営で行われてきたさまざまな PR 戦略やメディア戦略を応用したものといわれています（石澤，2005）。国家による情報コントロールはごく日常的な活動といえます（佐々木，1992；石澤，2001）。

ただし，マスメディアに対する国家のコントロールがあったとしても，マスメディアから情報を受け取る私たちがそのままコントロールされるとはいえません。マスコミュニケーションの効果研究が明らかにしているとおり（田崎・児島，2003），マスメディアが人びとの意見や態度に直接に影響を与えるといった単純な図式は成り立たないのです。

▎監視する国家

第 3 に留意したいのは，国家による監視の活動です。イギリスの社会学者，アンソニー・ギデンズ（Giddens, 1985）は監視を，情報の収集ならびに管理と，それに基づく人びとの統制の 2 つからなるものととらえています。

こうした意味での国家による監視は，情報技術の発達と関連しながら，近年きわめて顕著になっています。9.11同時多発テロからごく短期間にうちに成

立したUSAパトリオット法（米国愛国者法）では，テロ防止のため，インターネットや電話といった情報通信の傍受をはじめ，捜査当局の権限が大幅に強化されました（土屋，2003）。その結果，たとえば図書館から借りた本，訪れたウェブサイト，参加した政治組織など，個人のプライバシーに深くかかわる情報まで，捜査当局が詳しく調べることが可能になったといいます（原田・山内，2005）。また，9.11以前からアメリカ連邦捜査局（FBI）が運用している電子メール傍受システム，「カーニボー」の利用も拡張されました（土屋，2003；江下，2004）。USAパトリオット法に対しては，人権侵害を引き起こす危険性が批判されていますが，現状では国家による監視が強化され，個人の人権やプライバシーよりも国家の安全保障が優先されつつあるわけです。

　日本では，2002年にスタートした住基ネット（住民基本台帳ネットワークシステム）について，それが国家による個人情報の一元管理につながり，プライバシー侵害に結びつくのではないかと広く論議を呼びました。また，監視カメラの画像が犯罪捜査に活用されることも珍しいことではなくなっています。

　先述のギデンズによれば，国家による監視は新しい現象ではまったくなく，国家という組織それ自体の成立にまで遡ります。情報を収集し管理し，そして住民の活動を統制するという監視は，国家権力に常に伴っていました。とりわけ近代の国民国家では，情報の収集と保管，統制が，著しく拡大します。たとえば，国民の社会生活に関する各種官庁統計の体系的な収集と活用は18世紀から始まっていましたが，これ自体，国家による監視の組織的な実践を表しています。その意味で，近代の国民国家は最初から「情報社会」であったとギデンズはいいます。

　ギデンズのこうした立論からすれば，近年の監視社会化の趨勢は，近代国家が最初からもっていた傾向がより徹底してあらわになったことを意味しています。それは，国家による監視が私たちにとってごく日常の出来事であり，逆説的ながら監視によって私たちの社会生活が成り立っている事実をあらためて認識させるといえるでしょう。

　以上，本節では，情報と国家の深い結びつきを3つの側面からみてきました。国家は，情報技術の開発を促進し，マスディアに流れる情報を管理・操作し，

住民の発信する情報や社会生活に関する情報を監視していきます。とりわけ2番目と3番目は，公共圏の操作に直結しています。マスメディアに対して国家がコントロールを及ぼすことはもちろんですが，国家による監視の拡大は公共圏における自由な言論を著しく抑圧しうるといえます。私たちが利用している情報技術は誰のどのような意図により開発・発展してきたのか？　私たちが日々接しているマスメディアの情報は誰のどのような意図により発信されているのか？　私たちの社会生活に関する情報は誰のどのような意図により収集され管理されているのか？　これらすべての局面に国家が深くかかわっていることを，私たちは意識する必要があります。

3　批判する公共圏の可能性

すでに述べたとおり，ハーバマスの分析では，現在の公共圏は「批判する公共圏」というよりは「操作される公共圏」と化しています。そのことは，前節で国家と情報との結びつきを論じた際にも確認しました。では，公共圏の操作が常態化しているなかで「批判する公共圏」の可能性はどのようにとらえられるでしょうか。本節ではこの点を，電子ネットワークにおける近年の新しい動向と関連づけて考えます。

■ 公共圏と市民社会

まず，ハーバマス自身が公共圏の可能性をどう論じているのかみてみましょう。

ハーバマス（Habermas, 1992）が着目するのは「市民社会」と呼ばれる，自発的に形成される非国家的・非経済的な諸アソシエーションです。具体的には，ボランティア・グループやNPO，市民フォーラム，さらには文化やスポーツのサークル，レクレーションのグループなども含まれます。これらのアソシエーションは，個々人の生活の現場に根ざしており，社会の新しい問題を察知する鋭い感受性を有しています。そのため，アソシエーションは，公共圏において社会的問題を提起し，批判的な議論の活性化に貢献しうるわけです。

ハーバマスが市民社会に注目した背景には，1980年代終わりの中欧・東欧の

社会変革があります。そこでは，多種多様なアソシエーションによる社会運動の圧力が社会主義体制の革命的な変化に結びつきました。市民社会のアソシエーションによって公共圏が活性化し，それが社会全体の変革をもたらしたわけです。

ただし，市民社会の力は通常，それほど強くありません。公共圏における公論の形成は，国家や私企業，政党や圧力団体，マスメディアなどによってイニシアチブが握られており，市民社会の発する声が公共圏を主導することはめったにありません。それでも，社会的に重大な問題をめぐっては公共圏の力関係が逆転しうるとハーバマスはいいます。たとえば自然環境問題や南北問題，科学技術のリスクやフェミニズムにかかわる問題など，戦後の代表的な社会問題では市民社会がかなりの力を発揮してきました。

市民社会と電子ネットワーク

市民社会のこのようなポテンシャルは，近年の電子ネットワークの発達により，いっそう強化されています。アメリカの市民運動やNPOでは，1980年代よりパソコン通信や電子会議室，電子メールが積極的に活用され，各地のさまざまな活動を互いに結んできました（岡部，1996）。電子ネットワークによって，迅速な情報伝達と情報共有，活発な討論，関連情報の蓄積が可能になり，市民のネットパワーが実際に議会での議論や政治的決定に影響を及ぼしています。

日本でも，この間，電子ネットワークを活用した市民運動やNPOの先進的取り組みがみられるようになりました。名古屋市の藤前干潟保全運動では，90年代後半以降，メーリングリストを通じて環境問題に関心をもつ人びとの間での全国的な情報共有・情報交換が促進され，さまざまな専門家とのネットワークの構築，マスメディアや行政との協働が進められました。活発な活動の結果，藤前干潟の埋立計画は撤回されることになったのです（松浦，1999）。

これらの事例では，電子ネットワーク上に展開されるコミュニケーションの空間が，個々人のボランタリーな活動やNPOなどの組織的活動が行われる実践的活動の空間と，密接に結びつき一体となっています（干川，2001）。いわばオンラインとオフラインとが不即不離に連繋して取り組みが進んでいきます。社会的問題について，電子ネットワークを活用することで，多様な領域のさま

ざまな立場から情報提供や意見交換が行われ議論が深められていきます。こうしてオンラインで具体的な問題解決策や提案が練り上げられ、オフラインの現場での実践活動に生かされ、政治の領域における制度変革へと結びつきうるわけです。

▍電子ネットワークと市民ジャーナリズム

　批判する公共圏の可能性に関して、もうひとつ注目したいのは、従来型のマスメディアとは異なるメディアが電子ネットワーク上に形成され、力を発揮しはじめていることです。電子ネットワークの発達は、マスメディアの受け手であった私たちが情報の発信者になる道を開いたといえますが、近年、その可能性は格段に広がっています。個々人の生活に密接に結びつき、一人ひとりの市民によって担われるメディアがウェブ上に現れており、草の根のジャーナリズム、市民ジャーナリズムを現実のものにしています。

　まず第1に挙げられるのは、世界的に注目されている、韓国のインターネット新聞です。その代表例である「オーマイニュース」では、「市民みんなが記者」というコンセプト（呉、2005）のもと、プロのジャーナリストと並んで、登録すれば誰でも記事を書くことができる市民記者が大きな役割を担っています。現在では、小学生から主婦、大学教授、警察官などあらゆる職業の多種多様な市民記者が3万5000人にも達しており、1日におよそ200件掲載される記事のうち150件は市民記者によるものです（玄、2005）。また、各記事には意見欄が設けられ、双方向的な議論が可能になっています。

　韓国では、「オーマイニュース」以外にも、専門家の論評を中心とする「プレシアン」など、数多くのインターネット新聞が活動しています。それらインターネット新聞は、韓国政治に強い影響力を及ぼしており、2002年12月の盧武鉉大統領の誕生にも大きく寄与しました（玄、2005）。

　市民ジャーナリズムのもうひとつの事例として挙げられるのが、ウェブログ（ブログ）です。ウェブログは、ウェブ上のログ（記録）という意味であり、1990年代末にアメリカで生まれた個人ホームページの一形態です。ウェブログの特徴は、サイトの開設と運営、情報発信をこれまでになく簡易にし、しかも、ネット上での双方向的なリンクと議論を促進するところにあります。

ウェブログが広く注目を集めたのは，9.11同時多発テロのときでした（Gillmor, 2004）。既存のマスメディアが一方的で画一的な情報を流すなか，ウェブログには現場の写真や状況報告，関連情報へのリンク，専門家による解説，さまざまな意見やコメントが掲載されていきました。また，2003年のイラク戦争では，イラク国内から情報発信するウェブログが注目されました（Pax, 2003；リバーベンド，2004）。既存のマスメディアが決して伝えることのない戦地の状況やそこに生きる人びとの生の声が日々発信されていきました。このようにウェブログは，情報の速報性と集積力，ローカルな現場からの当事者の視点による情報発信という点で，従来型のマスメディアを凌駕しているといってよいでしょう。さらに，人種差別的発言を行ったアメリカ上院議員の失脚のきっかけとなったり，アメリカの3大ネットワークのキャスターによる虚偽報道を追及し辞任に追い込むなど，ウェブログは，ひとつのメディアとして社会的影響力を増しています（Gillmor, 2004）。

　インターネットが本格的に普及しはじめた90年代半ば，電子ネットワークの担い手たちは「ネティズン」と呼ばれ，その可能性が称揚されました（Hauben and Hauben, 1997）。「ネティズン」というのは，ネットとシティズン（市民）を組み合わせた造語で，電子ネットワークをよりよい場にするために積極的に活動する人を意味していました。ネティズンの活動は，従来の閉鎖的なマスメディアとジャーナリズムに影響を与え，人びとの政治参加を拡大し，社会の変革につながることが期待されました。
　本節で取り上げた，電子ネットワークを駆使した市民運動やNPO，市民ジャーナリズムの隆盛は，まさにネティズンによって牽引されているといえます。ハーバマスは，初期近代のヨーロッパに台頭してきた新しい市民（ブルジョア）階層に，批判する公共圏の担い手を見出していました。電子ネットワークが発達した現在，批判する公共圏は，かたちを変えた市民，すなわちネティズンによって新たな輪郭を与えられつつあるのかもしれません。

4　公共圏と情報・メディア

　本章では公共圏をキーワードに、現在の民主主義の形骸化の問題とその乗り越えの可能性を考えてきました。最後に、現在の電子ネットワークがどのように公共圏の活性化に結びつきうるのかあらためて整理してみたいと思います。

　まずいえることは、電子ネットワークの発達が公共圏におけるメディアの多元化を推し進めている点です。以前からの個人ウェブサイトに加えて、インターネット新聞やウェブログは、ネティズンの情報発信力をいっそう強化しています。その結果、何らかの政治的問題や社会的問題について、マスメディアによる報道や分析に加え、個々のネティズンがさまざまな見地から情報の発信・収集・分析、多様な意見の提示を行うようになりました。公共圏のメディア環境は、以前と比べ格段に複合的になりつつあります。

　このようなメディアの多元化・複合化は、既存のマスメディアの相対的な地位の低下をもたらします。電子ネットワークにおいてさまざまな立場から発信される情報や意見は、既存のマスメディアが発信する情報の限界をあらわにし、そこで提示される論説の不十分さを浮き彫りにします。こうして、マスメディアの単なる受信者にとどまることなく、マスメディアを相対化し批判的に吟味することが促されます。

　さらに重要な点は、発達した電子ネットワークが双方向的であることです。リンクによって互いに言及し合い、あるいはコメントのやりとりを通じて、ネットワーク上で活発な議論が可能となります。それは、個々人の認識の深化をもたらし、電子ネットワークにおける公論の形成へとつながります。

　もちろん、電子ネットワーク上のやりとりが、いつでも適切な情報発信と理性的な討論に基づいているわけではまったくありません。悪意ある情報の流布や流言、感情的な対立や激しい個人攻撃、誹謗中傷などが、しばしば起こっています。また、電子ネットワークにアクセスしそれを活用できる者とそうでない者との格差の存在も忘れてはなりません。

　それでも、上述した電子ネットワークの発達が、公共圏の活性化に大きなポテンシャルを有していることは確かです。多元化・複合化したメディア環境は、

情報操作・情報管理を見抜き、それに対抗することを可能にするとともに、私たち一人ひとりの声とコミュニケーションに基づいた公論の形成を導きうるといえるでしょう。

ただし、このような電子ネットワークに基づく民主主義の深化が、それぞれの社会で固有のかたちをとることに注意しなければなりません。インターネット新聞もウェブログも、現在のところ日本では、政治的問題や社会的問題に関し公論形成のメディアとしてそれほど大きな力をもち得ていないように見えます。電子ネットワークを通じての活力ある公共圏が今後この日本でどのように構築されていくのか、またそれが民主主義の深化にとって十分な力をもちうるかどうか、それは、まさに私たち自身の課題にほかなりません。

> コラム
>
> ### 行政の情報化と「eデモクラシー」
>
> 　近年、日本では、電子政府・電子自治体の確立が声高に叫ばれています。2005年度までに世界最先端のIT国家の実現をめざす日本政府のIT戦略「e-Japan」構想においても、行政の情報化がひとつの柱になっています。具体的には、行政事務のペーパーレス化、行政情報のインターネットによる提供、申請・届出等手続のオンライン化、行政機関を結ぶネットワークの整備などです。情報技術を活用した行政サービスの向上、そして業務の効率化が中心になっています。
> 　もちろん、住民にとって、このような行政の情報化は望ましいことです。24時間365日いつでもインターネットを通じて必要な情報を手に入れることができ、行政サービスを受けることができるなら、たいへん便利です。
> 　その一方で、情報技術の活用を民主主義の深化に結びつける取り組みは、あまり重視されていないようにみえます。しかし、行政活動が肥大化し複雑化しているなか、住民の政治参加の回路を充実させることは、たいへん重要な課題です。いわば行政の一層の「民主化」が求められるわけです。この意味で、情報技術に基づく住民の政治参加、すなわち「eデモクラシー」を進めることは、電子政府・電子自治体が最優先に取り組むべきことといえるでしょう。
> 　「eデモクラシー」の先進事例として全国的に知られているのが、神奈川県藤沢市が1997年にインターネット上に設置した市民電子会議室 (http://www.city.fujisawa.kanagawa.jp/~denshi) です (金子ほか、2004)。会議室は、市政に関することをテーマとする「市役所エリア」と自由なテーマでコミュニティを形成する「市民エリア」の2つに分かれ、会議室の閲覧と発言は誰でも (藤沢市民以外でも) 可能。藤沢市内在住・在勤・在学であれば新しい会議室を開設することもできます。

会議室には市職員の参加もあります。

　この市民電子会議室の最大の特徴は，全体の運営が行政ではなく市民有志の運営委員会に任され，会議室の内容にも行政が口を出さない点と，「市役所エリア」の会議室で意見がまとまったら，それをふまえて運営委員会が市に対し政策提言や提案をすることができる点です。つまり，市民による自由な議論が保証され，そこで形成された意見（文字通りの公論）が実際に行政に反映されうるわけです。

　もちろん，現状では，参加者が限定されていることなど，さまざまな課題が指摘されています。とはいえ，藤沢市の取り組みは，今後の行政情報化のあるべき姿を指し示しているといえるでしょう。電子政府・電子自治体を進めるにあたっては，サービスの向上や効率化にとどまらず，こうした「ｅデモクラシー」の観点がもっと必要なのではないでしょうか。

▍引用・参考文献

朝日新聞社会部編『メディアの湾岸戦争』朝日新聞社，1991年

江下雅之『監視カメラ社会』講談社プラスアルファ新書，2004年

Giddens, A. *The Nation-State and Violence*, Polity Press, 1985（松尾精文・小幡正敏訳『国民国家と暴力』而立書房，1999年）

Gillmor, D. *We the Media*, O'Reilly, 2004（平和博訳『ブログ——世界を変える個人メディア』朝日新聞社，2005年）

Habermas, J. *Strukturwandel der Öffentlichkeit*, 2. Aufl., Suhrkamp, 1990（細谷貞雄・山田正行訳『公共性の構造転換（第2版）』未来社，1994年）

―――*Faktizität und Geltung*, Suhrkamp, 1992（河上倫逸・耳野健二訳『事実性と妥当性（上）（下）』未来社，2002年／2003年）

浜野保樹『極端に短いインターネットの歴史』晶文社，1997年

原田泉・山内康英編著『ネット社会の自由と安全保障』ＮＴＴ出版，2005年

Hauben, M. and Hauben, R. *Netizens*, IEEE Computer Society, 1997（井上博樹・小林統訳『ネティズン』中央公論社，1997年）

干川剛史『公共圏の社会学』法律文化社，2001年

玄武岩『韓国のデジタル・デモクラシー』集英社新書，2005年

石澤靖治『大統領とメディア』文春新書，2001年

―――『戦争とマスメディア』ミネルヴァ書房，2005年

金子郁容・藤沢市市民電子会議室運営委員会『ｅデモクラシーへの挑戦』岩波書店，2004年

松浦さと子編『そして，干潟は残った』リベルタ出版，1999年

三上俊治『メディアコミュニケーション学への招待』学文社，2004年

岡部一明『インターネット市民革命』御茶の水書房，1996年

呉連鎬『オーマイニュースの挑戦』太田出版，2005年
Pax, S. *SALAM PAX*, Atlantic Books, 2003（谷崎ケイ訳『サラーム・パックス』ソニー・マガジンズ，2003年）
リバーベンド著／リバーベンド・プロジェクト訳『バグダッド・バーニング』アートン，2004年
齋藤純一『公共性』岩波書店，2000年
佐々木伸『ホワイトハウスとメディア』中公新書，1992年
高木徹『ドキュメント戦争広告代理店』講談社，2002年（講談社文庫，2005年）
田崎篤郎・児島和人編著『マス・コミュニケーション効果研究の展開』北樹出版，2003年
土屋大洋『ネット・ポリティックス』岩波書店，2003年

▍推薦文献

ユルゲン・ハーバーマス著／細谷貞雄・山田正行訳『公共性の構造転換（第2版）』未来社，1994年
——公共圏の成立と変容を，社会学，歴史学，思想史などを横断して分析した基本文献。第2版序文も必読。

高木徹『ドキュメント戦争広告代理店』講談社，2002年（講談社文庫，2005年）
——ボスニア紛争時，国家に依頼されたPR企業の活動と「情報戦」の実態に迫るノンフィクション。

呉連鎬著／大畑龍次・大畑正姫訳『オーマイニュースの挑戦』太田出版，2005年
——インターネット新聞の誕生から現在までを記した，オーマイニュース創設者による熱気あふれるドキュメント。

金子郁容・藤沢市市民電子会議室運営委員会『eデモクラシーへの挑戦』岩波書店，2004年
——神奈川県藤沢市の市民電子会議室を具体的に描写し，「eデモクラシー」の可能性を展望した文献。

第6章

犯罪・逸脱
——メディアと犯罪・逸脱の関係——

大庭　絵里

　新聞やテレビなどのマスメディアは，人びとから非難される行為や，めずらしい出来事をニュースとして毎日伝えています。逆にいえば，当たり前の出来事はニュースにはならないのです。では，ルールから逸脱するような出来事がマスメディアで伝えられるとき，それはいったい，私たちの生活にとって，どのような意味をもつのでしょうか。

　また，私たちは，犯罪を直接経験することはめったにありません。ほとんどの場合，マスメディアを通じて知ります。マスメディアが伝える犯罪を私たちはどのようにとらえたらよいのでしょうか。犯罪についての私たちのリアリティはどのようにしてつくられているのでしょうか。

　本章は，このような問題意識から，メディアがどのように犯罪を表し，また，メディアは私たちの犯罪に対する認識とどのように関わるのか，考えます。

1　メディアと犯罪に関する研究

　メディアと犯罪については，マスコミュニケーション研究，メディア研究，社会学など，さまざまな分野から研究されてきています。

　マスコミュニケーション論という分野における主要な関心は，犯罪というよりもマスコミュニケーション過程やその効果（影響）についてでした。たとえば，暴力的な犯罪を取り上げるメディアに多く接している人びとは犯罪への不安をいだきやすい，という研究があります。また，犯罪に関する報道の内容分析から，マスメディアが伝達する情報の種類と量は，人びとの犯罪に対する認識とどのような関係にあるのかについての調査も行なわれています。マスメデ

ィアは犯罪統計上の犯罪事件の動向とは別に、特定の犯罪に注目しており、一般の人びとの犯罪に対する認識は、そのマスメディアによって影響されていることが指摘されています。

　メディア研究やカルチュラル・スタディーズの分野では、ニュースや娯楽メディアにおいて犯罪はどのように表されているのかについて、研究が積み重ねられてきました。とくにイギリスのTV、ラジオ、新聞においては、街頭での暴力的な犯罪、殺人、労働者階級による犯罪事件が目立ち、支配階級にとって都合のよいイデオロギーが犯罪ニュースに表されていることが、研究からあきらかになっています。また、メディアを視聴し、読む人びと、すなわちオーディエンスは、メディアをどのように消費し、受け入れ、あるいは受け入れないのかを考察する必要性も指摘されています。

　社会学の分野（とくに犯罪社会学や逸脱を研究する社会学）の分野では、犯罪と社会統制との関係からメディアの作用や影響を研究し、メディアにおいて犯罪、刑事司法がどのように構築され、どのような社会秩序がどのようにして形成されているのかについて、研究してきています。

　また、社会学にはひとつの研究視点として、人びとは外界や他者から得られる知識をもとに自らをとりまく世界に対するリアリティ（現実）を構築する、という考え方があります。さらに、「あること／ある状況」（その客観的な存在はともかく）が問題であるというクレイム申し立ての活動の継続によって社会問題というカテゴリーが構築される、という社会的構築主義の視点があります。これらはさまざまな言説の分析から人びとが共有するシンボリックなリアリティの構築を考察します。マスメディアは、人びとに知識を与える社会的資源の

▶ **リアリティ**
　人びとが目前にある状況や自分をとりまく世界や現象がどのようであるか、シンボリックな情報と知識から、特定のフレイムのもとに、主観的に解釈し、意味を与えたもの。

▶ **社会的構築**
　犯罪や社会問題について、客観的な実態が把握できるという思考をいったん停止し、その問題についてどのようなことが、どのようにクレイムされ、どのように定義されていくのか、その過程を重視するのが社会的構築主義の視点です。犯罪などが社会的構築であるというのは、ある出来事を犯罪として定義していく諸要素（刑事司法関係者、行為をしたとされるものなど）が複雑に絡み合って、ある事柄が犯罪と定義されていることを意味します。

ひとつです。本章では，この社会的構築主義の研究視点から，日本社会における犯罪・逸脱とメディアについて考察していきます。

逸脱は広い概念ですので，ここでは議論をわかりやすくするために，逸脱の一形態である犯罪という概念を使用し（非行も本章では犯罪の概念に含めます），メディアと犯罪との関係について論じます。

2 メディアにおける犯罪の社会的構築とは，どのようなことか

私たちは，今，どのような犯罪が起こっているのか，新聞やテレビなどを通して知っています。その知識に基づいて，私たちは犯罪に関するリアリティをつくり出します。より多くの人びとによってそれが共有されると，その現象はあたかも「客観的」に存在しているかのように私たちは受け取ります。

つまり，犯罪・逸脱がどのような知識として人びとの間に流通しているのか，また，それはどのようにして表されているのかは，犯罪に対する認識・感情，ひいては犯罪に関する世論形成に影響を及ぼし，さらには犯罪に関する政策や統制のあり方をも変えていくことになります。マスメディアは，犯罪というリアリティが社会的に構築される過程の一部としてとらえることができます。ですから，犯罪がメディアにおいてどのように構築され，犯罪に関する何がどのように表され，あるいは表されないのかというテーマは，たいへん重要な研究課題となるのです。

そもそも，犯罪自体が社会的に構築されたものである，と考えることができます。まず，ある事柄が警察・検察という捜査主体によって犯罪事件であると定義され，行為者と捜査するものとの間の相互行為，さらには裁判での検察と弁護側との間の応酬を経て，最終的に裁判官によってどのような犯罪であったのかが定義され，判断されます。犯罪はこのような複雑な相互行為の過程の産物なのです。それがどのようなリアリティであるのかは，それに関わった人びとによって大きく異なります。たとえば，被害者は自らの被害の体験からリアリティを語るでしょうし，警察は取り締まる立場から出来事を記録するでしょう。加害を与えた行為者本人には，別のリアリティがあるでしょう。

ところがマスメディアは，警察を主な情報源として犯罪事件に関する知識と

情報を得た後に特定のフレイムを設定し，さまざまな相互行為や組織的な作業を経て，犯罪事件という出来事をストーリーとして人びとに伝えます。多様なリアリティはマスメディアによって一定のフレイムのもとで再構築されます。

　マスメディアが伝える犯罪は，それがリアルタイムの事件の報道であっても，誰からみても「客観的な真実」としてとらえられるものではなく，メディア内の複数の人びとが関与し，また限られたアングルで画像が送られ，限られた紙面で描かれ，特定の視点でまとめられた犯罪事件という出来事なのです。すなわち，私たちが知る犯罪事件は，マスメディアによって社会的に（複雑な相互行為を経て）構築された出来事といえるのです。

　ましてや，娯楽目的の映画・ドラマは，オーディエンスによって「おもしろい」と思わせるための工夫があり，残虐性が強調されています。そのなかでは，実際の刑事司法手続きが反映されているとは限りません。

　▶犯罪ニュースという典型的な犯罪事件の報道について，もう少し具体的にみつめてみましょう。

3　犯罪がニュースとなるまでの過程

　はじめから「犯罪事件」と呼ばれる出来事はありません。先述のように，何らかの事柄が，ひとつの事件として警察などの統制主体によって，まず定義されます。日本では，ニュース制作機関内で働く警察担当の記者が，日々の事件・事故について警察を取材し，あるいは警察のほうから記者に情報を伝えるという，警察という情報源と記者との相互行為から，犯罪事件の端緒についての情報を記者が入手します。もちろん，大きな事件などでは，警察以外の人びとからの情報も集めます。それらの情報から，記者たちは，ある事柄を犯罪事件のニュースとしてカテゴリー化します。その際，警察から得た情報をオーディエンスに理解可能な形に翻訳し，再定義し，ストーリーというわかりやすい形式を用いて犯罪事件をニュースとして伝えるのです。

▶犯罪ニュース
　犯罪事件に関する新聞記事，テレビやラジオにおける犯罪に関する報道番組の総称。時事的に報道される犯罪事件。情報番組や娯楽番組は含まれません。

さらに、ニュース制作機関においては、記者のニュース価値観や、他社の新聞やテレビ報道との比較によって、どの事件をニュースとして採用するかなどが選択され、決定されます。記者が知り得た犯罪事件がすべて報道されるわけではありません。その間にはさまざまな相互行為があり、事件現場の記者による判断のみならず、ニュース制作機関内での複数の報道関係者によるニュースの決定も含まれます。日本の記者の犯罪事件に関するニュースをどのように価値判断するのかについては、大庭（1988）がインタビュー調査から論じています。また、ニュースができあがるまでの相互行為やニュースの決定について、観察やインタビューから分析した調査として、タックマン（Tuchman, 1978）の研究は大変すぐれています。

犯罪ニュースは、警察を主な情報源としているために、警察の意図やイデオロギーも反映されます。とりわけ日本においては警察の権力は強く、犯罪事件の報道においては、被疑者（逮捕された人）への取材が不可能なため、被疑者側の視点がニュースに盛りこまれることは、きわめてまれです。被害者も、被害にあった直後は明白に話すことは困難ですし、大きな事件では被害者への取材が殺到し、被害者は自分の思ったことをいえないままにいることが多いのです。とりわけ事件が生じた直後や、被疑者が逮捕されたときの報道は、ほとんどが警察によってもたらされる情報であり、統制主体の視点によって出来事が描かれているという特徴があります。逮捕時点および捜査段階では、このようにして構築される犯罪ニュースの特徴に留意する必要があります。

ニュース制作機関内の記者の活動、組織的な作業と組織的決定、情報源機関とニュース制作機関との関係、犯罪捜査中および被告人の勾留中における取材に関する法制度的制約など、犯罪ニュースが制作される過程、すなわち犯罪事件がメディアにおいて構築される過程には、さまざまな要素が関係しています。これらについて考察するためにも、マスメディア機関や警察との相互行為について、日本においても調査が可能となり、研究が進むように望みたいものです。

第6章 犯罪・逸脱

4 メディアに表される犯罪

▌目立つ凶悪事件

英国や米国では，もっとも報道されやすい犯罪事件は殺人や強盗などの暴力的な犯罪事件や街頭での犯罪であり，マスメディアで報道される犯罪事件は，公式の犯罪統計とは無関係に選択されているということが古くから研究されてきました。この状況は，日本においてもほぼ同様です。つまり，テレビや新聞では，殺人や強盗が大きく，また何度も報道されますが，図6-1のように，もっとも頻繁に起こる犯罪は，交通事故関係を除くと窃盗なのです。これは少年非行に関しても同様です。

犯罪白書の統計には，少なくとも警察が認知した事件数・逮捕・起訴・起訴後の処理についての件数や人数がまとめられています。ただしこれらは，日本の犯罪状況に関する「客観的」で「すべて」を網羅した統計ではありません。少なくとも，警察で認知され，処理された事件や，統制主体や裁判所における公的な判断を示したものとしてとらえなくてはなりません。暗数といって，警

図6-1 刑法犯の認知件数，検挙人員の罪名別構成比

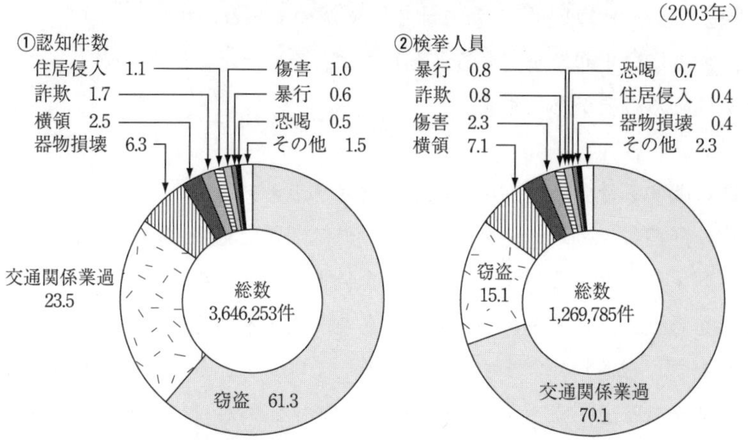

（2003年）

①認知件数
- 住居侵入 1.1
- 詐欺 1.7
- 横領 2.5
- 器物損壊 6.3
- 傷害 1.0
- 暴行 0.6
- 恐喝 0.5
- その他 1.5
- 交通関係業過 23.5
- 窃盗 61.3
- 総数 3,646,253件

②検挙人員
- 暴行 0.8
- 詐欺 0.8
- 傷害 2.3
- 横領 7.1
- 恐喝 0.7
- 住居侵入 0.4
- 器物損壊 0.4
- その他 2.3
- 窃盗 15.1
- 交通関係業過 70.1
- 総数 1,269,785件

注：1）警察庁の統計による。
　　2）「横領」は，遺失物等横領を含む。
出典：法務省法務総合研究所『平成17年版　犯罪白書』2005年，13頁

察に認知されない事件の数や，警察に被害届が出されない事件もあるからです。

　マスメディアが報道する犯罪事件の種類は，このような犯罪統計とは関係なく，ニュースを制作する側が独自に判断して，選択した結果です。マスメディアは，人びとが逸脱であると認識する可能性の濃いものや，暴力的・残虐的なものに注目する傾向があります。とくに「凶悪」と呼ばれる犯罪事件が報道されやすいのは，「視聴者・読者がみたがっている」「社会的に重大」とニュース制作機関が考えているためです。しかし，オーディエンスはマスメディアから「凶悪」事件を知るのであり，それをもとに犯罪に関するリアリティをつくりあげます。犯罪ニュースに対する価値や視点が，ニュース制作機関とオーディエンスとの間で相互に反映されているといえるでしょう。

　このような犯罪事件のリアリティがマスメディアにおいて社会的に構築される過程は，犯罪動向に関するニュースについても同様です。すなわち，上半期・下半期，あるいは前年度の犯罪統計についての報道がなされるとき，前年度との比較から，増加した罪種が強調されたり，いくつかの犯罪をカテゴリーに分けて（たとえば「凶悪犯罪」といったように），特定の犯罪が増加していると強調される傾向があります。数字について誤りはないのですが，犯罪ニュースにおいては，ある一定の期間（それも短期間）が意図的に設定され，犯罪が特定の種類にカテゴリー化されることによって，あたかも犯罪が毎年のように「凶悪化」したり「増加」したりする印象がつくられます。オーディエンスとして，あるいは犯罪を研究する者としては，その数字が何を意味するのか，慎重に見極める必要があります。

▍犯罪に関する社会的役割を意識するマスメディア

　特定の罪種にマスメディアが注目するのは凶悪な犯罪ばかりではありません。マスメディアには，政治・経済的権力を見張る，という「ウォッチドッグ」的な要素を意識するニュース制作機関もあり，政治家の汚職などについても，意図的に大きく報道しています。また，最近では，子どもへの虐待や性犯罪について，あえて報道するニュース機関もあります。これは，オーディエンスに対して，いわば新しい犯罪への注意を喚起する役割をマスメディアが意識しているものとしてとらえることができます。しかし，こうしたニュースは，このよ

うないくつかの特別な種類の犯罪ばかりが急増しているという印象をオーディエンスに与え，過剰な反応を引き起こしたり，逆に報道されないできごとを社会全体の問題としてはとらえさせない方向にオーディエンスを導く可能性がないとはいえません。

社会的構築主義の社会学の議論においては，社会的に構築された問題を実態との比較において議論すべきか，それとも実態に対する判断はさておき，ある事柄を問題であるとクレイムする活動を重視する，という立場があります。

いずれにしても，犯罪が凶悪化している，あるいは特定の犯罪が増加している，といったニュースは，それを社会的に問題であるととらえてクレイムを申し立てる活動のひとつとみなすことができます。同時に，警察・弁護士・被害者など，さまざまな人びとや団体もまた，それぞれにクレイムを申し立てています。マスメディアはそのクレイムを日本中に広げる力をもっています。あるいはメディアが独自に犯罪に関するキャンペーンを展開する場合もあります。私たちは，特定の犯罪が集中して報道され，政策の議論が開始されるときには，そのクレイムは誰によるものであり，その内容がどのようであるのか，見極める必要があります。

メディアにおける刑事司法手続の社会的構築

日本の犯罪ニュースは，主に警察による捜査活動が中心となっており，逮捕にもっとも多くの注目がおかれます。被疑者の逮捕後は，被疑者の動機を中心に犯罪事件のストーリーが展開されます。日本では，逮捕された人＝「犯人」と思う人びとが多いようですが，法的にはけっしてそうではありません。逮捕された被疑者が起訴され，裁判の審理を経て，裁判官によって有罪と判決されるときに，犯人となるのです。また，有罪という判決が下されるまでは，被告人は無罪を推定されなくてはなりません（無罪推定の原則）。しかし，日本の犯罪ニュースでは，逮捕を大きく報道しても，その後の起訴に関する報道は少なく，大きな事件でない限り，公判や判決について報道されることはあまり多くありません。また，判決が報道されても，逮捕からかなり時間がたっており，オーディエンスによっては当初の事件の報道を忘れていることもあります。そのため，ニュースを読む側もつくる側も，逮捕の報道をクライマックスである

ととらえてしまうようです。被疑者・被告人が無罪の推定を受け，法に則して適正な手続のもとに扱われるという原則は，犯罪ニュースには反映されていないのです。むしろ，犯罪を取り締まる側の視点によって犯罪ニュースが展開されているといえるでしょう。

　刑事司法システムを理解する上で，メディアは重要です。刑事司法システムがどのように作用するのが望ましいと考えるかについては，2つの立場があります。ひとつは，被疑者・被告人が適正な手続のもとで取り調べられ，無罪推定の原則を適用されるべきである，という考えです。もうひとつは，犯罪防止と秩序維持のためには統制主体の権限を強化し，多少の無理があっても「犯人」をつきとめ，厳しく追及するという考えを中心にする立場です。日本の犯罪ニュースには，後者の視点が強く見出されます。

　いずれにせよ，今の日本の犯罪ニュース（裁判も含めて）においては，逮捕された人がその後どうなるのか，起訴されるのかどうか，また裁判ではどのような証拠が提示されるのかなどについては，オーディエンスにとってはほとんど不明です。そのような犯罪ニュースからは，刑事司法手続に関する知識を得ることは困難です。被疑者・被告人はどのような取り調べを受けているのか，また，彼／彼女らになぜ取材ができないのか，疑問はいくつでもあるのですが，今の犯罪ニュースは，むしろ刑事司法手続についてオーディエンスが疑問すら提起できない状況を再生産しているのかもしれません。

■「犯人」の社会的構築

　逮捕を中心とする犯罪ニュースにおいては，被疑者は「悪人」として描かれることが多く，「悪い」行為に見合うような人物像が構築される傾向があります。凶悪な行為は凶悪な人によるもの，つまり，悪が悪を生み出すという，いわばステレオタイプな考えに基づいて被疑者が構築されています（大庭，1990）。これはメディアが意図的にそのように工夫しているというよりも，犯罪事件が起こった事後の時点で，その「悪」に見合うように情報が集められ，選択され，解釈され，意味が付与された結果なのです。社会学では，これを遡及的解釈と呼びます。

　このような「悪人」が構築される過程を分析することは重要な課題です。な

ぜならば，それは私たちの文化に深くかかわっているからです。私たちがニュースをみて，被疑者やその行為を「ひどい」「悪い」と思うのは，その描写には私たちの共有する文化と共鳴する何かがあるからなのです。

　犯行の動機がメディアにおいて大きく注目されますが，それは「何らかの行為には動機があるはずである」と私たちが当然のように日頃から考えているからなのです。つまり，「動機がなければ行為を理解できない」と私たちは当然のように考えている，ということです。動機が不明であれば，その人は「異常者」であると分類されることになります。刑事司法においても犯行の動機は重視されます。しかしながら，その動機は，本人ですら明確に把握していない場合もあります。動機は，捜査する側との相互行為を経て，犯罪事件という出来事の結果から遡及的に解釈され，記述されるのです。マスメディアにおいては，被疑者の動機，過去の行動，経歴，私生活がストーリー化されていますが，それは犯罪という出来事にふさわしいように選択され，解釈された結果としてとらえるべきです。動機がいかにして社会的に構築されるのかについては，土井（1988）が詳細に論じています。

5　犯罪とメディアの関係

　犯罪を扱うメディアは犯罪ニュースだけではありません。映画・テレビドラマなどの娯楽メディアや，最近ではインターネットのウェブ・サイトにおいても，犯罪は頻繁に取りあげられるテーマです。こうした広い範囲のメディアと犯罪との関係について，社会学としてはどのようにとらえることができるでしょうか。以下，その研究の方向性を概観しておきましょう。

▎犯罪を誘発するメディア

　メディアが犯罪を人びとの前に表し，何らかの形で説明する場合，メディアは犯罪を誘発する可能性があります。つまり，犯罪ニュースも娯楽番組も，詳細な犯罪事件の解説をすることによって，その事件に関心をもつ人びとにその犯罪行為の方法を教えることになり，それを模倣する人びとによってさらに類似事件が引き起こされることがあります。いわゆるコピーキャットと呼ばれる

人びとによる行為です。

　しかしながら，コピーキャットによる犯罪事件に関しては，行為者が模倣したと認めなければ模倣だったのかどうかはわからず，またそうした人びとの数も特定困難です。

　模倣でなくても，ある種の犯罪を娯楽メディア（映画やテレビのみならず，ビデオゲームやマンガなど）で扱うことは，ある人びとを刺激して同種の犯罪を蔓延させる可能性があることが，これまでに指摘されてきています。たとえば，暴力的なシーンを多くみる子どもは暴力的な行為を行なう，という主張があります。しかし，メディアにおける暴力シーンやストーリーが，それを直接みた人びとの暴力的行為の原因となるかどうかは，簡単に結論することはできません。

　メディアが犯罪を誘発する要因となるのかどうかについては，メディア視聴だけでなく，人びとの育った環境・教育・性格など複数の要素が絡んでいるため，さまざまな角度からの調査が必要です。

▌社会統制を強化させるメディアの作用

　日本の犯罪ニュースには，犯罪を統制する立場の視点が色濃く表されることについて，すでに言及しました。犯罪は憎むべきもの，という視点からの犯罪ニュースは，ときに被疑者・被告人への非難をより強く表します。それを視聴する人びともまた，メディアに刺激され，被疑者・被告人に対する非難を表します。被疑者として報道された人びとに対して脅迫文書が郵送されたり，いやがらせ電話がかかってきたりなど，しばしば報道による被害が報告されています。このような報道被害や社会的制裁は，犯罪に対する社会的反作用であり，それは，犯罪およびその行為者を非難し，制裁することで社会の秩序回復を求めるという動きを表していると考えられます。

　さらに，メディアにおける凶悪犯罪の強調や，警察による防犯キャンペーンは，人びとに犯罪への不安をかきたてます。娯楽メディアにおいても暴力的な犯罪は頻繁に描かれ，人びとは，あたかも凶悪な犯罪を映し出すメディアに囲まれているかのようです。人びとの犯罪への不安はつのるばかりです。この犯罪への不安は，警察力の強化を求め，また犯罪を取り締まるための法律を要求

するなど，社会統制を強める推進力となります。メディアは，犯罪を人びとにみせることによって犯罪の不安を高め，ひいては統制強化を求める方向に人びとを向かわせる作用を及ぼしているといえるでしょう。「監視社会」は，そのような方向のひとつの例です。

6 犯罪とメディア：概括

　犯罪・逸脱とメディアとの関係を研究する意義はどこにあるのでしょうか。メディアは，すでに私たちの環境の一部です。私たちがさまざまな人びととの間から常識や知識を得るのと同様，私たちはメディアから得られる知識を使って世界観を構築し，それを自らの行為の土台としています。メディアは世界に関するシンボリックな社会的知識を伝え，配布する情報システムの一部なのです。それは，犯罪に関しても同じです。犯罪を伝えるメディアは，社会は何を逸脱としているのか，その境界と社会秩序のあるべき姿をシンボリックに伝えます。メディアがそれらをどのように表すのか，あるいは，どのような知識を伝えるのか／伝えないのかによって，私たちの犯罪に関するリアリティはきわめて影響されるといえます。

　犯罪ニュースは，潜在的な被害者に対する警告をする役割ももっています。しかし，ともすれば，メディアは支配者階級と統制主体のイデオロギーを伝える傾向がありますから，それをオーディエンスが無批判的に受け入れるのであれば，メディアは支配体制による社会統制の道具となります。

　それだけに，犯罪や刑事司法がどのようにメディアにおいて社会的に構築されるのかを考察することは，私たちの日常生活のなかでのメディア，犯罪，そして社会統制との間の関係を考える上で，きわめて重要であるといえるでしょう。

> コラム

アメリカにおける陪審報道

　被疑者の逮捕が大きくメディアによって注目されるのは，日本だけではありません。アメリカにおいても被疑者の逮捕は大きく報道されます。しかし，アメリカ人は，逮捕が捜査の過程の一段階にすぎないということをよく知っています。ハリウッド映画をみていればわかるように，アメリカでは殺人事件であっても，逮捕後に被疑者が保釈されることがありますし，人びとの関心はむしろ，その後の陪審へと移ります。アメリカでは，陪審が必ずしもすべての犯罪ニュースとなるわけではありませんが，陪審のニュースをみていると，アメリカの刑事司法システムがわかります。同時に，陪審の詳細を報道する難しさも考えさせられます。

　アメリカでは，12人の市民が陪審員となって，被告人が有罪であるか否かを評決します。どんなにメディアで「犯人」のように扱われていても，証拠が整っていないならば，無罪の評決が下され，逆に，状況証拠であっても有罪の評決が下されることもあります。陪審は一定期間に行なわれ，その間は大きな事件ならば毎日のようにメディアで報道されます。

　2005年6月，子どもへの性的虐待を疑われた，歌手のマイケル・ジャクソン氏の裁判では，無罪の評決が下されました。有罪ならば20年の服役となる可能性のある事件でした。陪審の期間中，マスメディアでは採用された証拠や証言が細かく報道されました。一方，ジャクソン氏への嘲笑，中傷を伴うトークショーもまた放映されていました。結局，この裁判では，ジャクソン氏を訴えた被害少年の母親に対する不信感を陪審員が抱いたことや，決定的な証拠がないことから，無罪の評決が下されました。

　陪審が有罪，無罪のどちらの評決を下すのかは，マスメディアやそのオーディエンスにとってもっとも大きな関心事です。ですから，日本のように逮捕がクライマックスとなり，その後かなりの時間がたってから判決を知るのとは異なり，アメリカでは逮捕後も刑事司法過程がマスメディアによってみえる形で伝えられます。もちろん，その陪審に関する報道も，メディアの一定のフレイムによって構築された出来事となりますが，日本よりもはるかに刑事司法手続についての知識をオーディエンスに与えることになります。

　しかし，あまりに詳細な陪審報道は問題もはらんでいます。それはどこまで私生活を報道するのか，ということです。法廷での証言や証拠だからといって，何もかも報道してよいのかどうか，倫理的な問題があります。また，法廷内でのやりとりを生中継で報道することにも問題があります。

　裁判の何を伝え，何を伝えないのかによって，オーディエンスが抱く印象やリアリティは変わります。しかし，報道される人びとの私生活を暴露することが，犯罪と司法への理解にとって必要であるのかどうか，疑問が残ります。日本も裁判制度がやがて変わります。そのとき，どのようなニュースがつくられるのでしょうか。

引用・参考文献

Tuchman, G. *Making News: A Study in the Construction of Reality*, Free Press, 1978（鶴木眞・櫻内篤子訳『ニュース社会学』三嶺書房，1991年）
大庭絵里「犯罪の可視化」『犯罪社会学研究』13：122-139，1988年
─── 「犯罪・非行の「凶悪」イメージの社会的構成」『犯罪社会学研究』15：18-33，1990年
土井隆義「刑事司法過程における犯行動機の構成」『犯罪社会学研究』13：102-121，1988年

推薦文献

矢島正見・丸秀康・山本功編著『よくわかる犯罪社会学入門』学陽書房，2004年
──本書は，犯罪社会学の初学者向けに，犯罪・非行の研究方法や理論について書かれた入門書です。メディアについての章もあります。

鮎川潤『少年犯罪──ほんとうに多発化・凶悪化しているのか』平凡新書，2001年
──少年犯罪について歴史的な流れを追いつつ，その特徴についてやさしく書かれている。

宝月誠『逸脱とコントロールの社会学──社会病理学を超えて』有斐閣アルマ，2004年
──逸脱と統制（コントロール）に関する概念・理論・研究法などについてわかりやすく書かれています。

第7章

情報時代と宗教
――IT化による宗教の破壊と創造――

深水　顕真

　情報化の進展は宗教にどのような影響を与えるのでしょうか。「情報社会では宗教のような神秘的なものは必要なくなる」とお考えでしょうか？　実際はそんなことはありません。インターネットの掲示板＜2ちゃんねる＞では，それぞれの宗教・宗派について活発な対話が交わされています。また，「恐い話」や「神秘的な話」といった話題はさらに活発です。

　米国の統計（Pew, 2004）では，インターネットユーザーの64%（8200万人）が，何らかの宗教情報をインターネット経由で獲得しているというデータもあります。つまり，宗教は情報社会のなかでも決して衰退するわけではなく，それに応じた形で存在を示しているといえるでしょう。

　そこで本章では，まず既成の宗教の枠組みについて確認していきたいと考えています。とくに私たちの眼に触れる宗教の代表である宗教教団が，どのような仕組みでその集団を形成しているかを考えていきます。そして，この枠組みをもとに，現代の情報社会のなかでの宗教の変化をとらえていきます。最終的に，新しいメディアであるインターネットなどを利用することで，新たに私たちの眼に触れるようになってきた宗教の事例も取り上げていきたいと思います。

1　宗教と教団

▌宗教の定義

　社会学において，宗教は巨大でとらえどころのない存在です。たしかに，ウェーバー（M. Weber）やデュルケム（E. Durkheim），パーソンズ（T. Parsons）が，彼らの代表的な著作に宗教を冠するように，社会におけるその重要性は疑

うべくもありません。

　しかし多くの社会学者や宗教学者が，宗教という大きな存在に取り組んできましたが，実はそれらに共通する宗教の定義は生まれていません。ただ，既存の宗教の分類という視点から，井上順孝は宗教の2つの側面を指摘しています（井上，2005）。そのひとつは，宗教を社会的な組織や制度，文化として定義するもので，一般に私たちの目に触れる「宗教教団」や「宗教行事」などがそれにあたります。そしてもうひとつの分類が，心の問題としての側面です。誰しもが何らかの超越的な存在（神や仏と既存の枠組みに収まらない）とのつながりを実感することがありますが，これはそうした心的な作用を意味しています。

　つまり宗教とは，狭義の定義においては寺院や教会などでの活動を指し，広義の定義では「神秘的な心の働き」も含めていくといえるでしょう。先に取り上げた社会学の先人たちの議論は，狭義の定義から出発しています。一方，近年の宗教研究では，「スピリチュアリティー研究」として，狭義の定義におさまらない，より広義の宗教をその対象としようとしています。本章でも，先行する議論にそってまず宗教教団などの狭義の宗教を対象とし，そこからより広義なものへ議論を進めていきたいと考えています。

▎カリスマ論

　私たちの目に触れる宗教の多くは，宗教教団という組織の形を取ります。そこには教祖や信者がいて，教義があり，宗教的儀礼を行なう施設があります。こうした宗教教団の組織を分析する概念のひとつとして，ウェーバーは「カリスマ」という概念を用いています。彼は社会の組織を分析する概念として，伝統的支配，合法的支配，そしてカリスマ的支配という3種類の支配に注目して

▶ **スピリチュアリティー**
　一般的には「霊性」と訳されますが，現在の宗教研究のなかでは，これまでの宗教的な枠組みに収まらない自己を超越した何かとのつながりを感じる心的な作用を指しています。より具体的には，「占い」や「まじない」，また映画や漫画の世界観への傾倒という形をとります。厳密な教義・儀礼・組織をもつ従来の宗教とは対比され，頂点をもたない緩やかなネットワーク的つながりをもちます。現在宗教研究者が中心となって運営するウェブサイト「スピナビ」(http://www.spinavi.net/) は，スピリチュアリティーの姿を実験的に浮き上がらせる試みとして興味深いものです。

います。それぞれが家族，国家，宗教教団を想定しています。たしかに私たちは，家長を中心とする「家族」や政治家・官僚が運営する「国家」の内で日常的に生活しています。

では，宗教組織を分析する「カリスマ」とはどのような概念なのでしょうか。彼の著書『支配の社会学』（Weber, 1922）に示されるカリスマ概念を，川村邦光が「カリスマの磁場をめぐって」（川村，1980）でまとめたものを，さらに要約してみましょう。

① カリスマとは非日常的，超自然的，超人間的資質，能力および状態を表す概念である。
② カリスマは非日常的手段で人為的に獲得し得る資質である。
③ カリスマは他者による評価を不可欠のものとしている。
④ カリスマは現世の価値観を根底から覆す，革命力の源泉である。
⑤ カリスマは精神的，肉体的，経済的，倫理的，宗教的，政治的危機から現れる。そのため，このカリスマはこれらの危機を解決する宿命を持っている。
⑥ カリスマはそれに基づく資質によって人びとに⑤のように救済財を提示することで帰依を獲得する。
⑦ カリスマはその非日常的関係性に基盤をおいているため支配，集団形成の関係が日常化することは，根本的な矛盾となり，結果的には合法的支配や伝統的支配の関係に変容する。

要約するなら，前出の伝統的支配や合法的支配が行き詰まりをみせたとき，それらを乗り越えたところで生まれる非日常的関係性の概念がカリスマである，と理解することができます。現在，マスコミなどで「カリスマ○○」などと称される美容師や料理人が登場します。しかしこれらの用法は，非日常的資質を保持するものとそれを信奉し帰依するものとの関係性に力点をおく，ウェーバーの「カリスマ」概念と少し違っていることに留意する必要があります。

宗教教団形成への3つの段階

ではこの「カリスマ」が宗教集団を形成するまでを，段階を追って具体的にみていきましょう。すでに確認したように，カリスマという概念は支配側と帰

依者の関係概念として理解しなくてはなりません。そのため，帰依者の存在しない，集団を形成しないカリスマはありえません。ウェーバーはこうしたカリスマの新たな価値観を創造し集団を創造する力を「カリスマの革命的性格」として，カリスマのもっとも基本的な性格のひとつとして取り上げています。では，その作用は宗教教団をどのように形成するのでしょうか。以下，3つの段階に分けてみていきたいと思います。

(1) 自己スティグマ段階

宗教教祖に限定すると，社会の日常的価値観から逸脱した個人は，カリスマの初期段階では一般に呪術師的性格を現します。たとえば，天理教の教祖である中山みきや大本教の教祖である出口なお等は，いわゆる「神がかり」の状態を経て，病気治しや預言という形でカリスマ的関係性を築きはじめます。「神がかり」は，初期の段階では身体的な異常と一緒に出現し，本人も世間も「異常な状態」とみなします。社会学的には，日常的価値からの相対的離反を「スティグマ」と呼びます。しかし次第に教祖たちは自らの非日常的な資質を，単なるスティグマとしてではなく，宗教的なものとして肯定的に受容しはじめます。これを自己スティグマ化と呼び，カリスマの萌芽となります。

(2) 呪術的カリスマ段階

日常的社会のなかでは満足しえず救われない大衆は，その枠組みから逸脱して存在するカリスマ者に対して救済財の給付を期待し，そのカリスマ者の下に集い集団を形成します。ここに初期的なカリスマ集団が完成します。ここで集団を維持している凝集力を，その呪術性に基礎をおくため呪術カリスマと呼び，後の教祖的カリスマといわれる凝集力と区別します。具体的に宗教教団においては，呪術師的な教祖が帰依者に対して病気治しを行ったり，予言・霊示を行ったりするのがこれに相当します。この初期的な教団が形成されるためには，病気の治癒や予言の的中など，帰依者が呪術カリスマを認め受容することが必要条件なります。ただし，帰依者は自らの悩み・病気などが治癒することで集団を離脱する場合がほとんどです。そのため，この段階の呪術カリスマに基づく集団は成員の数も限られており，本格的宗教教団の前段階といえます。

(3) 教祖的カリスマ段階

カリスマ資質の保持者，すなわち教祖の呪術によって一時的にせよ集団が形

成され，初期的な教団が生まれます。このようにして人びとが教祖の周辺に集うようになると従来の呪術的カリスマは変容し，集団を永続的に維持する教祖的カリスマといわれるものへとその性質を変えて行きます。沼田健哉は教祖的カリスマへの変容について以下2つの視点での分析を行なっています（沼田，1988）。

その第1は教祖的カリスマへの変容は，カリスマのもつ革命的性格の終着点であるという見方です。カリスマは従来の日常的価値観とは違う，新たな価値の創造をその宿命としています。そうした価値観をもつ集団を永続的に維持するために，カリスマの形態を永続的集団維持に適応した形に変容させ，教祖的カリスマが生まれるというものです。

第2点はこの変容を成員すなわち信者の立場からとらえた視点です。信者の多くが原初的にもっていた求道心や実存への問いかけがカリスマの変容を必要としたととらえるものです。病気などを抱えてカリスマ者のもとに集った人びとはその問題が解消すると，人間が原初的にもつこうした問いかけへの解決を求めます。具体的には，「何のために生きているのか？」「死んだらどうなるのか？」といった問いかけです。日常のなかでは解決することのできなかった，こうした問いへの回答を救済財とするものが教祖的カリスマであるといえます。

こうした教祖的カリスマによる新しい価値形態の創造は，宗教教団においては具体的に経典・儀礼・教義の整備によって成し遂げられます。とくに重要なのは，それまで教祖のみが個人的に保持していた呪術カリスマの教義への取り入れです。これは，秘儀の世襲化や儀礼化によって行われます。この変容の結果，教祖の呪術的救済財に対する個人的な帰依によって成立していた集団は，集団の存在や価値観自体に対する帰依に変容します。

また，カリスマの変容のなかで，非常に重要な出来事が教祖の死です。呪術的カリスマの保持者である教祖の死は，それに基づく集団の存亡に関わってきます。そのためにも信奉の対象を個人から集団の存在自体に変えるカリスマの変容は，教団存続のため教祖存命中に開始される必要があります。このように，教祖的カリスマへの変容は，集団をいかに永続的に維持するかという目的をもっています。

ところで，新たな価値観という非日常性に基盤をおくカリスマは，永続的な

集団を形成することでその価値が日常化するという大きな矛盾を背負う結果となってしまいます。たしかにこの教祖的カリスマの段階では、カリスマという用語を使ってはいますが、実際は伝統支配、合法支配などの他の要素も含み純粋な意味でのカリスマ支配の体系は希薄となってしまいます。ウェーバーがカリスマの日常化の代表例とした、カトリック教会の法王の継承においても、その宗教的な儀礼の背後では、世俗的なやり取りが行われています。

　ここで留意すべきことは、宗教教団が恒常化するために、カリスマが組織制度のなかに取り入れられていることです。つまり、非日常性が日常化しているという構造的な矛盾です。そのため宗教教団は、日常のなかで非日常性を維持するため、さまざまな教義や儀礼を駆使しているといえます。

▍情報による権威の維持

　カリスマ論の視点から宗教集団を分析するならば、非日常的資質が制度のなかに取り込まれ、宗教教団が維持されることがわかりました。では、どのようにして非日常性を日常的に作り出そうとしているのでしょうか。ここでは情報という観点から、教団を維持する非日常性という権威の創出を考察してみましょう。

　ジョシュア・メイロウィッツ（J.Meyrowitz, 1985）は著書のなかで、アメリカの大統領や外科医などを想定し、情報体系のなかでの権威の生起について述べています。メイロウィッツは、他者に強制する権力と権威を対置し、権威とはその立場に応じた知識と技術と経験を維持し、他者からそうであると思われるように演じることでその立場を維持していると述べています。

　情報の管理の視点からは、「その地位にふさわしい知識をもっている」という情報のみを流布し、不都合な情報を抹消することが権威を維持するために必要となります。このように情報を管理するということは、秘密を維持することにもつながります。つまり、権威あるものとしての表の演技に対応する、舞台裏の情報を管理し秘密にするそのメリハリが重要となってきます。そのため、権威とは自らの周りに人目に触れない場を維持することであるとも理解できます。プライベートな場をもつということは、秘密を維持できるということです。そのプライベートな場においては権威に関係のない行動、たとえば単にリラッ

クスしたり笑ったり遊んだりもできます。そして公の場において知識と経験と技術をもっていることを示すことで，他者に権威あるものとして迎えられ，支持を得ることができます。

　では，宗教教団の場合はどうでしょうか。権威あるもののもつ知識と経験と技術とは，宗教教団の場合，呪術や教義による非日常的な救済財に置き換えることができるでしょう。たとえば，教祖は自らの権威を維持するために，そして帰依を得るために，非日常的資質としての啓示・預言を提供します。

　一方では教祖の舞台裏の行動，日常生活を隠す情報管理を行なわなくてはなりません。つまり，教祖は非日常的な特別な存在であり，私たちに非日常的なものを与えてくれるという情報のみを信者に与え続けることが，教祖の権威を構築しているということです。

　そのために，宗教教団の教祖は行事・儀礼など特別な場合のみ信者の前に露出して教祖の期待される役割を演じ，神秘性をもたせる必要があります。そして，日常的な情報は流布しません。それは宗教施設のなかの一段高い場を，儀礼的に教祖が独占することでもあります。つまり，教祖は自らの権威を維持するために，帰依者たる信者との間に距離をおき，神秘性をもたせます。そして，物理的にも，情報的にも教祖と信者の接近はあってはならず，接近した場合は権威を演じるものと帰依者との関係，つまり宗教教団はその基盤を大きくゆすぶられてしまいます。

　カリスマ論の部分でも論じたように，宗教は非日常性にその出発点をもちながら，日常の中に教団組織を築かなくてはなりません。そのためにも，情報をどのように管理するかが非常に重要です。そしてメイロウィッツは，この情報管理によって維持された権威が，メディアの変化によってどのように変わっていくかを論じていきます。とくに，電子メディアはそれまで秘匿されたさまざまなものを眼前にさらすことで，権威に疑念を生じさせるとも述べています。以下では，この電子メディアが宗教の権威に与える影響について論を進めていきます。

2 メディアの変化と宗教の変化

メディアと宗教

　メディアと宗教。一見するとかけ離れたもののように感じられますが，実際は密接な関係をもっています。すでに論じたように，宗教教団を形成する上では，情報を管理し，日常の中に非日常を形成する必要があります。そのためにも，情報の通り道であるメディアは，宗教教団の形成に直接の影響力をもってきます。また，宗教が布教を旨とするならば，何らかのメディアを利用することは欠かせません。現在，教団を形成しているほとんどの宗教が，印刷メディアである聖典で教義流布を行なっています。この部分においても，宗教とメディアは非常に密接な関係をもっています（石井，1996）。

　このメディアと宗教の関係について語る上で，欠かすことのできない重要な研究者がいます。カナダのメディア学者マーシャル・マクルーハン（M. McLuhan）です。彼は，「メディアはメッセージである」（McLuhan, 1964）という有名な言葉によって，情報の単なる通り道としかみなされなかったメディアに注目し，それ自体が文化に与える意味について考察しています。

　マクルーハンのメディアと宗教に関する研究の代表が，『グーテンベルクの銀河系』（McLuhan, 1962）です。彼はこの大著のなかで，ルターの宗教改革に触れています。その説は，次のように要約することができます。つまり，グーテンベルク以前は，カトリックの聖職者のみが，聖書的な知識を独占していた。しかし，グーテンベルクの活版印刷によって，聖書が安価に大量生産され，一人ひとりの信者が聖書を手にすることができ，神の言葉に直接触れることになった。これによって，既成権威であるカトリック的なものに抗議（プロテスト）する宗教改革が生じたとするものです。こうしたマクルーハンの議論の主眼は，印刷技術という新たなメディアの出現が，従来のカトリック中心の宗教組織を改変したという点にあります。

　このマクルーハンによる宗教改革に対する斬新な解釈，とくにメディア技術が社会を決定するという「メディア決定論」に対しては，さまざまな異論があります。現在の日本の代表的なメディア研究者である遠藤薫は，印刷技術の発

達はむしろ宗教改革の結果であると、逆の説を展開しています（遠藤，2000）。遠藤は、中国では印刷技術が西欧より1000年も前に開発されながら、なぜそれが西欧に伝わらなかったかに注目しています。その阻害要因にカトリック教会が挙げられます。教会が知識を独占し、組織を維持するために印刷技術を伝えてこなかったと考えるわけです。そしてカトリック教会が衰退し、対抗勢力が出現することで、その阻害要因がなくなったために、西欧において印刷技術が使われるようになったと考えることができます。このように、社会がメディアを決定すると考えるものを、「メディア社会構成論」といいます。

さて、どちらの立場を取るとしても、宗教と印刷技術が密接に関連していることが分かります。これらの議論はけっしてどちらかだけが正解というわけではありません。メディアと社会が相互に関係しあいながら、新たな形態を生み出しつつあるという立場もあります（安川・杉山，1999）。つまり、印刷とは聖書を皆に伝えるための技術であり、宗教改革によるプロテスタントの出現と印刷技術の発達は表裏一体であったといえます。

すでに確認したように、印刷というメディア技術が一元的に、宗教の変化を引き起こしたと断ずることはできません。その底辺には、聖書を求める人びとの欲求があります。そして、印刷技術がそうした欲求の触媒として反応することで、プロテスタントという変化が生じたということができるでしょう。しかしどのような背景があったとしても、技術としての印刷は、プロテスタントたちが聖書を手に入れるためには欠かすことのできないものです。そこで以下では、あえてメディアの技術としての特性に注目し、新しいメディアが社会や宗教にどのような反応を引き起こそうとしているかを論じていきます。

■ 人間拡張の原理

すでに指摘したように、メディアはその特性によって、社会を変化させる触媒となり得ます。そこで、この項ではマクルーハンの議論をもとに、情報を伝える技術としてのメディアの影響を考えていきます。さらに、現代のIT（情報技術）の代表といえるインターネットが宗教に与える影響について考えていきます。

先に紹介したマクルーハンは、媒介でしかないメディアが付与する、その媒

介自体のメッセージ性に注目しました。彼はメディアを「人間の結合と行動の尺度と形態を形成し，統制するのがメディアにほかならない」(McLuhan, 1964: 訳8)とし，社会の形態を根底で形づけるものと定義しています。

さらに彼はこの定義を一歩進めて，メディアを「人間拡張の原理（the extensions of man)」としてとらえていきます。つまり，新たなメディアは，人間の機能を拡張し，その結果として経験する世界を変化させるというものです。たとえば電話やテレビは視覚や聴覚を拡張し，遠方の出来事をあたかも近くの出来事のように経験することを可能としました。そこでは新しいメディアが，人間を取り囲む世界を変化させています。若林幹夫は，このように新たなメディアがもたらすものを，世界観への「新しいスケールやペース，パターン」（吉見・若林・水越，1992）と述べています。

そして，現代の電子情報技術（IT）という新たなメディアがもたらす「スケールやペース，パターン」とは，距離の縮小であり，世界の縮小にほかなりません。マクルーハンはこうした世界の出現を「グローバル・ビレッジ」という概念で予言しています。これは，電子メディアによって，地球の裏側の出来事を，あたかも村内の出来事のように経験することができる世界を意味しています。つまり，電子メディアは遠方のものを近づけ，私たちが利用可能なものとしてくれました。

では，宗教におけるIT化は，人間の何を拡張し，何を近づけるのでしょうか。それは，時間と空間の2つの距離を近づけているといえるでしょう。つまり宗教へのIT化導入によって，古今さまざまな聖典や宗教関連の情報の一覧が可能となり，それを世界中さまざまな人びとが利用しあう状況が生まれます。以下では，このような時間と空間の2つ接近が生み出す新たな「スケールやペース・パターン」の宗教への影響を，実例を挙げながら考えていきます。

▎時間の接近

宗教にIT技術が導入され，まず行われたのが，関連文献のデジタルデータ化です。つまり，IT技術によって，過去から現在に向けてのさまざまな人びとの言葉が接近します。日本国内の教団においては，浄土真宗本願寺派教団が，早くからこのデジタルデータ化に取り組みました。ソニーが提唱した電子ブッ

ク規格で，1995年に『浄土真宗聖典』が出版されています。1600ページに及ぶこの聖典がデジタルデータ化されたことは画期的なことでした。しかし，この電子ブックは，索引・検索機能なども通常の出版版とほぼ同じであり，デジタル化の利点をまったく活かしていなかったという弱点もありました。つまり，聖典が液晶の画面で読めるというだけの変化でした。

　一方で，これらのデジタルデータは利用者のレベルで独自に活用され，全文検索が可能なソフトが作られました。これらは，僧侶の間では非常に重宝されています。現在，こうした在野の要望を受け，浄土真宗教学伝道センターのホームページでは『浄土真宗聖典　注釈版』および『浄土真宗聖典七祖篇　注釈版』の全文デジタルデータとフルテキストのオンライン検索サービスを公開しています。

　これまで筆者が行ってきたアンケート調査では，教義を学ぶためにこのサービスが積極的に利用されていることが分かりました。上記のサイトを代表とする聖典のデジタルアーカイブによる検索は，その簡便さから宗教教義に関する

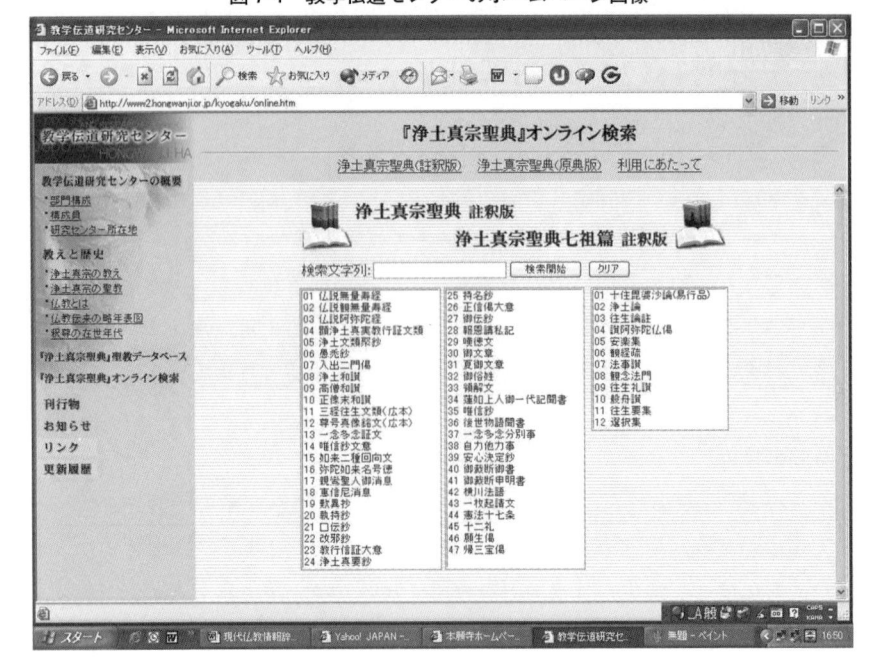

図 7-1　教学伝道センターのホームページ画像

情報利用者の裾野を広げます。これまでよほどの研究者でなければ接することのなかった情報に，インターネットを介して誰でも簡単に接することができます。そして，過去の多くの蓄積が現代の書架へと瞬時につながることで，新たな研究や教学解釈への可能性も広がります。

　すでに確認したように，宗教的な権威は，情報を管理することで生まれます。とくに教義の研究と解釈は専門家のみに許されたもので，そこに一元的な宗教の権威が生まれてきます。しかし，誰もが専門家と同じレベルでこれらの聖典類に接することが可能となることで，この従来の宗教的な権威が解体し，変質しつつあるともいえます。

▍空間の接近

　IT化が宗教にもたらすもうひとつの大きな影響は，インターネット技術による空間の接近です。自宅にいながらにして遠方の情報を手にすることができる，まさにマクルーハンが思い描いた「グローバル・ビレッジ」がここに実現しつつあるといえます。この空間の接続の代表例が，天理教ホームページにおける聖地「おぢば」のリアルタイム中継でしょう。天理教教団は公式にはこの映像を単なる本部神殿の風景撮影としか位置づけていませんが，一部の信者は手軽な「おぢばがえり」，つまり聖地巡礼として，仕事の合間に時々利用する場合もあります。これによって，自宅にいながらにして崇拝の対象へのバーチャル参拝が可能となりました。

　さらに最近注目されているものが，所蔵する文化財をインターネットで公開することで，実際の参拝者・拝観者をより増やそうとする試みです。たとえば，兵庫県香美町にある大乗寺は，円山応挙の襖絵などを多く所蔵することで有名です。この大乗寺ホームページでは，襖絵のある客殿を「バーチャルツアー」として擬似的に拝観することができます。さらにデジタルデータ化されたこれらの絵画には，接近して細部まで鑑賞することが可能です。こうした目的の明確なホームページは，現実の拝観者を集客する上でも有効に機能しています。このホームページ上での文化財の公開は，保存と広報・宣伝という，相反した2つの効果をもたらすものとして，今後の展開が期待されています。

　こうしたホームページ，ウェブサイトの活用は，情報発信の裾野をより大き

なものとしました。Yahoo! Japanなどのインターネット検索エンジンでは，各地の寺院や教会が世界に向けて情報を発信している事例を多数みることができます。こうした大規模な情報の発信は，これまで一部の有名な宗教家や教団本部にのみ限られていました。しかし，インターネットは，非常に安価な投資でこのような世界にむけての情報発信を可能としています。

　ただし，このようにメディアの環境が整っても，寺院や教会からの情報の発信が本当に活発化するとは限りません。インターネットブームと呼ばれた1995年ごろに競ってつくられたホームページの多くが，更新されず放置されている例が，検索エンジンのなかでも多くみられます。そこでは，多くの住職や牧師がどのような情報を発信すべきか分からず，「寺院紹介」や「活動案内」といった魅力のない情報のみを掲載し，結果として訪問者を失っています。新たなメディアの導入が，社会の変化に即つながらない例といえるでしょう。

　さらに，このようにさまざまな空間が接近し，多様な宗教的情報が公開されることに否定的な意見もあります。すでに論じたように，宗教的な権威とは隠匿されたなかに生まれるものであり，誰でもみられるものとは相反するものです。たしかに，寺院や聖地などへの参拝はその行為自体が宗教行為であり，ホームページによって代替しえるものではありません。また，文化財などを利用して，参拝客を増やそうとすることは，非日常性に基盤をおく信仰空間を破壊する可能性もあります。つまりインターネットは日常空間と非日常空間を接近させ，宗教教団がもつそれらの微妙な境界を崩壊させる可能性をはらんでいるということです。今後はIT化によるこうした権威の変化にも注意を払っていくべきでしょう。

▶ Yahoo! Japan
　国内でもっとも良く利用されるインターネット検索サイト。もともとは，担当者が手作業でホームページを分類していましたが，現在はロボットでの全文登録も行っています。2005年8月現在，「生活と文化」内の「宗教」カテゴリーには2800以上のホームページが登録されています。さらに下位のカテゴリーである「キリスト教」には約1000件，「仏教」には約1200件のホームページが掲載されています。これらのほとんどが，個別の教会や寺院によるホームページです。

3 宗教と情報・メディア

▎情報化社会のなかでの宗教のこれから

以上，情報化社会のなかでの時間と空間，2つの種類の接近について，その事例をみてきました。デジタルデータ化された聖典やインターネットのホームページなどは，それまでの非日常性に基盤をおいた宗教にさまざまな変化を生み出す可能性をはらんでいます。

そしてそれらの変化は，既成の宗教にとって負の影響を生み出している側面もあります。たとえば，デスク上のコンピュータを通して時間と空間を接近させ，さまざまな情報に接続できるIT化は情報を氾濫させ，何に依拠すべきかを不明確にしています。

元来，宗教的な真理とは言語化を忌避するものであり，唯一教祖ら宗教的カリスマによってのみ言語化されるものです。そうした情報の管理こそが，非日常性を生み出し，宗教の権威を生み出してきました。そして，これまで崇拝の対象となる「宗教的言語」は教団の権威によって「聖典」として保護され，他のものとは明確に区別されていました（Wach, 1958）。

しかし，ITという新たなメディアの導入によって，これまで1人の人間が一生をかけても接することのできなかったさまざまな情報がインターネット上で氾濫しています。そのなかには，宗教的カリスマによる聖典に並置され，そうではない種々雑多な「宗教的言語」も存在しています。その結果，「宗教的言語」への無条件の帰依は生まれず，常にそれらが帰依に足りるものであるかとの批評と検証が行われています。つまり，情報化社会のなかでは，あらゆる既成の宗教的権威が，その非日常性を支える特権的な地位を失います。

そのひとつの例が本願寺ウェブサイトで行われる，法話のインターネット中継です。これまで憧憬の対象であった本山での法話は，本願寺に赴くことのできる少数の人だけがその内容に接することができました。それが現在，インターネットによって広く共有されています。このことによって，これまでとは比べ物にならないほどの人びとが本山の法話を経験し，それが憧憬すべき価値があるかどうかを精査することが可能となりました。

本山での法話をインターネットを介して地方の寺院で聞く

　こうした信仰対象への厳格な批評と精査の結果,「疑り深い」信者を生み出しているという側面もあります。インターネットの総合掲示板である「2ちゃんねる」の「心と宗教」掲示板などをみれば,既成の権威への批判の連鎖をみることができます（遠藤, 2004）。

　すでに指摘したように,宗教的真理を言語化することは通常は困難であり,カリスマの非日常的資質とはそれを可能とする能力でもあります。一方で,情報社会の進展は,カリスマによるものではない「宗教的言語」を氾濫させています。その状況での信仰とは,雑多な情報を否定しながら,何に帰依すべきかを見失っている状況を生み出しているといえます。信仰の形が何かに一心に帰依するのではなく,あらゆるものを「疑い深く」みる信仰へと変質しつつあるといえるかもしれません。

　こうした状況のなかで生まれる宗教現象のひとつが,中心を持たないネットワーク型の宗教集団の出現です。その一例が「誕生死」というホームページで

▶ **法話のインターネット中継**

　現在,西本願寺のホームページ（http://www.hongwanji.or.jp/）では法要などの光景を中継放送しています。とくに親鸞の命日の法要である「御正忌報恩講」に1月15日夜から16日朝にかけて行われる「通夜布教」では,複数の講師が入れ替わりに行う法話をすべて放映しています。これまでは,地理的・時間的制約からこの法話を聞くことのできる人は限られていましたが,インターネットによって世界中どこでもこの法話を聞くことができるようになりました。

す。このホームページは，流産・死産・新生児死などで赤ちゃんを亡くした親がそれぞれの体験を書き込む掲示板が中心となっています。これまでこうした周産期の胎児死亡は「水子」などの俗称とともに，公に語られることは多くありませんでした。しかし，母親のなかにはそうした経験を簡単に忘れ去ることはできず，精神的な負荷として抱え込む例がみられます。このホームページでは，こうした周産期胎児死亡の経験をお互いに語り合うことで，それを共有し，負荷を取り除こうとしています。

　ここには，非日常性に基盤をおく既成の宗教の権威は存在しません。ひとつのテーマをもとに経験者が同じ地平でそれを語り合う形からは，これまでの宗教教団の形式とは違う，あらたな宗教の可能性をみて取ることができます。

　では，こうした既成の宗教的な権威を危うくするIT化の進展に，既存の宗教はどのように取り組んでいるのでしょうか。そのひとつが，依拠すべきものを明確にするための認証制度です。天理教などでは「天理教フェローシップ」として，教団幹部が関連のホームページを審査した上で認証番号を付加しています。また，日本福音ルーテル教会では，教義に関するページは教団で統一した形式を決め，個々の教会はその統一ページを利用してウェブサイトを開設しています。

　さらに，こうした情報が氾濫するインターネットの現場に一切関与しないという選択肢もあります。オーストラリアの崇教真光では，インターネット上で教団への中傷が行われたため，インターネットを利用した布教・広報活動を一切行なっていません（スミス，2003）。つまり，この教団はネットワーク上の中傷を遮断し教団の権威を守ることと相殺し，インターネットに関与しないことを選択しています。

▍情報時代の宗教を研究するということ

　本章では，情報社会のなかの宗教について考えてきました。とくに既成の宗教教団にとってITの影響は，これまで隠匿することで獲得していた宗教的な権威を崩壊させる可能性をはらんでいます。そうした状況のなかで，既成教団の取るべき選択肢は，2つしかありません。そのひとつは自らを変化させる覚悟でこの潮流を受けとめることです。たしかにさまざまな接近によって，非日

常性に基盤をおく宗教的な権威は価値を失う可能性があります。一方では「誕生死」のホームページにもみられるように，ネットワークのなかで共有される宗教性が新たに求められてもいます。既成教団にとってのIT化とは，自らを変化させ新たな宗教性へより広く四肢を広げる機会でもあるはずです。

　そしてもうひとつの選択肢が，鎖国のように情報社会との関係を遮断する方法です。しかし，メディアの影響を完全に遮断するということは，社会との関係を遮断するのと同義でもあり，社会のなかでの宗教の存在意義を失う可能性ももっています。

　さらに，こうした情報化がもたらす社会の変化は，新たな宗教が出現する好機でもあります。本章でも取り上げたように，従来の組織とは違う，ネットワーク的関係を基盤とする宗教の萌芽もインターネット上でみることができます。そこには，非日常性を擁護する特権的な地位はなく，日常的な水平の関係が基盤となっています。

　このように，情報社会の進展は，宗教にさまざまな変化を与えつつあります。そして，ある宗教は姿を消し，新たな宗教が姿を現すかもしれません。しかし，そうした浮沈はより大きな氷山の一角でしかありません。宗教を研究する社会学の視座とは，こうした浮沈する氷山の全体像をとらえ，それを動かす潮流をとらえるものであるといえるでしょう。

コラム

インターネットの救い

　インターネットと宗教に関する調査のなかで筆者が出会ったIさんという女性がいます。60歳代の彼女は，1997年に夫と死別します。その3か月前に姑も亡くなっていたため，彼女は家で1人の生活となりました。このことが彼女にそれまで趣味として利用していたインターネットを，宗教的に利用させる動機になったようです。精神的に不安で眠れない夜などに，その辛さを紛らわせるために，布団のなかでノートパソコンと向かい会うようになりました。

　最初は，一般的なチャットや掲示板を利用していたようです。彼女はその当時の状況を次のように述べています。

　「隠すことなしに全部が吐き出せるんですよね。知らないから，相手を。向こうの人，どんな人かはわからないけど，まじめにいろいろ答えてくれて，よかったです。」

次第に彼女は，宗教系ホームページも探るようになります。そこでは，家の宗教である仏教をキーワードにさまざまなホームページを探しました。
　僧侶がつくったホームページよりも，坊守（住職の妻）や信者がつくったものを主に利用したようです。そこで彼女は，説教や法話のような一方的なものではなく，とくに掲示板などのコミュニケーションに好感をもって利用していました。坊守や信者のホームページのほうが，彼女のような「素人」がコミュニケーションをする場を多くもっていたからです。そして，こうしたインターネット上の経験を経て次第に精神的に安定してきたそうです。
　さて，このIさんは夫の死という状況で，インターネットに精神的な救いを求めています。インターネットでは，いつでも好きなときに，同じテーマに関心をもつもの同士がコミュニケーションすることができます。ここで彼女はインターネットから，宗教的直接の解答を求めているのではなく，その精神的な苦しみを包み込む環境としての掲示板やチャットでの対話を求めていることがわかります。これらは，既存の寺院では提供することができなかったものです。
　しかし，現在の国内のインターネット上では，こうした機会をとらえることのできるホームページは非常に少ない状況です。仮に掲示板に書き込んでも，彼女が感じた「救い」となるようなコミュニケーションができるとは限りません。インターネットユーザーの64％がインターネットを宗教的利用に利用したことがあるとされる米国の場合と違い，国内では宗教的な利用は統計上ほとんどみられません。Iさんのようなニーズがありながらも，それを汲み上げることができないのが，日本国内におけるインターネットと宗教の現状といえます。

引用・参考文献

遠藤薫『電子社会論――電子的想像力のリアリティと社会変容』実教出版，2000年
―――編著『インターネットと〈世論〉の形成』東京電機大学出版局，2004年
井上順孝編著『現代宗教辞典』弘文堂，2005年
石井研士「情報化と宗教」島薗進・石井研士編著『消費される〈宗教〉』春秋社，1996年
川村邦光「カリスマの磁場をめぐって」宗教社会学研究会編『宗教の意味世界』雄山閣，1980年
McLuhan, M. *The Gutenberg Galaxy*, University of Toronto Press, 1962（森常治訳『グーテンベルクの銀河系』みすず書房，1986年）
―――*Understanding Media*, McGraw-Hill Book Company, 1964（栗原裕・河本仲聖訳『メディア論――人間拡張の諸相』みすず書房，1987年）
Meyrowitz, J. *No Sense of Place The Impact of Electronic Media on Social Behavior*, Oxford University Press, 1985（安川一・高山啓子・上谷香陽訳『場所

感の喪失——電子メディアが社会的行動に及ぼす影響』新曜社，2003年）
沼田健哉『現代日本の新宗教』創元社，1988年
Pew Research Center *Faith Online,* http://www.pewinternet.org/pdfs/PIP_Faith_Online_2004.pdf
流産・死産・新生児死で子をなくした親の会『誕生死』三省堂，2002年
スミス，W.「グローバル化した日系新宗教の社縁文化」中牧弘允・セジウィック，M. 編著『日本の組織』東方出版，2003年
Wach, J. *The Comparative Study of Religions*, New York Columbia University Press, 1958（渡辺学・保呂篤彦・奥山倫明訳『宗教の比較研究』法蔵館，1990年）
Weber, M., *Soziologie der Herrschaft, Wirtschaft und Gesellschaft, Grundriss der Verstehenden Soziologie*, 1922（世良晃志郎訳『支配の社会学』創文社，1960年）
安川一・杉山あかし「生活世界の情報化」児島和人編著『講座社会学8　社会情報』東京大学出版会，1999年
吉見俊哉・若林幹夫・水越伸『メディアとしての電話』弘文堂，1992年

▌推薦文献

宗教社会学の会編『新世紀の宗教——「聖なるもの」の現代的諸相』創元社，2002年
——多様な専門をもつ宗教研究者が，現代の宗教現象に多角的に迫った論文集。IT時代の宗教についても，理論と事例がバランスよく掲載されています。

西垣通『聖なるヴァーチャル・リアリティー——情報システム社会論』岩波書店，1995年
——コンピュータに向かうこと，そのこと自体がもつ「聖」性について論じた1冊。ITを論じる前に，是非読んでおきたい。

ジョン・シーリー・ブラウン，ポール・ドゥグッド著／宮本喜一訳『なぜITは社会を変えないのか』日本経済出版社，2002年
——ITを論じると，その影響を過大評価しがちです。社会的な文脈の中でITの可能性をとらえる本書の視点は非常に重要です。

第8章

電子ネットワーク社会の子どもと教育
——学校は今，何をすべきなのか——

重松　克也

　近年おきた佐世保市の小学生による同級生殺人事件では，彼女が運営する掲示板でのトラブルが直接の引き金になりました。また，自らの欲望で子どもを支配しようとしている大人がアクセスする出会い系サイトには，最近，小学生の方から，お小遣いほしさに「会おう」ともちかけるケースが出てきています。
　学校では，インターネットという電子ネットワークとのつき合い方を教えるようになりました。でも，学校・家庭での対人関係の息苦しさに耐えきれなくなってケータイやパソコンにはまる子は今後も増えていくでしょう。そうした観点からいえば，電子ネットワークを媒介とする現代社会は，子どもの居場所がある学校に変わるように迫っているといえます。私たちは子どもが今どのような世界に生きているかについて目を配った上で，学校を変えなければなりません。子どもが今日もランドセルや通学鞄に詰め込んでいるのは，勉強道具だけではなく，社会の矛盾でもあるからです。
　本章では，電子ネットワークを媒介にした社会における子どもの生活世界をとらえ，学校の中に子どもの居場所をつくるコミュニケーションが行なわれるためにどのような視点が必要かについて考察します。そこで，次に，大人たちは今日の情報化社会を生き抜くためにどのような能力を育てようとしているのかをまず探っていきましょう。少々かたい内容となりますが，教育の課題を抽出するために必要な作業なので，おつきあい下さい。

1　情報化社会を生き抜くメディア・リテラシー

■ 情報教育を学校に浸透させた教育政策

　学校教育の動向をみるためには，何よりも教育政策の流れを見逃してはなりません。1986年に出された「臨時教育審議会経過概要」では，主なキーワードとして「個性化」「国際化」とともに，「情報化」があげられています。教育行政文書で初めて，"情報リテラシー"の言葉が使われたのも同答申でした。現在の学習指導要領が掲げる「生きる力の育成」を決定づけた1996年の「中央教育審議会第一次答申」でも，「体系的な情報教育の実施」が取り上げられました。そして今現在，中学校の技術家庭科で，高等学校では「情報科」が必修科目となり，基礎的な情報リテラシーの習得がはかられるようになったのです。

　インターネット設備の充実でも，1999年に旧郵政省（現総務省）と旧文部省（現文部科学省）とが共同事業「学校インターネット事業」を立ち上げました。2002年の「e-JAPAN重点計画2002」では，「すべての国民の情報リテラシーの向上を図る」という目標が明確に書かれました。そうしたハード面での積極的な充実がなされて，すべての小中学校でインターネット接続の環境整備が急激に進捗しています。

　中学校技術家庭科や高校「情報科」の目的は，次の3点にまとめることができます。①電子ネットワーク利用に必要なコンピュータの内部構造や作動のしくみについての理解，②アプリケーションソフトを扱うスキル，③情報及び情報社会についての知識，です。しかし，学校で教えるべき内容を定めている学習指導要領は，育成すべき能力（リテラシー Literacy）を具体的に定義していません。そこで次に，教育現場に目を向けて，情報教育授業では，どのようなリテラシーを育もうとしているのかについてみていきます。

▶生きる力
　総合的な学習の時間は，生きる力を育成するために導入されました。①自ら課題をみつけ，考え，主体的に判断し，問題を解決していく知的な能力，②他人を思いやり心と感動する心など豊かな心，③たくましく生きるための体力・健康が，生きる力の中味です。

▌情報教育実践におけるリテラシー

　日本の情報教育実践は教育政策の動向とは別に，先生方の自主的な取り組みとして展開してきた経緯をもっています。それは大きく区分して，「コンピュータ教育」と「メディアリテラシー教育」という2つの源流をもっています。それらの源流を概観することで，どのようなリテラシーの育成をめざしているのかについて確認しましょう。

(1) コンピュータ教育

　1970年代の終わりから80年代にかけて行なわれ始めたもので，パーソナルコンピュータを活用する教育です。伝統的な授業風景である Chalk & Talk に対する教育としても注目されましたが，当時のコンピュータはグラフィック機能が子どもにとって利用しやすいレベルまで進歩しておらず，プログラムも教師自身が開発しなければならなかったために，一部の教師たちによる授業にとどまりました。

　1990年代になると，ワードプロセッサーで文章作成できたり，絵を描くためのアプリケーションソフトが開発され，授業でも活用しやすくなりました。たとえば，絵を描くスキルに長けた者だけができた空想的な空間を，パソコンを使うことで多くの子どもたちが思いのままに描けるようになったのです。

　コンピュータ教育は，教育を支援するツールとしてコンピュータを利用し，そのねらいはコンピュータについての理解力やそれを操作する技能の育成でした。

(2) メディア・リテラシー（Media Literacy）教育

　情報・通信革命（IT革命）によって，私たちは今日，オンラインで商品の購入を手軽にできます。しかし，その商品が本当に存在するのか，商品の機能は情報どおりなのか等について不明確なままに購入することも少なくありません。商品購買のみならず，今日のイラク進軍でその大義名分になった「大量殺戮兵器」の存在について，私たちはマスメディアからの情報に依拠するしかありません。

　情報は発信主体の意図に基づいて，社会的な出来事がコーティングされた記号です。したがって，電子ネットワークで配信される情報だけでなく，メディア全般についての判断能力が育成される必要があります。それがメディア・リ

テラシー教育です。

　メディア・リテラシーは，水越伸によれば，情報を「送り手によって構成されたものとして批判的に受容し解釈する」能力，「自らの思想や意見，感じていることなどをメディアによって構成的に表現し，コミュニケーションの回路を生み出していく」能力という複合的な能力です（水越，2002）。

　近年のメディア・リテラシー教育は，アメリカの学校図書館運動の中で形成されてきた情報リテラシー（Information Literacy）教育と合流して，今日の情報教育の主流を形成しています。情報化社会の図書館は従来の"書籍の府から情報の府へ"と転身をはかっており，その経緯のなかで情報リテラシー教育が提唱されました。情報リテラシー教育は主に情報処理処理能力や情報を使ったコミュニケーション能力を育成するねらいをもっています。メディア・リテラシー教育との特徴的な相違は，情報リテラシー教育が重視しているのが主に"情報と事実との妥当性"であり，一方，メディア・リテラシー教育は"情報の社会的な文脈"（商業主義的あるいは政治的な視点から情報を分析する）である点です。

（3）情報教育の新しい動向

　近年，電子ネットワークでのトラブルが頻発しています。詐欺，恐喝，他者に無断で個人情報の漏洩や誹謗中傷，自殺幇助などは子どもにとっても他人事ではありません。それらのトラブルを回避し，解決していく資質を形成する必要が生じたのです。それが情報モラル教育（情報倫理教育）です。

　情報モラル教育実践は，日常的な事例に関するものを教材としている点に大きな特徴があります。たとえば，電子メールでは宛先，CC，BCCを使い分けてむやみに他人のメールアドレスを複数の者に配信しないようにするスキル，ハイパーリンクが使われているWebページのリンク先に携帯電話でアクセスする危険性についての知識，掲示板やチャットで参加者とのトラブルを生じさせないコミュニケーションスキルなど，です。情報モラルやコミュニケーション能力の育成がはかられています。

■「批判的なメディア・リテラシー」の視座

　情報教育におけるリテラシーを駆け足で概観してきました。電子ネットワー

クを媒介にした社会状況から子どもの状況をとらえようとする本章は,とくに情報の社会的な文脈を勘案している「批判的なメディア・リテラシー」に注目します。

では,「批判的なメディア・リテラシー」の「批判的」とは,どのようなことなのでしょうか。マスメディアからの情報は,国家や企業の意図なくして発信されません。だからといって,マスメディア全般を否定することとイコールにしてはいけません。それでは単なる不可知論に陥ってしまうからです。

筆者は「批判的」を,情報に埋め込まれている自明性(価値観やパラダイム)についての吟味,であるととらえています。また,情報の吟味では,電子ネットワークを媒介とする情報が市場原理至上主義的なグローバル化に巻き込まれていることを見逃してはならないでしょう。鈴木みどりが指摘しているように,「政治的・経済的・文化的に少数派に属する人々(マイノリティ市民)」の立場に立たないと,社会の出来事をより多角的に多面的にとらえられないといえます(鈴木,2001:104)。

ただ,子どもたちに「マイノリティの視点を持て!」と諭したところで,電子ネットワークおよびマスメディアに慣れ親しんでいる彼(女)たちにとって,教室の外では使わない▶学校知にすぎないでしょう。経済効率優先を自明視させた情報化社会が子どもの発達にどのような影響を与えているかについて考察する必要があります。それが次節の課題です。

2 消費文化の世界における電子ネットワークと子ども

▌情報によって形づくられる消費空間

考えてみれば,学校空間には受験学力,運動能力,芸術的な能力,人気(容

▶学校知
　たとえば,授業での発問が学校知の代表的な事例です。答えを知っている先生が答えを知らない生徒に質問するのですから,日常生活での質問とは真逆です。子どもは"考えろという命令""私たちを試している"という隠されたメッセージを受けとめなければ,授業自体についていけません。隠されたメッセージによって,たとえば,「時速何キロ平均でこの自動車は走りますか」という子どもの日常生活で必要ではない知(knowledge)を習得するようにしむけられています。

電脳空間という感受性をもつ町——秋葉原

姿, 話術の巧みさ), 勤勉さ等が, もはや疑いえないものとして君臨しています。子どもは能力と規範 (思いやり, 勤勉さ) におおわれた世界で, 自分をかけがえのない存在として実感できず, 実に息苦しいと感じても不思議ではありません。

　学校的なまなざしから自由になるには, 消費文化の世界に入り込むことが手軽な方策です。消費文化の世界は大人からの制約や干渉が多い学校・家庭よりも, 実に自由な世界です。お金さえあれば, 絶えず移ろうトレンドを追いかけて, 周囲の者からの評価を受けることもたやすい世界です。しかし, 消費文化の世界は情報という記号が私たちの人格的な固有性を無化させている, と文芸評論家の川本三郎は指摘します。

　川本は今, 「都市」が「感受性」をもっており, それは私たちの個性を剝奪する情報の体系 (モード) だと考えます (川本, 1984)。個性を剝奪するとは, 私たちは情報の体系に追従した振る舞いや思考をしているにもかかわらず, 自己表現していると錯覚している状態です。たとえば, ちょっと大人ぶりたい中学生が竹下通り (原宿) ではなくてセンター街 (渋谷) へ行く風景を, 私たちはイメージしやすくありませんか。やや過激なたとえですが, 一昔前のヤマンバギャルを山や川がある自然豊かな景色の中でみかけたら, 違和感を抱きませんか。個々人が自由に選択したと思っている格好・振る舞いは, 実は消費文化によって記号化された空間のコードに従った自己表現なのです。消費文化の世界は, 子どもにもトレンドを体現している消費者として生きていくことを求め

ているのです。

　学校にも居場所が見出せず，さりとて消費文化の世界でも自分をかけがえのない存在として実感できない。そんなジレンマに，子どもたちは追い込まれています。でも，電子ネットワークの世界は，かけがえのなさを実感させてくれているのでしょうか。

▎個人化する子どもの世界

　宮田加久子は，電子ネットワークの進歩の中で，子どもの世界が変化しており，それを4つのキーワードでとらえています。①ネットワーク化，②モバイル化，③重層化，④個人化です。①は，子どもたちが電子メディアを媒介としたネットワークコミュニケーションの形成を指しています。②モバイル化はいつでもどこでも，気の向いたときに利用可能である性質を，③重層化は携帯電話・メール・携帯メールといくつものツールを通したコミュニケーション空間を，④個人化は情報ツールを子ども個々がもっていることを，それぞれ指しています（宮田，2000）。

　筆者が着目したいのは，上記の変化の中でも④個人化です。個人化は単に情報ツールの個人所有だけを意味しません。それは，子どもそれぞれに異なる世界・人にアクセス可能となったことで，家族や学校の友達にかかわらずに済む生活を過ごせるようになることです。

　香山リカが紹介している事例をみると，携帯メールなくしては「生きていけない」中学2年生の菜摘は，1日に出すメールが少なくとも100通以上で，学校にいても家にある携帯電話にメールが届いているか気になって仕方ありません（香山・森，2004，74-76）。「学校での会話は，お約束というか，本音じゃない。メールは本音」。携帯からWebサイトにアクセスしたりもするためか，毎月の使用料が平均2万5000円にもなっているそうです（最近では，携帯電話会社も子どものユーザーには定額の使用料を超えた場合にその使用ができなくなる措置を取り始めています）。彼女は，電子ネットワーク上のコミュニケーションこそが「ほんとうの生活」だと言います。

　なぜ，電子ネットワークでの会話が生きている充実感を味あわせてくれる「本当の生活」なのでしょうか。日常生活で常に人の顔色をうかがって言えな

いことが，ネットワーク上では言えるからでしょう。常日頃キャラをたててうまく友達や先生や親とつき合わないと，対人関係が破綻しやすいので，"うその自分"を演じ続けるしかありません。それは，しんどいことです。ところがケータイメールでの会話で対人関係がこじれたら，新しい人を他にみつければいいので，気が楽です。でも，その気楽さは同時に，友達関係の希薄さを伴うのではないでしょうか。それを次に考えたいと思います。

▌個人化された空間の人づきあいの作法

　菜摘のように，常に誰かに電話したりメールしたりし続ける子は少なくありません。佐々木英和は，そのことを「つながり依存症」でなく，もはや「つながり強迫神経症」であると指摘しています（佐々木，2001）。

　学校は文化的に質の高いつながりを求めて「どのような形態で誰とつながっているのか」を問いますが，電子ネットワーク空間はそんな高邁なことよりも「誰かと『つながり』を実現しているという事実，そして自らにとって必要なときにそれを実感できる安心感」の方が，彼（女）らにとって重要なのです。なぜならば，誰かとつながっていれば，自分自身を"友達もいないような存在価値のない人間"と思い知らされることから逃れられるからです。

　やや抽象的になりすぎたので，ここで少し具体例を挙げて，「つながり強迫神経症」を述べることにしましょう。皆さんは，もし友達になってくれる人がいない自分であったならば，どのような苦しみを感じますか。孤独感，寂しさでしょうか。そうした寂寞感だけではなく，友達すらつくれないような「取るに足らない人間」だと周囲から思われることに耐えきれないことがありますか。常に，社会的な判断基準（友達の多い人は人間性が豊かだ）が気になってしようがないのです。誰々さんというかけがえのない人と友達になっているというのではなく，「友達」という記号を数多く身にまとうことで，自己の存在を確かめているのです。そのように他者の評価的なまなざしにとらわれてしまうと，自分が生きているという実感が希薄化するのは当然すぎることです。

　皆さんのなかには，"私は他者のまなざし（社会通念的な評価基準）にとらわれてないよ"と思われた方がいますか。試しに，自分はどういう人間であるかを考えてみてください。やさしい（やさしくない），明るい（暗い），勉強ができ

る(できない)……等のコトバが並びませんでしたか。並んだコトバの中で,優れた―劣ったという意味合いをまったく含まないものがあれば,確かにあなたは他者のまなざしから自由になっているのかもしれません。

　自分が生きている意味が社会的な基準に照らし合わせた存在意義とイコールになっていることが,消費文化が私たちに内在化している証左のひとつなのです。

■ 世界を変えずに,自分の感情を変える

　優れている―劣っているという意味合いを含む他者のまなざしは私たちを序列化させて選抜化する基準にとどまらず,もはや疑いのないような強力な権威になっているのかもしれません。自分ではどうすることもできない権威が支配する空間で,子どもたちはどのように息苦しさを緩和させているのでしょうか。

　悪い成績を取っても「私は平気だよ」,いじめられても「平気さ」,友達がいなくても「全然,平気！」と自分に言い聞かせることはありませんか。つまり,悲しまない,怒らないように「何があっても平気でいよう」と自分の心の持ちようを統御しませんか。中西新太郎はその統御を「平気感覚」とネーミングしました(中西,2000)。

　「平気感覚」が発動する場面は,「自分が問題のある人間,取るに足らない人間,劣った人間」として周囲の者に扱われてしまいそうな状況です。ここで怒ったところで,あるいは悲しんだところで,何も変わるわけではないのなら,自分の感情を変えてしまおうとする営みです。それは,未熟さゆえに誰からも評価されない可哀想な自分と向き合わせない作法でもあります。

　しかし,その作法は社会的な基準を引き取ったままで現実の世界から引きこもることを要求するので,ひとりでいることがとても辛い状況をもたらします。自分が自分の未熟さや至らなさを責め立てるのですから,逃げ隠れできません。そうなれば,大人のように常にやるべき事をつくって忙しい状況へ自分を追い立てるか,電子ネットワークのような手軽なコミュニケーションへ向かうか等によって,ひとりにならないようにするのは当然です。

　社会(学校)が示す強固な選抜基準が,子どもに逃れきれない"孤独"を抱えさせています。学校は,そうした子どもに対して何ができるのでしょうか。

3 孤独と世界喪失

■ 閉塞的な社会システムを射程する「自由なコミュニケーション」

　これまで考えてきたように，学校も消費文化の世界も，子どもからかけがえのなさを剥奪してしまいます。ハーバマス（J. Harbermas）は，近現代社会が私たちの日常生活を社会的な有為さ（消費のトレンド，成績等）で覆ってしまう危険性をもっていると考えます。

　ハーバマスによれば，近代の政治システム（権力）や経済システム（貨幣）は官僚化と貨幣化とを私たちの日常生活に命令しています（Harbermas, 1981）。学校・家庭は現体制の権力を維持する人材づくりの場となることや，将来自分で喰っていくための知識や技能や道徳を習得させる場であることが求められています。そうした場では権力を握るための会話や喰うためになされる会話ばかりが行なわれてしまい，真理＝合意を目的として自由に発言しかつ互いに納得して進められるコミュニケーションが抑圧されがちです。しかも，人との関わり全般も国家の役に立つかや利益を生み出すかといった基準にさらされており，その基準に気配りした振る舞いばかりが横行します。それは自らを孤立し疎外しあう大衆や群衆にしている，とハーバマスはいいます（「システムによる生活世界の植民地化」）。まさにこれまで述べてきた「消費文化の世界がもたらす個人化・孤独化」が発生するしくみです。

　だとすると，私たちが人との結びつきを回復するにはどうしたらいいのでしょうか。ハーバマスは，他者との意見や考えの相違を乗り越えて社会的合意を粘り強く追究する理性に，大きな期待を寄せています。私たちは開かれた自由な参加を通して，異なる意見同士を相互に批判し合うコミュニケーション的行為を営み，権力や富や威信にとらわれたシステム社会を再構築する可能性をもっている，と彼はいいます。

　電子ネットワーク上のコミュニケーションは，ハーバマスが想定する要件をもっているようにもみえます。掲示板やチャットのようにいつでもどこでも参加できて，さまざまな意見を言い合えます。でも，現実的には，明らかに差別的な発言をしたり，根拠のない主観的な意見ばかりが書き込まれたりするスレ

ッドは少なくありません。それは、参加者のモラルの問題でもありますが、合意形成をめざさないコミュニケーションゆえの問題だとも思われます。でも、合意形成をめざせば、それで自由で批判的なコミュニケーションが展開されるのでしょうか。次に学校教育の場で、そのことを考えてみたいと思います。

■ 合意形成をめざすコミュニケーションと無力感の増幅

　相互批判的なコミュニケーションを通して合意形成づくりをするという目論みは、学校教育の中で取り立てて珍しいものではありません。多くの先生は、学級会や授業で話し合う場面をできるだけ取り入れようとしています。しかし、一向に子どもの孤独感・疎外感は解消の方向へ向かっていないようにもみえます。

　人前での発言は、誰でも躊躇するものです。間違えでもしたら恥ずかしいし、ましてや自分の考えを発表して笑われたら嫌だ、批判したら嫌な奴だと思われないだろうかという思いを誰しも抱くでしょう。実際、そんなことにお構いなしに発言し続ける者は"ウザイ奴"です。「だったら発言しない方が楽だ」と考える子がいても不思議ではありません。第一、どんな発言をしても、結局、自分の意見を汲み取られないままに、クラスの"合意なるもの"が成立してしまうのなら、「どうせ言ってもムダだ」という無力感にとらわれる子が増えるのは当然です。また、話し合いで決定されたことは守る・実行する等を要求するものですから、納得してもいないことを無理矢理やらされるのです。

　身近な友達と合意形成をめざすコミュニケーションは、果たして実現可能なのでしょうか。何よりも学校システムの枠内で許容される合意は限定されています。何でも議題にできませんし（1日の授業時間を2時間にする、など）、参加者の出入りを自由にして議論を公開するなども最近の外部者による児童殺傷害事件によって現実的には容易ではありません。

　学校にとどまらず、社会においても身近な問題ほど、当事者それぞれのさまざまな利害が絡んできますし、何よりも私たちは日常生活で他者とコミュニケーションしたいと思っているのは、合意形成のためなのでしょうか。

自分への気づかいから世界への気づかいへ

今，消費文化の世界に覆われた私たちの日常生活でのコミュニケーションは，社会的な有為さを示せる自分かどうかという"自分への気づかい"が強く働いています。自己評価（自分への関心）を突出させると，周囲の世界はすべて自己実現に役に立つかどうかの基準でとらえてしまうこととなります。アーレント（H. Arendt）は，世界を自分の目的でしかとらえらえない状況を「世界喪失」と名づけました。世界喪失の中でコミュニケーションしても，コミュニケーション自体がもつ楽しさを味わうことはできません。コミュニケーションは世界がどうなっているのかをわかりたいといういわば"世界への関心"に基づく語り合いなのですから（Arendt, 1957）。

アーレントは，ハーバマスよりも，近代社会について強い危機感を，いえ，絶望感すら抱いています。近代化に伴って，喰うこと（経済）が最重要課題とされる政治空間（「社会的なるもの」）が出現した，と彼女は考えます。「社会的なるもの」は，私たちが喰うためという欲望に基づく「労働」と，目的―手段連関を通して物を制作する「仕事」とが癒着した生活に支えられています。そのために，それ自体が目的でかつ方法でもある「活動」（コミュニケーション）が社会的に無目的なものと退けられています。

「活動」は合意＝真理形成のために行なわれる営みではありません。幸福とは何か，死とは何か等のように，私たちがつい考えてしまうが，確実な正答は

アニメゲームの広告に見入る男性

何ひとつ得られないテーマについて知恵を出し合い語り続ける営みです（Arendt, 1977）。皆さんは，そうしたコミュニケーションが国会や会社や町内会などで行われたら，違和感がありませんか。世界への関心が今や公共的な場で示されないことが危機的な状況なのです。

現代社会は知性ばかりを機能させて，社会の出来事については利益を実現させる目的でしか扱いません。自分にとってどんな意味（意義ではありません）をもつのかについて問わないのです。したがって，私たちが目的意識をもって適切な方法で行為すること，それ自体が「暴力」▶だ，と彼女は指摘します（Arendt, 1969）。

それ自体が目的であり手段であるコミュニケーションが，より良い社会づくりに資する合意形成をめざすものでは，ありません。"それで本当にいいのか"を，絶えず問い続ける営みなのです。ハーバマスは，語り合うだけのコミュニケーションは社会システムの再構築を果たせない，とアーレントを批判します（Harbermas, 1971）。しかし，アーレントが最も関心を寄せていたのは，社会システムの再構築よりも，社会的な意義の美名で個人のかけがえのなさが奪われている現状をどう打開するか，なのです。学校教育でも，教育的なまなざしにさらされて「孤独」にさせられている子どもに，彼女のいう「活動」をどれほど保障できるのかが問われています。

▍教育と情報・メディア

学校教育に関する仕事をしている筆者が問題視したいのは，電子ネットワークを使ったコミュニケーションではなく，消費文化の世界基準に心の内奥まで支配されやすい子どもがケータイメールや掲示板にはまることです。子どもが，この社会がもたらす孤独感（見捨てられている）に一層とらわれかねないからで

▶**暴力**
アーレントによれば，世界を構成するのは異なる意見をもつ複数の人たちによって異なる見え方であり，出来事を統御することは誰もできません。それをあたかも支配可能だと思わせるのが，「暴力」という"目的を正当化させ，人々の行為を目的達成のための道具にするポイエーシス（制作）"であり，私たちの自由を根こそぎ奪うものです。ハーバーマスの理想的なコミュニケーション的行為は，アーレントからすれば「暴力」です。

す。だとすれば，学校教育は社会的な意義に基づく学習内容のみならず，今，ここ，を充実させるコミュニケーション空間も保障する必要があります。将来，子どもたちが現代の孤独から解放されたとき，電子ネットワーク上の情報を批判的に吟味し，自由で創造的なコミュニケーション空間を新たに作り出していくのかもしれません。

コラム

子どもがわからないという不安

　想像してみて下さい。自分に小学生の子どもがいて，その子が学校から帰ってくるとすぐにパソコンの電源を入れて，延々とネットサーフィンをしたり，掲示板に書き込みをしていたら，あなたは親としてどう対応しますか。

　眉をひそめて叱るでしょうか，あるいは時間制限を設けた上で遊ばせるでしょうか。それとも，学校や地域の友達と遊べないのなら，仕方がないと思いますか。少なくとも，子どもとして実に好ましい姿だと推奨する親は少ないでしょう。

　多くの大人は望ましい子ども像として，体を使って大勢の友達と遊ぶ子どもを想定しており，またバーチャルな体験よりも現実的な体験が人とのつきあい方を学ばせるという"望ましい発達の筋道"を想定しているからだと思われます。

　そもそも，子どもが人や自然にふれ合わなくなってきているという指摘は，昨今に始まったことではありません。今から約40年前の1960年代から家庭にはテレビが，その30年後の1990年代にはテレビゲームが普及して，子どもは大勢の友達と外で遊ばなくても，自分の好きな時間に気の合う者と遊べるようにすでになっているのです。ただ，今日，大人が子どもの遊び方に不安感を強めているのは，電子ネットワークを使った遊びが大人にはみえにくいこともあるでしょう。子どもの遊びの変化は「遊び仲間集団の崩壊」や「遊びの孤立化」（森楙，1999）と称されるのも，みえにくくなった電子ネットワークの空間で子どもが遊んでいる不安感に基づいているように思われます。

　第一，テレビ（ゲーム）やネットが引きこもりや犯罪を誘発するというは，心理学の分野でも実証的に明らかにされていません（香山リカ・森健，2004）。また，人との直接体験を通して子どもは健全な発達をする，という言説も教育学で解明され尽くしていません。対人関係の交流が活発な地域共同体の中で成長した人たちが必ずしも犯罪に走らないとは限らないことでも，体験至上主義的な発達観の曖昧さは了解されるでしょう。

　子どもはいつの時代も"未来からの留学生"であり，大人には了解しきれない存在です。

引用・参考文献

Arendt, H. *Human Condition*, TheUniversity of Chicago Press, 1957（志水速雄訳『人間の条件』ちくま書房，1994年）

────*Crises of The Republic*, Harcourt Brace Jovanovich, 1969（山田正行訳『暴力について』みすず書房，2000年）

────*The Life of Mind*, Harcourt Brace & Company, 1977（佐藤和夫訳『精神の生活（上）（下）』岩波書店，1994年）

Harbermas, J. *Philpspphisch-Politische Profile*, Shuhrkamp, 1971（小牧治・村上隆夫訳『哲学的・政治学的プロフィール（上）────現代ヨーロッパの哲学たち』未来社，1984年）

────*Theorie des kommunikativen Handelns,* Suhrkamp, 1981（丸山高志・丸山徳次・厚東洋輔ほか訳『コミュニケイション的行為の理論（上）（中）（下）』未来社，1985～1987年）

加納寛子『実践 情報モラル教育────ユビキタス社会へのアプローチ』北大路書房，2005年

川本三郎『都市の感受性』筑摩書房，1984年

香山リカ・森健『ネット王子とケータイ姫』中央公論新社，2004年

水越伸『新版 デジタル・メディア社会』岩波書店，2002年

宮田加久子「情報空間の変容と青少年」門脇俊介・久冨善之編著『現在の子どもがわかる本』学事出版，2000年

森楙「子ども問題の原点としての幼児教育」日本子ども社会学会『いま，子ども社会に何がおこっているか』北大路書房：19-34，1999年

中西新太郎「何があっても平気でいようとする心」全国生活指導研究協議会編『生活指導』588，明治図書：4-15，2000年

────『思春期の危機を生きる子どもたち』はるか書房，2001年

坂本旬「情報教育と新たなリテラシー論の潮流」教育科学研究会編『教育』No.645，国土社：20-27，2002年

佐々木英和「ケイタイ・インターネット時代の自己実現観────『自分探し』と『居場所づくり』とが陥るジレンマ」田中治彦編著『子ども・若者の居場所の構想────「教育」から「関わりの場」へ』学陽書房：84-105，2001年

鈴木みどり「ジャーナリズムとメディア・リテラシー」鈴木みどり編著『メディア・リテラシーの現在と未来』世界思想社，2001年

推薦文献

坂本旬「親密圏と電子ネットワーク────情報テクノロジーと親密圏の変容」唯物論研究会編『唯物論研究年誌第9号 親密圏のゆくえ』青木書店：88-116，2004

年
　——従来，家族や学校が抱えていた親密な空間を，ネット空間の中に新たに形成する要件やその現実性を，身体論的な視点を組み込んで考察しています。電子ネットワークの教育的な可能性を慎重に，しかし大胆に抽出しています。

山内祐平『デジタル社会のリテラシー——「学びのコミュニティ」をデザインする』岩波書店，2003年
　——さまざまに論じられている情報リテラシーをバランス良くまとめており，実現可能性の高い教育実践を提起しています。情報教育の初学者に薦めたい一冊です。

ハンナ・アーレント著／志水速雄訳『人間の条件』ちくま学芸文庫，1994年
　——喰うことという欲求が近代社会の制度構築の主軸となったとき，個人のかけがえのなさを奪う全体主義が出現したと指摘する本書は，現代社会の病理を考える上で大きな示唆を与えてくれます。読者は実に独特な思索にとまどうでしょうが，今の日常生活に息苦しさを感じている方に読んでもらいたい一冊です。

第9章

社会運動とメディア
――共感そして理解と協力を求めて――

松浦さと子

　「地球温暖化防止のためには」「貧困を無くすには」「平和な世界を創るためには」……。大きな問題を考える手がかりが欲しいとき，NPO／NGOのウェブサイトはさまざまな観点からの情報を提供してくれます。日々の地道な活動から拾い集めた貴重なデータを蓄積・編集して，私たちの現状理解や行動の判断の手がかりとなる情報を提供しています。

　運動というと抗議行動としてのデモやストライキを想像して穏やかではない印象をもつ人もいるかもしれませんが，それは社会運動の一側面でしかありません。煽動や陰謀との疑念を払拭し，特定のイデオロギーや単なる抵抗だけではないことを明らかにするためにも，運動の担い手が現場からの一次情報を判断材料として提供し，感動や共感，理解や協力を求めるために，アドボカシー活動に期待が寄せられています。

　しかしこうした運動発の情報は，広くたくさんの人びとに届きそれらの人びとの参加や協力を本当に得られるのでしょうか。この章では，マスメディアと運動の関係も含めて，人びとが理解や対話を深め社会問題の解決に貢献するため，社会運動にどのようなメディアの使い方ができるのかについて検討します。

▶アドボカシー
　唱導・啓蒙・呼びかけ・権利擁護・政策提言など多様な訳がされていますが，市民活動の現場に欠かせないものとして理解が進みつつあります。少数の声を社会的な共感や理解につながるように整理し，編集して社会に提示する活動というべきかもしれません。ロビーイングなど政治に直結する提示のかたちをとることもありますが，多くは社会に対して呼び掛けるかたちの情報発信やコミュニケーションをいいます。

1　社会運動はメディアとどのように関わってきたか

■「世直し一揆」と「ほっとけない」——どんな運動もメディアを必要とする

　2005年春,「ほっとけない世界のまずしさ」を合言葉にホワイトバンド（白いリストバンド）が熱狂的な人気を呼びました。NGOが主導する貧困根絶を訴える世界同時のキャンペーンなのですが,取り扱い書店では予約しても1か月近く待たなければならない程でした。テレビではこのホワイトバンドを右手につけた多くの著名なアーティストたちが合言葉のように指を打ち鳴らすキャンペーンがみられました。バンドの内側には「www. hottokenai. jp」とURLが示され,そこでは単なる飢餓救済ではなく世界の経済構造をフェアなものにしようと変革と政策提言をアピールする運動の詳細を伝えています。世界各地の参加者から発信された動画映像もこのサイトから見ることができ,リアルな人びとのネットワークを目の当たりにし,世界同時キャンペーンであることが実感できます。「もうひとつの世界は可能だ」をテーマにポルトアルグレで開催された世界社会フォーラムでも呼びかけがなされ,関心と共感を呼び出した運動のメディアがこのホワイトバンドでした。

　江戸時代に多発した一揆や打ちこわしも,貧困に苦しむ農民の抑圧から来る単なる暴動ではなく,「世直し」という社会変革型の民衆運動であると理解されていますが,これらの運動もメディアを用いていました。回状がまわされ張り札が出て組織活動が呼びかけられ,幟(のぼり)には「日本窮民為救」との理念が掲げられ,浄瑠璃・講談・歌舞伎などで一揆の指導者や蜂起した人々の怨念が語り伝えられ,類似の行動の運動資金を集めるためのメディアとなりました。

　このように人びとが集合的な行動や意見表明を組織するためにメディアがいつも用いられます。しかしホワイトバンドの事例にみるように,こうしたアドボカシーキャンペーンに慣れない日本の社会では資金が貧困の国々に直接届くとの誤解も生じ,一部にとまどいもありました。テレビやラジオだけがメディアではないのと同時に,現代の社会運動は,マスメディアとの関係を常に意識しなければならなくなりました。情報量が格段に増加し,世界規模で共有され,使用可能なメディアもその用い方もますます多様になった今,影響力や効果を

最大にするため社会運動の担い手たちは知恵を絞っています。私たちはこうした運動の立場から発信された情報を，自分自身の意見や行動を決めるためにどうやって受けとめればいいのでしょうか。

▎社会運動をどうとらえるか

　社会運動の目的や担い手の置かれた社会的文脈は時代や地域によって異なるため，貧困だけが運動の原因とは限りません。たとえば，1960年代までは，現実の生活水準とあるべき期待水準の格差から来る不満から「剥奪感」を抱き，それが原因で起きるのが社会運動で，人種差別に対抗する「公民権運動」がその典型と考えられました。また大衆社会論や群集心理，公衆と世論の観点から社会運動をみる考え方があります。社会不安や緊張によって解体した社会が秩序を取り戻そうとする過程が社会運動であるとし，大衆社会化による個人の社会的孤立感から生み出されるという観点もありました。古典的モデルには今でも運動を理解するためのたくさんの視点があります。

　それに対して，環境問題や女性解放，平和や反原発，差別を批判するものなど，近年の社会運動におけるテーマの広がりを説明するには，それまでの古典的モデルとは異なる観点が必要となり，ヨーロッパでは周縁的な立場に置かれた社会的マイノリティがアイデンティティを獲得することをめざす「価値」や「意味」を問う「新しい社会運動」の見方が生まれました。トゥレーヌ（Touraine, 1968＝1970）はテクノクラート（官僚）支配への抵抗として，ハーバマス（Habermas, 1982＝1985）は，官僚的システムに「生活世界」が「植民地化」されることに対する抵抗として「新しい社会運動」を認識しました。

　アメリカでは，社会運動に投入される資源の動員が目的に対してどのように有効に用いられるかという観点から，政治現象として分析する「資源動員論」が生まれました。欧と米の違いは，何をめざしてなぜ運動するのかを考える方法と，どのようにすれば運動を成功させられるのかを考える方法の違いといえるかもしれません。

　社会運動におけるメディアは，いずれの観点からも人びとの共感を集め連帯をつくり出すために，また寄付やボランティアを運動にもたらす資源としても，必要欠くべからざるものです。

▌少数者の意見の意義とその伝達

　社会運動は問題に気づいた少数者が声をあげることから始まります。運動の始まりにおいて，そこから発信される情報は少なく信頼もされにくく，なかなか人びとの協力を得ることができません。しかし少数者の気づきから社会が今ある資源や制度を見つめ直し問い直すことが，問題の改善や解決につながることがありえます。そのためにも少数の声が共有されることには意義があります。

　なぜ少数者の意見は重要なのでしょうか。イギリスの哲学者・経済学者のミルは次のように説明しています。「その少数意見は真理であるかもしれず，あるいはほんの一部の真理を含んでいるかもしれない。また真理かどうかの議論を喚起し，真理と理解されていることに対して合理的根拠を見出させることがあるかもしれない。このような議論にさらされなくなったものはたとえ真理であっても形骸化し，人びとに理解や確信をもつことを妨げてしまう」(Mill, 1859=1971) しかし不偏不党の立場を重視するマスメディアは，多様な少数意見を伝えることを要請されながら，依然として少数意見を十分に伝えていないのではないかとの指摘があります。

　1960年代のアメリカでは，テレビ放送における大企業の商品広告や政府広報が氾濫する一方，差別発言がくり返し放送される事件が起こりました。公民権運動の高まりのなかで女性やアフリカ系アメリカ人が放送において反論する権利を求めた結果，その合憲性が認められたことが，放送への「アクセス権」の確立につながりました。根拠となったのはバロン (Barron, 1967) が発表した「プレスへのアクセス権」理論です。企業の寡占化が進んだマスメディアの影響力が大きくなり「思想の自由市場」が現実的でなくなった以上，マスメディアから遠ざけられた少数者が人びとに意見を聞いてもらう権利があるとして容認されます。このように少数者が声をあげることができる「言論の自由」という基本的人権が社会運動には欠かせません。しかし政治的経済的権力をもつ人びとにとっては，これらの少数者の意見は，社会問題を人びとに気づかせるきっかけとなってしまうため疎まれます。

　ルークス (S. Lukes, 1974=1995) が『現代権力論批判』で指摘したのは，権力のもっとも狡猾な行使とは人びとの知覚や認識，選好を形成してしまって問題認識能力を欠如させてしまうこと，すなわち社会運動を抑え込むのではなく，

社会に問題があると気づく気持ちや感覚を与えないことなのだということでした。問題に気づかせる少数者の発言は抗議や批判につながり、「権力」をもつ人にとって差し障りがあるのです。ボードリアール（J. Baudrillard）は「（マス）メディアはスクリーンだ」と表現しました。情報を映し出すこともできるし、覆い隠すこともできる。社会運動は、私たちにこのスクリーンとどう向き合うかを問いかけるのです。

■ 社会運動にとってのマスメディア

　情報収集力や分析力を高め、政策提言にも積極的に参加するような運動の手法に重きがおかれるようになったのは、マスメディアが世論形成に影響力をもちはじめ、マスメディア自体が権力的な役割を果たすようになったことにも関係があります。持てる資源も社会に対する影響力も圧倒的に少ない運動体は、報道がプラスにもマイナスにも働き、社会構造・経済状況・情報環境など、その運動発生の社会背景や目的によって、どのようにメディアを用い、どのような人びとに何のためにどんなタイミングで情報を伝えるのか、その姿勢や方法を戦略的に変化させなければなりませんでした。また人びとがメインストリームのメディアによって伝えられた情報をどのように受容しているのかを理解する必要があります。それには、政治コミュニケーションの研究が参考になります。

　マコームズとショウ（McCombs and Shaw, 1972）は、ジャーナリストの提示するニュースバリューや優先順位が公衆に対してもつ議題設定（アジェンダセッティング）▶の機能をもつと指摘しました。「マスメディアにおいて可視性の高い争点ほど、受け手にとって顕出性の高い争点になる」として、社会運動の担い手がアピールしてもマスメディアが取り上げなければ、人びとは重要な争点として意識しないことを選挙報道とその受容を調査することで明らかにしたのです（竹下俊郎, 1998）。

　ノエル-ノイマン（E. Noelle-Neumann, 1980＝1988）は沈黙の螺旋理論で、人びとが孤立を恐れ多数派につこうと発言し、少数派になりそうなときには小さ

▶ 議題設定機能
　メディアによって多数に報道される情報のうち、その優先順位や量によって重要な争点を人びとに提示する機能。

な声しか挙げられないことを指摘しました。勝ち馬に乗る，と言われるように，多数派になりにくい社会運動を大勢の人びとに理解してもらうには困難が伴うと考えさせられます。しかし現代の複雑な社会状況のなかで人びとは，関心のある特定のテーマについて深く知りたいと思っている「何か」があるものです。「オリエンテーション欲求」の高い人は，そのテーマに関する一次情報と専門情報を必要とし，運動や活動の発信する情報が選択的誘因として機能し，こうした人々を招き寄せると考えられます。

　そのような運動によって提起された問題を可視化，集合化する公共空間の必要を説いたのがメルッチ（A. Melucci）です。そしてそれは行政や国家から離れたものでなければならないと指摘しました。新しい公共空間で運動の担い手たちに議題設定の機会が与えられ，社会問題の存在を知らせ，専門の情報を提供できるチャンネルが確保できれば，社会運動は人びとの行動に影響力をもてるかもしれません。

▍NPO／NGOが関与する意味——市場は言論の自由を拒む

　マクウィール（D. McQuail）は，多様な意見のチャンネルの利用について，要求する人びとの人数に比例してその利用を割り当てることの問題を指摘しました。すなわち視聴率に基づく放送時間割り当てが少数意見を排除することへの懐疑です。視聴率は商業メディアにとって重要な指標となりますが，少数意見を人びとの評価の土俵に乗せる前に多数決にかけてしまう危険性をはらんでいるのです。

　カラン（J. Curran）は，自由市場が民主主義的なメディアを実現しない理由として，寡占市場の支配が，「メディアの多様性，受け手の選択，公衆によるコントロール」を低下させることや，メディア産業の資本集中が市場参入を制限してきたことなどを挙げています。さらに市場で主権をもつ消費者の影響力は，メディアの内容を形成するほかのさまざまな勢力の影響力に及ばないことを指摘しました。

　ハーバマス（J. Habermas）も，人びとの討論空間として国家から自律した「公共の言論圏」の必要性を強く求めたのですが，同時にメディアが次第にビジネスに侵食されて，ジャーナリストが売れるニュースを追いかけるビジネス

マンになる危険性を指摘しました。「組織された利害」に関する団体の圧力装置になる恐れや、視聴者・読者が「ニュースの消費者」となってしまうことが危惧されます。

　言論の自由が確保された状態を持続すべき社会資源とするならば、市場にも国家にも依存せず、常に支えることができる非商業的な存在が求められています。運動性と事業性を踏まえたNPO（非営利組織）がジャーナリズムの担い手として、メディア活動に参加することの意義はここにもあります。NPO法人は制度としては1998年制定の特定非営利活動促進法に依拠しますが、非商業的な営利を目的としない多様な法人や団体はほかにもあり、労働組合や生活共同組合などがそれにあたります。営利企業であっても、NPOと協働することや、地域社会の問題解決のために社会貢献の目的で運動と連携することもあります。

　社会運動の目的は営利目的ではありえないのですが、運動の持続のために活動団体や連携団体をもち事業を行うことも多く、NPOには運動性と事業性の両方が求められています。

社会変革のためのメディア――放送へのアクセス

　マクルーハン（M. McLuhan）が電子メディアが社会を変えることを予期したカナダで、1939年に始まった「変革への挑戦」運動が、ドキュメンタリー映画の上映と対話が貧困克服や市民主体の街づくりや市民運動に有効だということを実証しました。

　アメリカでは市民が自由に放送するパブリック・アクセス・チャンネル（PAC）は公民権運動を契機に始まります。が、逆に（反論されそうな）言論の自粛につながりかねないとのメディア界の主張から「フェアネス・ドクトリン（公平原則）」は廃止され、PACはコミュニティが選択する住民参加のチャンネルとなりました。またケーブルテレビのほかにコミュニティの公共放送でも市民制作の番組が放送されるようになりました。

　イタリアでは1976年、小規模のラジオ放送なら誰でも開設できるようになり、フランス・ドイツはその影響を受けて環境運動・反原子力発電運動から自由ラジオ運動が起こりました。フランスの放送法は1982年に市民の放送の自由を宣言し、1998年に自由テレビが始まり、パリではしばしば行われるデモでのイン

タビュー番組が日常的に放送されています。

　ドイツでは，ヒトラーがメディアを用い国民を戦争に導いた反省から，戦後は放送に対する多様性の確保への要請が高く，労働運動などから放送への参加について要求があがりました。その結果1984年商業放送の開始と同時に，市民が制作番組を放送するオープン・チャンネルが要望のあった州から始まりました。韓国ではマスメディア内部の労働運動や市民の言論運動が要求を続け，2001年から市民団体が制作する番組を公共放送局で放送することが義務化され，労働運動や環境保護運動などの担い手たちの主張が多くの人びとに共有されることになりました。実際，第1回の番組で女性運動団体が主張した「戸主制廃止」は近年現実のものとなり，放送の影響力が実感されました。

　国営放送しかない国々では軍事独裁政権が放送内容に支配力をもち，放送局の占拠がクーデターのきっかけになることがあります。放送の受け手としてだけでなく送り手として誰もが参加してゆけることを，民主主義社会における基本的人権として認識し，憲法の言論の自由規定を解釈することを可能としなければなりません。しかし，社会運動の担い手となる市民が放送行政に参加したり，放送の権利を獲得すべきだとの共通認識も制度も日本にはありません。放送法は，放送事業者の編集の自由を認めているにすぎず，社会運動が放送を資源とするにはジャーナリストの注目が必要となります。

▍市民ジャーナリズムの台頭とデジタル社会の到来

　ジャーナリズムは，メディア産業に従事する人だけの技能や資質ではありません。自由民権運動や大正デモクラシー以後，日本近代に言論を担った人びとのなかには，地方にあり，弾圧の憂き目にも遭いながら中央権力を批判的にとらえ，非戦，婦人解放運動，労働運動など民衆運動の立場からの言論を展開した「民衆ジャーナリズム」ともいえる精神がありました。公害反対運動から原子力発電への疑問や現代のダム建設への異議申し立てなど時代の潮流に疑念や抵抗を示すものですが，インターネットの出現により近年はそうしたジャーナリズムの電子ネットワーク上での活躍が広がっています。たとえば沖縄の声は，1995年の米兵による少女暴行事件を機に電子ネットワークを介して生々しく全国に伝えられ，平和運動の高まりにつながりました。この時の沖縄メディアの

記者や無名の市民記者たちの記述は、全国、世界の人びとに「日米地位協定の見直し」を深く考えさせるものでした。しかも、活動の現場に立ち会うさまざまな立場の人びとが、事件や問題を生々しい筆致で伝えるウェブサイトやウェブログ、最近は映像を駆使したストリーミング放送によって個人レベルで意見表明が行えます。電子ネットワーク時代の到来を実感した市民たちは自らを「ネチズン」と呼び、民主主義を支えるその活動スタイルや手法はカリフォルニアから会津泉や岡部一明らによって伝えられました。こうして「市民運動は情報産業」とまで言わしめるNPO発の電子情報活動は、社会変革の実効力とともに日本に紹介されたのです。

2　運動が活用する多様なメディア

▍広報マネージメントとして身につけるメディアの基礎

　社会運動や住民運動といった「運動」は、たいてい持続しないもので目的が達成されると消滅してしまう無責任なものと誤解されがちです。したがって、運動の担い手への信頼を持続的に得ることが、メディア活用のひとつの目的といえます。そしてここでのメディアの役割は、運動主体と運動の理念を紹介するだけでなく、運動のひとつの「生産」としての情報発信媒体はさまざまな形をとります。絵葉書・チラシ・ポスターといったメディアの作成は、運動の担い手やNPO／NGOには不可欠だと認識されるようになりました。法政大学大原社会問題研究所による戦前のポスターコレクションからは、当時の民衆の力強い息吹が伝わってきます。運動が印刷技術を高めたことや、今では真似のできないことですが、電化の進展によりポスターを貼るための電柱がメディアとなったことなど、伝えようとするエネルギーがメディアを生み出してきたのだとわかります。こうしたコミュニケーションの基本的な技能について、現代の運動の担い手でもあるNPOの中間支援組織は広報発信の手法や広報手段の開拓を講座のテーマにも掲げ、加藤哲夫・中野民夫らが講師として活躍しています。

　運動のメディアとして一時代を築いた謄写版印刷、いわゆる「ガリ版」を切るという広報技術は、「ミニコミ」発行に集成され運動主体に情報共有と蓄積

を可能にさせ，その集大成として住民図書館が作られました。現在はこの技術が，団体のメルマガやニュースレターの編集に生かされています。

運動が自前のジャーナリズムを持ち，現場の息吹を当事者が伝えるという精神から，広告を掲載せず購読料に依拠して発行する雑誌は数限りなくありますが，法政大学大原社会問題研究所，大阪社会運動協会など各地にコレクションがあり，生協活動を伝えつづけている『社会運動』，週刊『金曜日』，写真誌『ディズジャパン』などが継続して発行されています。戦前戦後の記録運動は雑誌メディアに凝縮されているといえます。

■ インターネットを使いこなす

電子コミュニケーション時代になっても，記録することの意義はもちろん，より多くの人びとに読まれやすくする工夫や，文字やイラストで書き記す技術は，社会運動の基礎的なスキルとして渇望されています。一方で情報共有のうえで共感を招くためには，そのメディアを手にとって読んでもらうまでの長い道のりを越えねばなりません。しかし，インターネットによる活動では，これまでにない範囲や距離にある人びとの手元にも大量の情報を届けることが可能になり，それを積極的に勧め，技術を育成する活動も活発になりました。講師となった人びとは『インターネット市民革命』の岡部一明，『進化するネットワーク』の会津泉，JCA-NETの松本雪花や吉野太郎，『市民インターネット入門』の安田幸弘，『インターネットと市民　NPO／NGOの時代に向けて』のJCAFE浜田忠久・小野田美都江といった人びとをはじめ，いずれも活動実践の体験をもっている多くの「伝導師」ともいえる人びとです。

日本の市民ジャーナリズムが最近影響を受けているのは，韓国のデジタルジャーナリズムといえます。望ましくない候補者を選挙時にネット上で公表する「落選運動」や，登録されたさまざまな職業・地位・年齢の市民ジャーナリストたちが記事を書く「Oh my News」というウェブ新聞は，日本における同様の活動「JANJAN」「月刊ベリタ」の立ち上げに影響を与えました。ネットの検索によって同様の関心をもつ人びとがつながり，連帯が生まれ，運動が生起するスピードも格段に上がりました。ネット上の公平なガバナンスに真剣に取り組むNPO活動の担い手たちは，国際情報通信網が民主的に運営されるよう

国連世界情報サミットなど国際会議でも議論を続けています。

▌記録媒体の簡便化，低廉化と映像記録運動

記録映画は，カナダの「変革への挑戦」運動にみたように，運動への理解や共感を求めるためのメディアとして早くから製作されてきました。水俣病の記録に取り組んだ土本典明や，阪神淡路大震災時の住民の力による復興を記録した青池憲司らは映画監督として仕事をしました。

のちに，音声や映像を記録編集する機器の進歩や小型化・簡便化・低廉化により，運動の担い手たちがビデオカメラを手にし，身軽に運動の現場に入りました。国鉄民営化と国労の歴史を撮り続ける松原明らを中心に民衆のメディア連絡会が1992年に創設されましたが，これは前年にアメリカから招いた映像制作集団ペーパータイガーの影響を受けています。この団体はビデオ，パソコン通信，パブリック・アクセス・チャンネルなどを使いこなすことを呼びかける『市民メディア入門——あなたが発信者』を出版し，社会運動の新しいスタイルを提唱しました。東京ビデオフェスティバルでグランプリを受賞した「ダムの水はいらん！」の作者，釣り好きな講師・佐藤亮一は好きな場所である熊本県南部球磨川の支流・川辺川周辺を撮影しているうちに起きたダム建設問題についてまとめました。地域の自然環境や地域生活のなかで撮影された映像は，結果として川辺川ダム建設反対運動における貴重な歴史の一コマとなり，地元農民の利水訴訟裁判闘争の証拠として法廷で上映されました。

このようにドキュメンタリー映像の制作で運動の側から優れたジャーナリズムが形成されてきました。イラクで起きている市民への攻撃をドキュメンタリー映画にまとめた鎌仲ひとみ「ヒバクシャ」，綿井健陽「Little Birds——イラク　戦火，家族たち」，犯罪者更正NPOを紹介する坂上香「ライファーズ」など，各地で上映会が開催されました。映像や対話で理解や共感を深める機会が人びとの連携を広げることにもつながっています。戦地など危険な現場に赴き貴重な映像をとらえてくるプロフェッショナルなビデオジャーナリストたちは高い信頼を得るようになり，ニュース番組など放送を通じてもその成果を報告しています。これらはまたウェブサイトからも一部（あるいは全部を）みることができるように生中継やオンデマンドのストリーミングという手法でも発表

され，記録性のみならず速報性・同時性ももつようになりました。2005年に特定非営利活動法人となったOurPlanet-TVは，これら市民制作ビデオの多くがテレビ放送されないことを社会に問いかけつつ，インターネットを介して世界に向けて配信する活動を行なっています。ビデオ制作におけるアマチュアからの成長を促し，この領域の裾野を広げています。

　声を上げられない人びとや運動の当事者にカメラやマイクを向けて問題の深刻さや重要性を伝えようとする手法が，活字でのインタビュー記録と同様，あるいはそれ以上に人びとに理解や共感を深めるとして，映像記録をサポートし，技術を教える活動もまた運動の拡がりを促しました。各地で映像取材講座やビデオ制作講座が開かれ，原一男のCINEMA塾，ビデオ工房AKAME，女性記録映像制作集団ビデオ塾などが多くのカメラパーソンを育て，活動としてビデオを回す人びとを増やしています。マスメディアに圧倒的に少ない女性がここで多く成長し，『ビデオで世界を変えよう』の著者の津野敬子のように生活する街に根を下ろしマイノリティ問題を作品にする活動を広げていますし，各地の住民ディレクターにも女性が多く活躍しています。

▌さまざまな社会運動でのメディアの活用

　運動のテーマや目的は多岐にわたっています。テーマによっては，特定の政治的傾向をもった人びとだけで担われているようなものもあるかもしれませんが，共通の理解があれば，連携して運動に協力するネットワーク関係が生まれます。

　平和運動はそうした運動のひとつでしょう。反戦・非戦のネットワークは，2001年9月11日のニューヨークの世界貿易センタービルでのテロ行為を契機としたテロ報復やテロ対策として行なわれている武力行使に焦点を合わせています。日本でも平和を願うデモはありましたが，マスメディアの報道が十分ではないと感じる人びとによって，インターネットなどのオルタナティブなメディアが利用されました。無数のサイトがそれぞれにリンクし，連携していきました。ストリーミング放送や市民の映像制作を進めるOurPlanet-TVもこの時期にもうひとつのメディアのあり方を模索して活動を開始しています。

　若者たちが担う運動の大きな流れは，地球温暖化防止などの環境問題にも発

展しています。1997年に開催された地球温暖化防止京都会議では，世界からのNGOがロビー活動という運動の手法をメディアを通して伝え，京都に集結した日本の環境保護運動団体の多くは，このとき科学的データを資源とする交渉のスタイルと広報の実践を学んだのです。環境保護団体は原子力発電にも異議申し立てをしていますが，現代の反原発運動はオルタナティブな自然エネルギーを促進する活動にも発展し，風力発電のための風車を建設するなど自らが活動主体となってオルタナティブな問題解決方法をメディアの前に形を見せて主張しています。地域や家庭，職場や学校においては，リサイクルや省エネも静かな運動の輪を広げています。

　情報社会の支え手として圧倒的に少ない女性，このジェンダーについて問題を指摘する女性たちのネットワークのなかには，自らがメディア制作に関わること自体を運動ととらえている人もいます。新聞やテレビの編集・制作・報道などで働く女性の正規職員は，全体の2割に遠く及びません。女性にしか発見されない社会問題への意識やそれに関する情報は，少子化の時代に社会が必要とする情報となっているにもかかわらずです。一方で育児介護の労苦を，地域で男女ともに担う社会にと働きかける運動は静かに拡がり，アンペイドワークや不妊治療・更年期障害などへの理解も進みました。介護や子育てで地域社会から断絶され同様の悩みをもつ女性たちをインターネットの検索機能がつないでいます。また労働裁判で係争する女性たちの味方もネットを通じてみつかりました。自衛隊内部や自営業などこれまでチラシが届きにくかった人たちにまで拡がったと，ワーキング・ウィメンズ・ネットワークは評価します。

　オルタナティブなメディア活動のサポートをする団体も，メディア運動の一環を担っているといえるでしょう。韓国の言論運動はメディアの民主化のために市民とメディア労働者が協働しています。日本でもメディアで働いた経験者や学生・教員など市民が作る「市民とメディア研究会・あくせす」や「市民メ

▶ オルタナティブ・メディア
　地域メディア，市民メディア，パブリックメディア等さまざまな環境や形態で，マスメディアとは異なる内容や手法を用いて市民発の多様な情報を共有交換するためのメディア。財源や制度が整わず微力であるとみられていたが，電子コミュニケーションの発達と活用で，影響力をもつ可能性にも注目される。

ディアねっと」といったグループも，運動の担い手たちの制作したビデオ作品の上映と対話の会などを開き，マスメディアでは伝わらない情報を共有しています。国際的な貧富の格差を問題にする世界社会フォーラムなどには，日本のマスメディアの記者はほとんどおらず，かわりにレーバーネットなど市民ジャーナリストがネットやビデオ作品を通じて状況を伝えています。

　また，法制度の審議や大企業や行政の不祥事のたびにネットワークが生まれます。水俣病をはじめとした戦後の公害補償問題や，放置された有害物質による身体への影響，住民参加のない計画による公共工事，心身にハンディをもつ人や母子家庭への福祉，中国からの帰国者や難民の受け入れ，署名や住民投票制度への要求などのように，問題が発見されて運動の対象となる領域は拡大し続けています。それぞれの運動にメディアをどのように用いるかについて，活発に検討・実践され，その結果これらの社会運動の存在は，かつてよりも広範囲の人びとに知られるようになってきました。

▌シビック・ジャーナリズム──マスメディアとの協働

　良心的なジャーナリストが社会運動について正当な評価を報道することや運動に高い評価を与えることは，人びとに運動への関心をもたらし，共感を招来し協力者や寄付者を増やすことにつながります。このことをエディター・エイドといいますが，そうした助けを得られなかったり低く評価されて報道されれば，運動の信頼が尽きることもあります。第4の権力といわれるマスメディアだけに，運動にも大きな影響を与えるのです。社会運動に共感を寄せるマスメディアの報道は，資金や人材と同様の「資源」だと評価されてきました。

　キャンペーンや好意的報道を招くため，メディアの歓迎する見せ場や動きのある場面を現場で作ることも運動の担い手たちは戦略として行なってきました。しかし，運動がより正当な評価を得るためには，地道な観察・調査・研究によって一次情報であるデータを誠実に発信することが重要であり，実践が伴ってはじめてマスメディアと信頼関係を作ることができます。コラムに紹介しましたが，たとえば干潟保全運動では渡り鳥など現場での生物の自然科学的な観察や，それを取り巻く人びとのコミュニケーションからつむぎ出される社会的分析など，記者の関心をそそる情報こそ運動の最大の資源です。NPOでの運動

性は事業性とともに大きなテーマですが，地道な日々の活動への信頼が保たれていれば，社会運動の過激な側面だけが強調されることが避けられ，マスメディアと連携や協働を可能にすることでしょう。

多様性の確保が強く要請されながら不偏不党性が課されていることから，マスメディアは社会運動を正当に評価しづらい枠組みに置かれています。政治的圧力の影響を受けていないとメディアの側ではいうものの，秩序維持に傾き保守的な性格を帯びざるを得ないマスメディアは，シビック・ジャーナリズムとしての活動をするには窮屈なようです。国によっては政治的思想的立場を明確にしたメディアがありますが，そのようにはいかないのでしょう。

新潟県にある「くびきのNPOセンター」では，地元コミュニティ紙・上越タイムスの編集を部分的に引き受けています。社内で議論が起きた編集権も参加NPOに提供することで，新聞社のCSR（企業の社会貢献・地域貢献）の姿勢も伝え，地域の活性化に力を貸しています。一方的な政治コメントを書いてはいけないことなど基本的な執筆規定について，この協働事業に入る前に研修を行ったそうです。このことで，地域紙の記者としての使命を痛感する記者もいて，紙面を提供することや市民ジャーナリズムを育てる活動が，必ずしもマスメディアに損失を与えるものではないことを実証しています。

3　求められるコミュニケーションの権利

■ さまざまな障壁

憲法で言論の自由規定をもっていても，その実態の確保は困難を伴います。インターネットの普及は情報を発信しやすくなる一方で，常に権力的な監視を受けやすくもなりました。そのため，匿名で発言する人も少なくありません。雑誌に書くような発信よりも，電子ネットワーク上での書き込みのほうがはるかに捕捉されやすい時代になっています。国家権力にとって，異議申し立ては常に言論弾圧，言論統制の対象と考えられます。免許事業の放送局は検閲や圧力がなくても自主規制してしまいがちです。

出版の自由を「人びとに意見を配布する放送などを含む」自由と解釈することもできますが，日本ではそう理解されていません。ドイツは基本法5条「放

送の自由」規定によって，1984年の商業放送局開始と同時に，州によりますが市民が使うことができる「オープン・チャンネル」を開設しました。運動の最大の問題点は，事業性を確保するのが難しいという点です。たとえ利益追求型の商業主義が目に余るなかでも，産業批判・企業批判は科学的・実証的根拠を持たなければなりません。たとえば化学物質の危険性に言論・研究を行ったレイチェル・カーソンは化学工業界から魔女と指弾されました。スポンサーがなければ言論が成り立たないというのでは，言論の自由は画餅にすぎません。営利を目的にせず，積極的に営業もできず，持ち出し・カンパ・寄付で運動するとすれば，持続させる運営コストをどう獲得するかが問題です。

　こうした問題解決を支援するNPOのひとつにアメリカ西海岸カリフォルニアに「パブリック・メディア・センター」という市民運動専門の広告代理店があります。運動の主張や人びとへのメッセージなど，団体全体のアドボカシーを担当し，財団に助成申請するなどその財源まで調達支援してくれるのです。もともと車や毛皮を販売する広告を作っていた代表者は，ベトナム戦争をきっかけに市民運動広告に目覚めたと，少数意見の普及に貢献しています。日本にも最近，同様の広告代理店ができました。冒頭で紹介したホワイトバンドのキャンペーンを手がける「サステナ」，自主制作映像作品の普及・流通を手がける「VIDEO ACT!」も代理店の機能をもっています。

　運動発のメディアの流通を担う活動も，オルタナティブ・メディア，地域メディアといえ，それら自身を持続させる装置といえます。運動から発信される情報が単なる自己満足による情報発信になっていないかを考えるためにも，対価が得られるかどうかはひとつの指標といえましょう。

▍運動の情報発信における課題

　メディアを使いこなすといっても，多数の人に到達するメディアへのアクセスは制限されています。NHK放送文化研究所「日本人とテレビ2005」の調査でメディア別接触頻度調査では，テレビは90％以上の人が毎日接しており，1985年から20年間その位置づけはほとんど変わっていません。

　役に立つメディアとしても，新聞など11項目のメディアを抑えてテレビが66％と，報道（世の中の出来事や動きを知るうえで），娯楽（感動したり楽しむうえで）

の面で，新聞ほかのメディアの追随を許さず「役に立つ」という評価がなされています。新聞は1995年に91％の人が毎日接触していましたが，2005年にはその割合が83％に減少しました。ラジオも，91％から83％に減り続けています。しかしインターネットへの接触は，2000年から2005年にかけて8％から17％に激増しており，今後この影響分布はますます変わるかも知れません。

　この強い影響力をもつマスメディアに対抗して，運動の担い手は，同程度以上に注視される地道な情報発信をめざさなければなりません。途上国とのデジタルデバイド（情報格差）の問題と同様，NHKに寄せられる公共財源である受信料の使途の見直しなど，さまざまな手法を市民の働きかけで編み出していきたいものです。

　2005年前半は反戦運動のビラ配りで，日本でも逮捕・起訴が起きました。ものがいいやすい社会をつくることは，そう簡単ではなさそうです。

4　情報集約型社会運動で対立を越える

▌フリーライダーは薄情なのか

　オルソン（Olson, 1965＝1996）が『集合行為論』で，組織が大きくなればなるほどその成員は自分の協力がなくても集合財は達成されることを想定するので，合理的に判断して動かない人，すなわちフリーライダーが発生すると述べました。「私たちは何もしなくても大丈夫，誰かがやってくれる」と思う人はフリーライダーなのです。テレビなどのマスメディアが発展すると，問題の発生から終結までを眺めるだけで終わってしまい，傍観者でしかなかった自分に気づくことがあります。

　これを聞くとフリーライダーとは，みんながんばっているのに協力しない薄情な人のように思えます。しかしそれは運動の数も種類もほんの少しの状況のなかでのことです。いま私たちは，平和運動，環境保全運動，女性（男性）解放運動，外国人・障がい者の権利擁護運動，フェアトレード運動など幅広い多様な運動からそれぞれの担い手によってアドボカシーとしての発信がなされるたびに，その問題に対する判断を問われています。催しへの参加や寄付・署名を求められても，判断しなければならない課題が多すぎて回答できないかも

しれません。では，そうした状態とフリーライダーとどう違うのでしょうか。呼びかけられても何もしないでいれば，私たちはそこで薄情なフリーライダーということになります。

■ ものいう人びとに合理的な判断を求める運動

いま私たちは，ネットの書き込み・ブログの開設・ストリートでの歌や踊り・制作ビデオ作品の上映など，表現や意見を発表する多様な機会が用意されています。かつては新聞の投書欄や深夜放送のリクエストくらいしか社会への窓がなかったような時代もあったことを考えると，とても言論の自由が拡大したような錯覚をもってしまいます。社会に訴えかけたい，願いを実現させたいと思うようなことが起きない限り，多数の人に聞き入れてもらえたり，世論に影響力をもつ場に立てることはごく限られていて，一部の人びとだけしかその場に立てないということに気づきます。では，私たちの意見は社会において何の意味ももたないのでしょうか。

ここまで述べてきた社会運動の情報発信は，私たちに参加を求めているものばかりです。もし共感できるものがあれば，一緒に活動することまでできなくても何かひと言感想を述べるだけでも，また共感でも反論でも良いからそれらを返すだけでも社会は小さく羽ばたきます。その小さな振動を起こす勇気があれば，「ものいう人びと」として社会に主体的に関わることができます。社会運動の諸主体に求められているのは，適切な情報を，適切な対象に，適切な手段で伝えるメディア活動の実践です。「ものいう人びと」に情報を提供し合理的な判断を要請し，行動を始めてもらうことです。それこそが「メディアを使いこなす」というメディア・リテラシーなのでしょう。用いることのできる資源は限られており，情報発信コストをどこにも転化できない社会運動は，参加する人びとの「伝えたい」「わかって欲しい」という情熱と，現場からの誠実な一次情報の発信に支えられています。そして，社会問題を対立構造から抜け出させ，そこに生活する人びと自身が解決手法を対話のなかから選び取り，その解決に結実させていきたいものです。

今後，鍵となるのは「地域社会」でしょうか。社会運動というと大仰で対立を招きかねない危険性をはらむものと受けとられ，地域に根ざした生活の場で

語ることは差し障りがあるとして避けられてきた側面があります。しかし，コミュニティFMやケーブルテレビ，地域新聞など一定の生活を共有するエリアの人びとのなかに，「コミュニティ・メディア」としての使命感をもったメディアが生まれ，「対話」という活動自体に共同性や公共性を見出し，地域内のコミュニケーション活動を重視する認識が高まっています。阪神淡路大震災の復興を共に生きる長田区のコミュニティラジオ，「FMわぃわぃ」のように，地域社会に起きた問題の解決をめざし，意見や手法の異なる住民同士の関係を理解や協働にまで高める作業に取り組もうとするコミュニティのメディアが，今後，運動と地域の生活をつなぐというかつて困難とされた活動を現場から支えることができるのではないでしょうか。そして国家でも大企業でもなく市民に依拠した国際化の運動は，地域社会の生活の営み同士をつなぐことに始まるグローバリゼーションを構想することになるのでしょう。日本も参加する世界情報サミットWSISや非営利地域ラジオの世界ネットワークAMARCなどの国際的な連携においても，社会運動からの発信や提言が期待されています。

―― コラム ――

市民ジャーナリズムが導いた環境保全

　名古屋市のゴミ処分場計画に伴う干潟埋め立て反対運動では，インターネットを介した情報発信，とくにメーリングリスト（以下，ML）を用いた活動が活発でした。マスメディアには，藤前干潟保全をめぐる運動と行政は「対立するもの」ととらえて報道するものが多数ありました。しかし運動の現場から守る会自身が発信していたのは，単なる抗議だけではありませんでした。渡り鳥の数・種類・滞在日数や給餌行動を観察したデータなど，日々の活動と記録から分析した情報や調査研究に基づいて論じられた生態系と資源循環における干潟の価値や，干潟を子どもたちへの教育の場とする意義を伝えて，保全のためには何をすべきかを行政にも社会にも自身にも問いかけていたといえます。

　メディアリテラシーを熟知した運動からの発信は，発表報道，両論併記や対立報道に傾きがちなマスメディア報道の流れを変える大きな可能性をもっています。とくに藤前干潟保全の事例は，社会運動に関わる人びとが戦略的・主体的に「情報」をマネージメントすることの意義を認めさせるものでした。知らせたい地域や範囲を運動主体が自律的に選択し，MLで翻訳協力やボランティアを呼び掛け，英語版・ドイツ語版のホームページを作成しました。行政に届いた意見書のうち3分の1は海外からのもので，オーストラリアからの手紙には「日本の片隅を守れない人

びとに，地球の環境が守れるのか」と厳しい表現がありました。
　MLを通じて干潟保全問題に知恵を結集したのは，住民アドボケイトを多用する都市計画のプランナー，世界的に活躍する環境アセスメントの権威，環境の価値を経済学的に評価する研究者，公有水面の取得を問題にする法曹家，メディア論の観点から干潟のマスコミの取り上げ方を研究する大学院生等々で，多くの専門家たちがその専門の蛸壺を抜け出し，運動体が干潟保全に向けて提示する問題に次々と向かっていきました。
　その結果，名古屋市の干潟埋め立ては中止されました。日々の調査研究活動から生まれる提言活動が運動への信頼を招来し，一人ひとりが自らメディアを使いこなし，現場から誠実に一次情報を継続して発信することがいかに世論への影響力をもつかということを考えさせたのです。
　保全を契機に名古屋市民がゴミを2割抑制し，名古屋市は環境首都コンテストでグランプリを獲得しました。藤前干潟は2002年ラムサール条約の登録湿地となり，保全に導いた市民運動グループ「藤前干潟を守る会」は2003年特定非営利活動法人認証を受け，その専門性を活かして2005年にオープンした環境教育のセンターを行政と協働で運営しようとしています。
　しかしその後，運動を行なう人びとすべてにメディアリテラシーが身に着いたわけではありません。発信される情報は受け手にとって飽和状態ともいえ，ネットの情報の真偽や信頼はどのように確保するのかが難しいのです。そして依然として人びとは運動からの発信情報よりもマスメディアに注目し影響を強く受けます。何よりもパソコンの前にいる時間が長ければ長いほど，運動の現場から遠ざかってしまうのです。コミュニケーションや広報担当の専門性が運動に定着することも考えられなければなりません。

引用・参考文献

バロン，J.著／清水英夫・堀部政男・奥田剣志郎ほか訳『アクセス権——誰のための言論の自由か』日本評論社，1978年

ベリガン，F. J.編／鶴木眞監訳『アクセス論——その歴史的発生の背景』慶應通信，1991年

ハーバーマス，J.／河上倫逸訳『コミュニケイション的行為の理論』未來社，1985年

カラン，J. グレヴィッチ，M.編／児島和人・相田敏彦監訳『マスメディアと社会——新たな理論的潮流』勁草書房，1994年

小島和人・宮崎寿子編著『表現する市民たち——地域からの映像発信』NHKブックス，1998年

栗原幸夫・小倉利丸編『市民運動のためのインターネット——民衆的ネットワークの理論と活用法』社会評論社，1996年。

ルークス，S.著／中島吉弘訳『現代権力論批判』未來社，1995年

松野良一『市民メディア論――デジタル時代のパラダイムシフト』ナカニシヤ出版，2005年
松浦さと子『そして，干潟は残った――インターネットとNPO』リベルタ出版，1999年
ミル，J.『自由論』岩波文庫，1971年
McCombs, M. E. and D. L. Shaw, The Agenda-setting Function of Mass Media, *Public Opinion Quaeterly*, 36 summer, 1972.
門奈直樹『民衆ジャーナリズムの歴史――自由民権運動から占領下沖縄まで』講談社学術文庫，2001年
ノエル-ノイマン，E. 著／池田謙一訳『沈黙の螺施理論――世論形成過程の社会心理学』ブレーン出版，1988年
オルソン，M. 著／依田博・森脇俊雄訳『集合行為論――公共財と集団理論』ミネルヴァ書房，1996年
竹下俊郎『メディアの議題設定機能――マスコミ効果研究における理論と実証』学文社，1998年
トゥレーヌ，A. 著／寿里茂・西川潤訳『脱工業化の社会』河出書房新社，1970年

▌推薦文献

原寿雄『ジャーナリズムの思想』岩波新書，1997年
――社会運動にもジャーナリズムが備わり，市民社会において自立した存在になることをめざすヒントが示されている。

大石裕『コミュニケーション研究――社会の中のメディア』慶應義塾大学出版会，1998年
――社会運動の政治コミュニケーションについてメディア理論から解説しています。

林香里『マスメディアの周縁，ジャーナリズムの核心』新曜社，2002年
――女性の叙述にジャーナリズムを見出し，マスメディアが注目しない社会の周縁部にいる人びとのコミュニケーションから民主主義を語っています。

大畑裕嗣・道場親信・成元哲・樋口直人『社会運動の社会学』有斐閣選書，2004年
――社会変動の中心にありながら論じられてこなかった身近な社会運動論。

津田正夫・平塚千尋編著『パブリック・アクセスを学ぶ人のために』世界思想社，2002年
――市民の参加する放送制度について筆者らが世界各地を視察し論じています。

第 10 章
地域と情報
――地域情報化の可能性――

山尾　貴則

　"地域に元気がなくなっている……"。近年よく聞かれる言葉です。地方の中小都市の郊外には大規模な量販店が建ち並び一見すると活況を呈しているようですが、よくみれば全国横並びの個性のない風景が広がっています。その一方で、かつて文化の発信地であった中心市街地は空洞化がすすみ、しばしばシャッター通りと呼ばれるような、ひっそりとした場になっています。あるいは中山間地では過疎化が進行して久しく、活気を失っているようにみえます。このような状況を打開すべく、これまで多種多様な活動が展開されてきました。本書の共通テーマである情報・メディアに関係する活動としては、地域情報化と総称されるような一連の政策やそれに基づいた活動が存在します。本章では、地域情報化の問題点を検討することを手がかりとしながら、現代の地域社会が直面する問題に迫ってみたいと思います。

1　政策としての地域情報化

▍地域情報化とは何であったのか

　そもそも地域情報化とはどのような活動なのでしょうか。わが国における地域情報化の動きを精力的に研究してきた大石裕によれば、地域情報化とは「一定地域内に情報通信ネットワークを構築し、それを通じて地域内の情報流通を活発化させ、地域の情報発信能力を増大させることにより地域振興を図ろうとするもの」(大石, 1992：123) です。活気を失った地域のなかに情報通信ネットワークを作り、地域発の情報を活発に発信することで地域を元気にする、というわけです。

第10章　地域と情報

わが国では第二次世界大戦後，数度にわたる全国総合開発計画が進められ，成長を遂げてきましたが，その一方で中央と地方の間に無視できない格差も生まれてしまいました。経済的な格差はもちろんのこと，文化の発信源としても中央が圧倒的な力をもち，地方は中央からの情報をただ取り入れるだけの存在となってしまいました。この格差がひいては地域の元気を奪うという状況を生み出してしまったのです。こうした状況の打開をめざして構想されたのが地域情報化です。わが国ではこれを中央と地方の格差を解消し国土の均等発展をめざすための政策，すなわち地域情報化政策として立案・実施してきました。こうした政策としての地域情報化は1980年代後半から本格化し，現在に至るまで続いています。

では，地域情報化政策とはどのようなものなのでしょうか。1980年代以降，地域情報化政策は複数の省庁で同時並行的に構想されてきました。代表的なものをいくつかあげてみましょう（表10-1参照）。

もちろんこのほかの省庁でもこれまで数多くの地域情報化構想が提唱されました。これらの構想は国の地域情報化政策として地方自治体に示され，自治体はそれを受けて数々の地域情報化施策を策定，実施したのです。施策の具体的な実施にあたっては，ケーブルテレビやISDN・VAN・ビデオテックス（キャプテンシステム）・パソコン通信・衛星通信などのニューメディアが地域の各所に導入され，同時にそれらを用いた高度な情報処理と情報発信を行なうための情報センターなど，各種の情報関連施設が整備されました。

こうしたニューメディアのなかでもとりわけ注目されたのは，ケーブルテレビとビデオテックス（キャプテンシステム）です。ケーブルテレビとはその名のとおり，テレビ番組をケーブルで配信するサービスです。当初ケーブルテレビは，山間地で地上波テレビ放送の電波を受信しにくい地域（難視聴地域）をカ

▶ **全国総合開発計画**
第2次世界大戦後の日本の復興と国土の均等発展をめざして政府が策定・実行してきた一連の地域開発政策のことです。1950年に制定された全国総合開発計画（旧全総）から，1969年の第2次全国総合開発計画（新全総），1977年の第3次全国総合開発計画（三全総），1987年の第4次全国総合開発計画（四全総），1996年の第5次全国総合開発計画と続いています。地域情報化は四全総から重要な課題として取り上げられ，それ以降全国総合開発計画の重要な構成要素となっています。

表 10-1 代表的な地域情報化構想

構想名	担当省庁	開始年	目的
テレトピア構想	郵政省 (総務省)	1983年提唱，1985年よりモデル都市・地域の指定を開始	ケーブルテレビ，インターネット，コミュニティ放送等の情報通信メディアを活用した地域の情報化の促進，地域社会の活性化
テレコムタウン構想		1989年提唱，モデル地域の指定を開始	独自の情報を大量かつ高速に流通・受発信するために必要なハード，ソフト，人材の整備
ニューメディア・コミュニティ構想	通産省 (経済産業省)	1983年提唱，1984年よりモデル都市の指定を開始	地域社会の産業，社会，生活のニーズに即応する情報システムの構築
情報化未来都市構想		1987年提唱，モデル都市の指定を開始	21世紀に向けて導入が期待される先進的情報システムの先行的整備による，国際化・情報化に即応した都市機能の構築
地域衛星通信ネットワーク整備構想	自治省 (総務省)	1990年提唱	全地方自治体が参画したネットワークの構築
地域情報ネットワーク整備構想		1991年提唱	情報化の推進による地域住民の利便性の向上
インテリジェント・シティ構想	建設省 (国土交通省)	1986年提唱，モデル都市の指定を開始	高度情報化の進展に的確に対応した都市整備の推進
グリーントピア構想	農水省	1986年提唱，モデル地域の指定を開始	農村地域等における先駆的・モデル的な各種情報システムの整備・運用，農村地域等における情報化の推進，農業の生産性の向上，農産物の流通・加工の合理化，農村地域等の活性化

出典：大石，1992；五十嵐，1999より作成

バーするために中央のキー局からの放送を再送信するメディアとして整備が始まりました。それがやがて，空きチャンネルを利用した自主放送が可能であるという点に注目が集まり，地域の情報発信メディアとしての活用が期待されるようになりました。他方ビデオテックスとは，電話回線を通じて文字や静止画等を送るシステムです。わが国においては NTT が CAPTAIN（キャプテン）という名前でサービスを開始しました。このシステムでは，主として民間企業を中心とした情報提供業者によって，チケット予約やオンラインショッピン

グ・株価情報など，さまざまな情報サービスが提供されることが期待され，そうした情報を駅や観光案内所などの公共の場所に設置された端末で，あるいはビデオテックスを利用するための機材を接続した家庭のテレビで閲覧・利用することが見込まれました。そしてこうしたニューメディアを利用した情報発信と情報サービスが活発化し，地域が活性化することが期待されました。

　また各自治体の行政事務においても情報化が推進されました。そのなかでも中心となった情報化は，事務作業のオンライン化・電算化でした。従来は住民基本台帳をはじめとして，行政における情報は紙媒体で保存，整理，利用されていたわけですが，そうした情報を電子データとしてコンピュータに入力し，それらのコンピュータを相互にネットワーク接続することでよりスムーズに事務処理がなされるようになりました。こうした行政情報は個々の市町村を越えて，複数の市町村の間で共有され，広域情報システムとして整備されることもしばしばでした。いわば現在の住民基本台帳ネットワークシステムを先取りするような形で情報化が進められてきたのです。このように，地方自治体の内部においても情報化が進められ，全体として地域が活性化し中央との格差を是正していくことが，地域情報化のねらいでした。

地域情報化政策の「問題」

　このように，1980年代後半からわが国では地域情報化への取り組みが継続的に行なわれてきました。しかしその結果地域がどれだけ活性化したのかということを考えたとき，これまで行なわれてきた地域情報化の多くは，必ずしも期待された効果を残してこなかったといわざるを得ません。ではなぜ，期待され

▶住民基本台帳ネットワークシステム

　各地方自治体が管理する住民基本台帳を電子化し，コンピュータネットワークを介して共有するシステムのこと。国民一人ひとりに11桁のコードを割り振り，住民基本台帳データを一元管理します．この情報のうち4情報（氏名，性別，生年月日，住所）とコードにより，全国どこでも本人確認が行なえます。このネットワークにより，行政の事務作業が効率化し，住民の利便性も向上するといわれています。しかし，国家による国民の管理強化につながるという批判や，技術的な安全性や信頼性が不十分であるとの懸念が各方面からあがっています。また現実にはほとんど利用が進んでいないなど，その有効活用についてはなお慎重な論議が必要であるのが現状です。

たような効果をあげることができなかったのでしょうか。それにはいくつかの理由があります。

　まず，政策の立案・実施のプロセスに関わる問題があります。すなわち，地域情報化政策がまずもって中央省庁が提唱する地域情報化構想からスタートし，それが政策として地方自治体に示されたという点に大きな問題がありました。それらの政策は中央と地方の格差を解消するために中央省庁によって練り上げられたものではありましたが，中央の論理で作られたものであったがゆえに，肝心の地方の現状や特性を必ずしも十分に，かつきめ細やかに反映したものではありませんでした。そのためせっかくの政策であっても地方自治体では十分にその効果を引き出すことができないという状況が生じました。国の地域情報化政策を受けて各地方自治体で策定・実施された施策は，基本的には地域情報化関連事業を支援するために用意された各種補助金を利用する形をとるものであったため，結果的として似通ったものとなってしまい，各地方自治体の現状に合わせたものにはなりにくかったのです。さらにいえば，政策および施策の具体的内容が，基本的には情報通信網の整備や情報センターに代表される情報発信に関わる施設群の建設，あるいは行政機関内部での事務処理の電算化，合理化に大きく偏ったものであったことも大きな問題でした。

　しかしなんといっても大きな問題は，そのようにして整備された情報ツールが必ずしも活用されてこなかったことです。地域において情報を収集・蓄積し，情報を活発に発信していくためには，情報センターなどの情報通信関連施設を建設・整備することは確かに必要なことであると考えられます。しかし，そうした施設を整備することは地域情報化の出発点となりうるとしても，決してゴールではありません．各種施設が地域情報の発信ツールとして有効に用いられてはじめて，地域情報化が進展するはずです。しかし現実には，莫大な費用をかけて整備された施設が十分に利用されることはあまりなく，半ば放置されそのまま時間を経るにつれ，導入当時はまさに"ニュー"メディアであったものが陳腐化し，使えないものになってしまうという状況が全国各地で生じてしまいました。

　なぜそのような状況が生まれてしまったのでしょうか。このことを考えるとき，これまでの地域情報化政策における最大の問題点がみえてきます。それは，

地域情報化への取り組みのなかで,地域住民がいわば置き去りにされてしまっていたことです。今述べたように,各地方自治体で実施されてきた地域情報化施策は,とにかく情報関連施設の整備を進めるというものでした。しかし当然ながら,そうした施設は決して地域にとって重要な情報を自動的に生み出すものではありません。施設が有効に機能するには地域の情報が集められ,整理されて,それらが活発に発信されなければなりません。そうした情報収集や整理・発信の担い手は誰なのでしょうか。そもそも地域において情報を作り出す主体は誰なのでしょうか。それは地域に住む人たち自身です。つまり,地域情報化の推進にあたっては地域住民の主体的な参加を促すことがもっとも重要な要素となるのです。

　それにもかかわらず,従来の地域情報化施策においては,「情報化」が本当に意味するところが何なのかが問われないまま,施設の整備のみが進められました。そこには"情報センターを整備したから情報化するだろう,そうすれば地域も活性化するだろう"という発想が何の根拠もなく成立していました。そのため地域住民は"情報センターという建物ができたみたいだけど,自分たちには何の必要があるかわからないし,そもそも使おうにも何ができるかわからない……"というとまどいを感じることになりました。あるいは"そもそも自分たちには関係ない"という無関心さが地域住民の間に広がることにもなってしまいました。地域の主人公であるはずの地域住民に,情報化の内実が十分に説明されないまま,ただ情報施設の整備のみが進む……。このような状況では,地域情報化の担い手は私たち地域住民なのだという主体としての意識が醸成されてこなかったとしても無理はありません。結果,従来の行政主導の地域情報化政策は思うような成果をあげてはこなかったのです。

2　地域情報化とは何でありうるのか

▎住民主体の活動——「外来型開発」から「内発的発展」へ

　このように,従来の地域情報化政策の特質と問題点を分析すると,地域の活性化の過程で地域住民の自主的な活動がないがしろにされてしまうという大きな問題があることが明らかになります。そうだとするなら,地域情報化を実の

あるものにしていくためには、地域住民が主体的に地域情報化に取り組むということが必要になります。それは果たして可能なのでしょうか。

実はこうした問題状況は地域情報化政策にのみ、みられるわけではなく、地域の活性化に関わる諸政策において共通にみられるものでした。そのため従来の地域社会学においてもすでにこの問題は繰り返し取り上げられ、議論が積み重ねられています。そのなかでもとりわけ重要な議論が、内発的発展論と呼ばれるものです。ここでは保母武彦による整理（保母，1996）に基づきながら、内発的発展論の特質を紹介します。

すでにみたように、地域情報化政策の基本的な仕組みは"国が補助金を出し、それをもとに地方自治体が各種事業を実施する"という、いわば地域外の力で地域を開発しようとするものです。内発的発展論の主要な論者の1人である宮本憲一は、こうした開発の仕方を「外来型開発」と呼んでいます。先にあげた一連の全国総合開発計画とそれに伴う地域情報化政策はまさにこの外来型開発の典型です。この開発方式は、公害や地域間格差など、いくつもの深刻な問題を生み出してきました。

これに対する地域の開発のあり方が内発的発展なのですが、この概念は宮本氏が外来型開発という概念を提示するのに先立ち、鶴見和子によって提示されたものです（鶴見・川田，1989）。鶴見はわが国で最初に内発的発展論を展開したのですが、各地域がそれぞれにもつ地域固有の自然体系や文化、伝統等の個性ないし独自性を重視しています。鶴見は、地域の個性に適合した形で、地域が自律的に、地域における暮らしの流儀や地域社会の姿を作り上げていくことが重要であると主張し、こうした地域の発展様式を内発的発展と呼んだのです。

鶴見の議論は、地域の着実な発展の道筋を示すものとして大きな意味をもつことになりました。ただし彼女の議論は、地域の自律的な発展という側面を強調するあまり、政府や行政の政策・施策に基づく発展という道筋を全く認めないという側面があります。従来の地域情報化政策に典型的にみられたように、確かに国や地方自治体が主導する地域開発には問題があります。しかしそこで生じていた問題は地域を活性化する理論も資源も中央、すなわち外部からやってくるということです。そうした状態においては、実は地方自治体もまた住民と同じように、主体ではあり得なかったともいえるのです。つまり重要なのは

地方自治体も住民もともに地域を活性化する主体として互いに協同しながら，地域に根ざして自律的に活動していくことだということになります。この意味で，内発的発展の主体として行政を排除する必要は全くありません。

　その点，先に挙げた宮本は，行政もふくめた形で内発的発展を考えるという立場を取っています（宮本，1989）。その上で宮本は内発的発展が進行するための原則を4点あげています。第1点は，各地域に固有の技術や産業・文化を土台にしながらも，大都市圏や政府との関係を無視することなく，地域住民が地域の経営に携わることです。第2点は，環境保全を地域開発の基底に据えることです。第3点は特定業種の産業開発にとどまらない多様な分野の総合的開発をめざし，地域内の産業連関をはかることです。最後に，自治体に，地域住民の意志が反映されうるような住民参加の制度を確立し，自治体が自治権をもつことです。以上4点をまとめれば，地域の発展は地域住民が地域内の資源を生かしつつ自律的に活動をし，それを支える自治体が地域における自治権をもちながら大都市や政府と対等にわたりあっていくことで可能となる，といえます。本章においては，この宮本の理論がより重要であると考えています。ではこうした内発的発展の道筋に沿った形で地域情報化が進行するとすれば，それはどのような形をとるのでしょうか。そして地域にどのような変化が現れてくるでしょうか。

▍地域活動とボランティア──アソシエーションとコミュニティと

　ここまでみてきたように，地域情報化をめぐるもっとも大きな問題は，その取り組みのなかで地域住民が置き去りにされてしまっていたことです。では，地域住民が地域情報化の主体として活躍しうる地域情報化，言い換えれば内発的発展としての地域情報化とはどのようなものなのでしょうか。そのことを考える手がかりとして，ボランティア活動の変遷にふれておきたいと思います。

　ボランティア活動と行政の関わりを研究している大森彌によれば，1970年代初頭以降，ボランティア活動は大きく変化してきました。そのポイントは，ボランティア活動が地域性をもったということです。大森は「ボランティアとしての主婦や高年者の登場は，もともと特定の地域とは必然的な結びつきをもたないボランティア活動に地域性を与えたという意味でかなり重要な出来事であ

るといえる」(大森，1990：273)と評価しています。

　ボランティア活動そのものは，何らかの問題や課題に対して自発的に形成されるものであり，その活動が特定地域に根ざしているかどうかは必ずしもその成立条件として必要ではありません。こうした性格をもつボランティア活動やその組織は，マッキーヴァーにならってアソシエーションと呼ぶことができるでしょう。アソシエーションとは，ある特定の利害関心に基づいて協同的に作られる組織や結社，あるいはその組織を作る人びとのまとまりを意味します。大学をはじめとした教育機関，政党，趣味のサークルなどがアソシエーションの典型ですが，ボランティア活動もまた何らかの問題や課題を解決ないし達成することを目的にして人びとが集まって行われるものであり，そうした人びとの集まりですから，アソシエーションといえるわけです。また，私たちは複数のアソシエーションに参加することができます。このことをマッキーヴァーは「1つのアソシエーションの成員は，多くのほかの違ったアソシエーションの成員になることができる」(MacIver, 1917)と述べています。たとえば皆さんは学生（大学アソシエーションの一員）であると同時に，サークルのメンバー（趣味アソシエーションの一員）であるといったことも可能です。このように，アソシエーションは特定地域に限定されることなく，何らかの目的に応じて参加したり脱退したりする集団だということになります。

　しかし，1970年代初頭以降，家庭の主婦や退職後の健康な高年者がボランティア活動の担い手として目立ち始めます。このことがボランティア活動に備わっていたアソシエーション的な性格を変えていくことになりました。家庭の主婦や高年者は日常生活上の制約があり，無理なくボランティア活動を行うためには活動範囲が必然的に身近な地域とならざるを得ません。しかしそのことが逆に，自分たちの生活をベースにしたボランティア活動という新しいスタイルを生み出したのです。地域に住む人びとが地域に根ざして集団を形成して活動するというこの特質は，同じくマッキーヴァーの言葉を借りてコミュニティと呼ぶことができるでしょう。マッキーヴァーによれば，コミュニティはアソシエーションのように特定の関心にのみ基づくものではなく，一定の地域で営まれている自生的な共同生活をベースにした人びとの集団であるという特徴をもっています。

こうしてみると"地域に根ざした活動を自発的に行う"というボランティア活動は，一方で利害関心に応じて自発的かつ柔軟に形成されるというアソシエーション的な要素と，他方で地域に備わる生活ネットワークをベースに，地域に根ざして形成されるというコミュニティ的な要素を併せ持つものであるということができます。つまりボランティア活動はコミュニティ・アソシエーションとでも表現すべきものに変化してきたのです。

■ できることをやる——地域活動イメージの転換

ボランティア活動はその後も着実に成長し，1995年に発生した未曾有の大惨事である阪神淡路大震災を契機として全面的に展開されることになりました。この年は日本のボランティア元年といわれましたが，その後1997年に日本海で発生したタンカー座礁に伴う重油流出事故での重油除去ボランティア，あるいは2004年に発生した中越地震の被災地での除雪ボランティアなど，ボランティアの活動は着実に大きなものとなり，今や社会を支える不可欠な力の1つとして認識されています。

こうしたボランティア活動に参加する人たちは，最初から明確な活動目的をもち，特定の活動をしようと考えて現地におもむいたというわけではありませんでした。むしろ「なんとかしたい」「なんとかしなければ」「自分にもできることがあるかもしれない」という強い思いに突き動かされて被災地に駆けつけたのでした。このとき，ボランティアという言葉のもつ意味が大きく変わることになりました。ボランティアとはとかく自己犠牲的な慈善事業であるかのようにイメージされてきましたが，震災におけるボランティア活動を経て，それは特別な行為であるというよりも，社会参加の1つの形であると受けとめられるようになったのです。

筆者のみるところ，ここ数年にわたって生じているこうしたボランティア活動の活性化とそれに伴うボランティアイメージの大転換は私たちに次の2つの事柄をはっきりと示しました。まずひとつに，社会の主人公であり社会の問題へ立ち向かう主体は他でもない私たち自身であるということです。これは当然のことのように思えますが，これまではこの当然のことが必ずしもはっきりとは意識されていませんでした。私たちはとかく，"社会の問題は専門家や行政

がなんとかしてくれるものだ"と考えがちでした。それが阪神大震災を経て，私たちは「自分も何かできる」「何かしたい」という思いをもつようになりました。またこうした意識の高まりに連動するように，近年，ボランティア活動の新たな担い手としてNPOが急速に発達しつつあるのは皆さんもよくご存じのとおりです。このことは，行政機関や民間企業に加えて，地域住民が主体となって活動するという新しい選択肢が登場したことを意味します。つまり，専門家や行政だけが主体なのではなく，私たち自身もまた地域のなかでの活動主体だということがより明確に意識されるようになったのです。

　また第2の点として見逃せないのは，こうしたボランティア活動が，そこに参加する人びとの主体的な創意工夫によって成立しているということです。災害時のボランティア活動に典型的にみられるように，ボランティア活動はしばしば平常時とは異なる状況下で行われます。そこでは，平常時の問題解決策では歯が立たないような新しい問題が次々と発生します。そのときボランティア活動に参加している人たちは，自分たちがもっている知識や技能をフル活用して，さまざまな創意工夫をしながら，直面している問題に立ち向かって解決していきます。

　筆者は，このような活動の仕方，すなわち地域住民が自律的に活動し，次々に生じる新しい問題に応じて柔軟に知性を働かせ創意工夫をしながら解決策を作り出していくというスタイルが，私たちの社会のなかに根付きつつあることを評価したいと考えています。そして同時に，筆者は地域情報化への取り組みについてもまた，こうした"地域における活動主体であるという意識"と"創意工夫の精神"をベースにして，とらえ直すことができるのではないかと考えています。つまり，地域情報化も近年のボランティア活動と同じく，地域住民や行政機関が地域における固有の問題や課題を主体に発見し，その解決へ向けてさまざまな創意工夫をしながら，地域に根ざした活動を展開することとしてイメージできると考えられます。ではこのようなイメージは具体的にはどのような形をとりうるでしょうか。丸谷一が「自前主義」（丸谷，2004）と呼んでいる，地域情報化の新しい流れに注目してみましょう。

3 地域情報化の新しい流れ

　丸谷によれば，この自前主義の特徴は地域情報化へ向けた取り組みの主体が行政に限らないことです。たとえば丸谷は千葉県南房総地域で地域情報化に取り組む「南房総IT推進協議会」を取り上げていますが，この組織はNPO法人です。すでにみてきましたように，従来の地域情報化は行政主導で行われてきましたが，この事例ではNPO組織が地域情報化への取り組みをリードしています。もっとも，協議会の中心メンバーにも地方自治体の職員が入っており，地方自治体と全く独立に活動をしているわけではありません。しかし，だからといって協議会が地方自治体の下請け機関のような役割を果たしているのでもありません。協議会と地方自治体はともに地域の情報化に取り組むパートナーとして対等の関係を結び，互いに活動を支え合っています。このように新しい地域情報化への取り組みでは，行政と地域住民の活動，そしてそれを支えるNPO組織との間の協働関係がはっきりとみられます。

　また重要なことに，地域住民が主体となった地域情報化の動きが活発化していくことは，地域に大きな変化をもたらします。それは地域情報化を進めていく活動の進展それ自体が地域に眠る情報を掘り起こし，それらの情報同士が結合して，新たな情報やそれに基づいた活動が生成されるという変化です。

　筆者は以前，長野県諏訪地域で地域情報化に関する調査を実施したことがあります（山尾，2001；2005）。この地域は各種地域情報化政策のモデル地区として，早い段階から行政による地域情報化の取り組みが展開されてきましたが，それと同時に，スマートレイクという民間組織（2001年にNPO法人化）が地域情報化へ向けた取り組みの中心的存在として活発に活動しています。この組織は1996年に設立されたものですが，当初は諏訪地域に高速通信網を導入することを目的に活動を進めていました。

　その活動はやがて実を結び，諏訪地域に高速通信網が整備されることになるのですが，活動はそれだけにはとどまりませんでした。すなわち，スマートレイクに参加していた人びとの多くは，福祉・まちづくり・環境浄化等々，すでになんらかの地域活動に参加し，積極的に活動を展開しており，そうした人た

ちがスマートレイクの活動を通して出会うことにより，お互いの知識や発想を交換しあうことになったのです。それにより個々の活動をしているだけでは生み出されえなかったさまざまなアイデアが生まれ，実行に移されることになりました。たとえばスマートレイクのメンバーの1人に，知的障害をもつ子どもたちの一時預かり所をボランティアベースで運営している人がいます。また，スマートレイクを構成する中心的組織のひとつにNTTがあります。この両者の協力のもと，障害をもつ子どもたちの通う授産施設と，そこに通う人たちが以前に学んでいた養護学校とをテレビ電話でつなぐという企画が生まれました。この企画はどちらか一方が奮闘してもなかなか実現するものでありません。これまでは何の関係性ももちえなかった両者がスマートレイクという場で出会うことによってはじめて可能となったものです。また，メンバーのなかには定年退職後に参加するようになった高校教員の方もいます。この人はスマートレイクに参加することを通して，▶シニアネット活動の存在を知り，「シニアネットすわ」という活動を新たに立ち上げました。

　このように，新しいタイプの地域情報化への取り組みにおいては地域住民たち自身が地域の問題を発見し，その解決に向けてさまざまに工夫するという活動がみられます。その活動のベースとなるのが，地域に根ざして自発的に形成された社会組織すなわちコミュニティ・アソシエーションです。地域住民は地域の行政という公的領域に依存するのではなく，この組織をベースに，地域の諸問題を自分たち自身の協同のなかで解決していこうとしています。大森は，地域に根ざしたこうした組織ないし社会空間は私的領域でも公的領域でもない公共的領域であると主張していますが，今挙げた事例をみてもわかるように，この領域には多種多様な関心とスキルをもつ人びとが集い，地域のあり方をともに考えるという機能が備わっています。これらの点で，地域情報化への新し

▶**シニアネット**
　もともとは，50歳以上のシニアの生活を豊かにし，シニアの経験や知識を共有することを目的として，1986年にアメリカで誕生したSenior Netという非営利団体の名称でした。近年になって全国各地で日本版のシニアネットが誕生することとなりました。活動内容としてはパソコン教室，インターネット利用講習会，ホームページ作成講座等の学習，メーリングリスト等も用いたメンバー同士の交流促進などがあります。

い取り組みのベースとなっている組織には公論形成機能をもった公共圏としての性格をも見て取ることができます（コラム参照）。

4 地域と情報・メディア

　ここまで日本における地域情報化の流れ，近年の新しい地域情報化の動きについてみてきました。これら一連のことをふまえて，あらためて地域情報化とは何なのかと問うなら，それは次のようにいえるのではないでしょうか。すなわち，地域情報化とは，地域の問題を地域の住民自身が発見し，その解決に向けてさまざまに知恵を出し合って創意工夫をするなかで，お互いのもつ情報が交換され，全体としての情報量が増大し，地域における情報交流が活発化する現象だと考えることができます。ここで地域情報化を"活動"ではなく"現象"と表現している点に注意してください。地域情報化について考える際には，それを，地域の情報化を目的として推進される活動としてではなく，何よりもまず地域を元気にしようとする活動の結果，地域社会にもたらされる変容としてとらえる視点が必要になるのです。

　このように地域情報化をとらえようとするならば，情報ツールの導入の如何それ自体は，実は大きな問題ではないことがみえてきます。あくまで，情報ツールの導入のなかでどのような創意工夫がなされたのか，そしてその活動を通して人々がどのように結びついているのかが，地域情報化の成否の鍵となっています。つまり，地域の住民自身が地域を見つめ直し，問題を発見し，討議を繰り返すなかで地域が活性化する内発的発展にとって，情報ツールがどのように役立っていくのかを見極めることが重要なのです。情報ツールは，むしろそうした問題を解決していく際に繰り広げられる地域住民同士の議論のなかで，時にはコミュニケーションツールとして，あるいは情報収集ツールとして，まさにツールとして役立っているにすぎません。この点を誤解するなら，"地域の問題を解決するためにはどんな情報ツールを導入すべきか"という，かつての地域情報化政策が陥った罠に再びはまりこんでしまうことになるでしょう。また，一方で行政事務の効率化をうたう住民基本台帳ネットワークの導入が，他方で政府による国民の管理強化という側面をももつことなど，いわば情報化

の功罪をめぐっては，なお慎重に議論を重ねていく必要があることはいうまでもありません。

　さらにいえば，ボランティアという活動の仕方やNPOという組織形態もまた，情報ツールがツールでしかないように，地域住民が自分たち自身の地域を自らとらえ直し，より充実した生活を作り上げていくためのツールにすぎません。この点が忘れ去られたとき，近年ますます力を増しつつある新自由主義的な社会体制のなかで，ボランティア活動やNPO組織がともすればスリム化した行政サービスの代替手段として矮小化された形で利用されるという事態が生じかねません（中野，1999　渋谷，2003）。私たちはこの問題にも十分注意を払うべきでしょう。

　幸い，インターネットをはじめとした有用な情報ツールがかなりの程度普及し，情報通信，情報発信の手段はすでに十分に確保されていますし，地域に根ざしたボランティア活動とその母体となるコミュニティ・アソシエーションは日本社会のなかで着実に育ってきています。こうした状況のなか，私たちには"どんな情報ツールを導入するか"という議論に絡めとられることなく，地域の主人公として地域の問題や課題を発見していくこと，そうした問題や課題の解決・達成をめざした諸活動を活発に展開していくことが求められています。そうした諸活動が互いに刺激しあうことをとおして新たな情報が生み出されていくときこそ，地域を元気にする地域情報化の姿が具体的な輪郭をもって立ち現れてくることになるでしょう。

コラム

公共圏のゆくえ

　公共圏とは，人びとが政治権力や経済権力から自立して自律的で合理的な議論を行う社会空間のことです。ドイツの社会哲学者ユルゲン・ハーバマス（J. Habermas）は，この公共圏の生成，展開，そして変質の過程を研究し，『公共性の構造転換』（Habermas，[1962] 1990＝細谷・山田訳，1994年）という書物を発表しています。ハーバマスの議論そのものについては第5章で詳しく論じられていますのでそちらを参照していただくこととして，ここでは，近代社会において構造転換を余儀なくされた公共圏の再構築に関する議論を紹介しておきたいと思います。

　ハーバマス自身は公共圏の再構築へ向けた具体的な道筋を詳細に示したわけでは

ありませんが，現代における公共圏再構築の可能性を追求する研究者たちは，市民のための新しいメディアが公共圏の再構築を可能にするのではないかと考えています。

そうした議論において注目されているのは，インターネット空間がもつ公共圏としての性質です。社会学者の吉田純によれば，インターネット空間には平等性・公開性・自律性という公共圏の3原則が備わっています。吉田はインターネット空間がもつこうした諸特性をふまえて，インターネットにおける自律的公共性の実現による電子民主主義の可能性を示唆しています（吉田，2000）。また社会学者の干川剛史は，ボランティア活動のもついわばネットワーク的性質に注目しています。干川はボランティア活動のネットワークがインターネット等のデジタルメディアを利用していることを指摘し，これを「デジタル・ネットワーキング」（干川，2003：86）と表現しています。干川はこのネットワーキングが新たな公共圏を形成していると主張し，ボランティア活動相互の情報伝達やNPO組織間の連携をコーディネートする「情報ボランティア」（干川，2003：115）を自らも行なっています。インターネットは多様な意見が出会い，それらが相互に結びつく場として機能するわけです。

しかし同時に，インターネットは同じ意見をもった人同士のみを強く結びつけるという性質ももっています。そうした集団における議論は，往々にして集団のメンバーの意見をより極端なものへと変化させがちです。その結果インターネット上に，自集団の意見を絶対的なものとみなす閉鎖的な集団が無数に存在するという状態が生じる可能性があります。アメリカの憲法学者キャス・サンスティーンはこの状態を「集団分極化」（サンスティーン，[2001] 2003：80）と呼び，それが「豊富な情報と多様な意志を反映した決定を可能にするもの」（サンスティーン，[2001] 2003：56）としての民主主義を脅かすと指摘しています。

このように，インターネットを中心としたデジタルメディアは相反する結果をもたらすことがあります。しかし情報ツールはあくまでツールでしかありません。本文でも言及しましたが，それをどう生かしうるのかは，我々一人ひとりの力にかかっていることを忘れてはならないでしょう。

引用・参考文献

Habermas, J. *Strukturwandel der Öffentlichkeit: Untersuchungen zu einer Kategorie der burgerlichen Gesellschaft,* Suhrkamp Verlag., [1962] 1990（細谷貞雄・山田正行訳『公共性の構造転換——市民社会の一カテゴリーについての探求』未来社，1994年）

保母武彦『内発的発展論と日本の農山村』岩波書店，1996年

五十嵐之雄「第2章 地域情報化施策」齋藤吉雄編著『地域社会情報のシステム化』御茶の水書房：21-116，1999年

MacIver, R. *Community: a sociologist study,* Macmillan, 1917（中久郎・松本道晴監

訳『コミュニティ』ミネルヴァ書房，1975年）
丸谷一『地域情報化の最前線——自前主義のすすめ』岩波書店，2004年
宮本憲一『環境経済学』岩波書店，1989年
中野敏男「ボランティア動員型市民社会論の陥穽」『現代思想』27(5)：72-93，1999年
大石裕『地域情報化——理論と政策』世界思想社，1992年
大森彌『自治行政と住民の「元気」』良書普及会，1990年
渋谷望『魂の労働——ネオリベラリズムの権力論』青土社，2003年
Sunstein, C. *Republic.Com,* Princeton University Press, 2001（石川幸憲訳『インターネットは民主主義の敵か』精文堂，2003年）
鶴見和子・川田侃編『内発的発展論』東京大学出版会，1989年
山尾貴則「インターネット時代の地域情報化——長野県諏訪地域の事例」『東北文化研究室紀要』42：1-15，2001年
———「インターネット時代の福祉情報化——長野県諏訪地域における取り組みを手がかりに」『作新学院大学人間文化学部紀要』3：29-45，2005年
吉田純『インターネット空間の社会学——情報ネットワーク社会と公共圏』世界思想社，2000年

推薦文献

保母武彦『内発的発展論と日本の農山村』岩波書店，1996年
——日本における内発的発展論の展開をコンパクトにまとめています。

干川剛史『公共圏とデジタル・ネットワーキング』法律文化社，2003年
——阪神大震災を契機として登場したボランティアである「情報ボランティア」の機能と意義について論じています。

丸谷一『地域情報化の最前線——自前主義のすすめ』岩波書店，2004年
——「自前主義」をキーワードに，全国各地で新たに展開しつつある地域情報化の新しい流れのもつ可能性を探る本です。

大石裕『地域情報化——理論と政策』世界思想社，1992年
——わが国の地域情報化政策を第2次世界大戦後の国土開発のなかに位置づけて論じた本です。必読です。

渋谷望『魂の労働——ネオリベラリズムの権力論』青土社，2003年
——ボランティア活動などの自発的・自律的活動が国家の内部に巧妙に組み込まれ，利用されていくメカニズムを検討し，その問題性を指摘しています。必読です。

第 11 章

情報社会の働き方
――IT 労働市場とセーフティネット――

竹内　治彦

　フリーターやニートという言葉が流行語のように使われるようになっています。その背景には，何かを学び職業につくという学校から職業への移行のプロセスの変化があるようです。学校では一般教育を教え，企業に入って働く勉強をするのではなく，企業で働くための知識を学校ですでに学んでおくニーズが拡がってきています。とりわけ，情報の分野は働くためのスキル作り，スキルの標準化が進んでいる分野と思われます。また，情報分野で働く人びとは一般に流動性が高く，終身雇用というイメージとは遠いという印象がもたれています。技術力でもって企業間を渡り歩くエンジニアの姿を想像する人もいるかもしれません。これらの印象はどれくらい実態に近いのでしょう。また，IT 関連企業に浸透しはじめた新しい働き方のモデルは，伝統的な製造業での働き方にも影響を与え，修正をせまるようなことはあるのでしょうか。この章では，情報社会で，人びとの働き方はどのように変わるのかについて注目してみたいと思います。

1　働き方の変化と賃金制度

ある IT 企業の物語

　働き方の変化について考えるにあたり，象徴的で寓話といっても良い話から始めたいと思います。オスターマンは情報産業における働き方の変化を明らかにした著作のなかで，デジタル・エクイップメントという会社（DEC）に起こった物語を紹介しています。まだコンピュータがそれほど普及していなかった時代では，この企業に限らず，コンピュータ関連企業には知的能力の高い優秀

な人材を手厚く処遇する「従業員にやさしい」会社もみられ，エクセレント・カンパニーと呼ばれることもありました。DEC は多数の教育訓練機会を従業員に提供していましたが，それらは，レクリエーションの分野にまでわたり，大学のキャンパスのような雰囲気のなかで従業員たちは働くことができたそうです（Osterman, 1999）。

ところが，90年代になると同社の経営状況が悪化します。コンピュータ関連産業が発展しはじめると，以前のような独占的な地位を保てなくなってきたからです。そこで，創業者オーナーは，企業の財務部門の権限を強化し個人業績を反映させる賃金制度を導入，さらには雇用保障を廃止し半数以上の従業員を解雇するよう追いこまれました。企業文化は様変わりし，家族経営的な雰囲気はなくなり，経営スタイルは新しいモデルにとってかわられたのです。このような劇的な努力にもかかわらず，DEC は最終的に，コンパック社に買収されてしまいました。

この物語は，古い経営形態の伸びやかな職場が市場主義に飲み込まれていく様をドラマチックに表現しています。ところで，この物語の意味を正確に理解するには，古い経営形態のモデルと新しい経営形態のモデルとは何か正確に知る必要があります。

▍伝統的企業モデル

伝統的な企業モデルを考えるときに，日本型雇用モデルといわれるものから考えてみましょう。日本の雇用モデルの特徴として，終身雇用，年功賃金，企業内労働組合が考えられます。これらは日本型モデルで，日本の特殊性を示すものだ，欧米の企業は異なった組織になっていたのではないか，と思われるかもしれません。もちろん，この3つの特徴が典型的な形でよく発展したのは，高度成長期の日本の，しかも中堅以上の企業だったと思われます。しかしながら，アメリカ企業が伝統的にまったく異なるアプローチだったわけでもありません。実はアメリカの企業においても，イギリスの企業においても，年功賃金と長期型の雇用は存在しました（宮本，2004；Jacoby, 1985）。

しかし，すべての従業員について存在したわけでもないので，従業員をホワイトカラーとブルーカラーに分けて考えたいと思います。欧米では両者に対す

る制度は異なる原則にたっていました。

年功賃金

　年功賃金を簡単に定義すれば，年齢や勤続年数の伸長に応じて賃金が上がっていく制度ということになります。つまり，賃金の支払い基準を年齢や勤続年数に置いていますが，なぜ，それらに応じて賃金が上がるのでしょうか。その説明は2通りに考えられます。ひとつは，年齢等が上がるにつれて生活水準が向上し，また住宅の購入や子どもの教育費用といった問題が生じ，それだけ多くの所得を必要とするからである，というものです。賃金は生活のために支払われるのであり，賃金の生活保障的な面を強調した考え方といえましょう。実は，戦争直後の日本はたいへん疲弊し，企業は食べていけるだけの賃金を支払うのが精一杯でした。ぎりぎりの生活を守るため，企業には生活保障的な賃金体系を選択することが求められました。その頃，電力産業の労働組合の要求によってうまれた電産型賃金は生活保障型の賃金制度の代表的なものです（河西，2001）。

　もうひとつの説明方法は，年齢や勤続年数の伸張に応じて，仕事をしていく能力が高まるからである，というものです。これも常識的なことです。皆さんも何か仕事やアルバイトをされていて，1年目はわけもわからずやっていた仕事に，2年目には慣れ，3年目には全体の流れを理解しながら作業をし，4年目には仕事の流れを自分で提案して変更できるくらいに習熟するといったような経験をお持ちかもしれませんし，あるいは想像することはできると思います。人は仕事に習熟するので，長年同じ仕事を重ねていけば，単に与えられた作業を「こなす」以上に，仕事を深く理解し，仕事そのものを変革・創造できるようになる人もいます。それが，ある程度，一般的なことならば，いつまでも賃金が同じであったら，習熟した人からは不公平に感じられるに違いありません。

　とくに，ある作業に習熟するだけでなく，仕事に伴う責任や影響が異なるレベルで求められるほどに高度化するならば，賃金はそれに応じて引き上げられるのが当然でしょう。ホワイトカラーの仕事には知識と経験が必要で，責任・権限と企業活動への影響は飛躍的に高度化すると考えられるので，年齢や勤続年数が長ずるに応じて，賃金も相応に上がっていく現象は，欧米のホワイトカ

ラーにも共通にみられた現象でした。ただし，これはホワイトカラーに対してであり，現業的な仕事であるブルーカラー層に対しては，欧米では職務給的な賃金制度がとられ，年功的賃上げは薄かったのです。もちろん，ブルーカラーの人たちも習熟すれば，それだけ作業速度は増します。それに報いるために，作業量や納期遵守・品質に応じ賃金を上乗せする制度が考えられましたが，基本給そのものを能力に対応させて年功的に引き上げる制度はそれほど発達しませんでした。アメリカの職場では，作業の計画者と実行者は厳密に区別され，実行者は計画に口出しなどしないで，いわれたことを実行しさえすれば良いと考えられてきました。そのため，彼らの仕事については，付与される作業に応じて賃金が決められる職務給となったのです。

ここでそもそも何に対して賃金を支払うのかという大原則について注目してみたいと思います。アメリカのブルーカラーの場合，賃金は仕事に対して支払われています。それに対して，年功的な賃金体系をもっている日本のホワイトカラーの場合には，賃金を決める基準は仕事だけに限定できず，年々向上すると考えられるその人の能力に対して賃金が支払われていると理解することができます。日本では，それを職能資格制度と呼び，能力に応じて上がる賃金制度を多くの企業が採用しました（楠田，2004）。

アメリカにおける以前のホワイトカラーの賃金を能力基準と呼ぶことはためらわれますが，年功的なカーブをもっていたということは，単純に仕事基準とはいい切れない，個人の能力の伸長をみていく部分があったということができると思います。

2　長期の雇用と企業内労働市場

ホワイトカラーについて年功的な賃金制度がとられていたということは，長期の雇用を前提にしているということです。日本での「終身」という言葉をことさら強調する必要はありません。長期にわたって人材を活用する雇用システムであるというのが肝心のところであり，長期能力活用型の制度は，実はアメリカにも存在していたのです（Jacoby, 1985）。

日本の企業にもアメリカのホワイトカラー層の処遇にも共通して，長期雇用

をしながら能力活用を進める制度が存在したとするならば，それを束ねて，共通の理論で総合的に理解するのが便利です。そこから「企業内労働市場」という概念が発展し，それを分析したデリンジャーとピオーリの著作は有名です（Doeringer & Piore, 1971）。企業内労働市場の発達と，長期の雇用関係，能力の高まりに応じて上がる賃金制度は密接に関連しています。企業内労働市場に対しては，外部労働市場という言葉が対立するので，その対比について考えてみましょう。

ビジネスチャンスと雇用の長さ

　企業活動とは，企業家がビジネスチャンスをみつけ，ヒト，モノ，カネを組み合わせて，そのチャンスを現実のものとし，収益を上げることを目的とした活動である，と定義されます（佐藤・玄田，2003）。モノとは資材であり，カネはさまざまな意味での資本調達を意味し，ヒトとはもちろん人員です。この考え方では，企業は永続的な組織である必要はなく，プロジェクトのようなものであってもかまいません。それぞれのビジネスチャンスに応じて，ヒトが集まり，また解散していく，そうした活動もありえます。たとえば，学生になじみの深い学園祭の模擬店も，短期のビジネスチャンスにかけたプロジェクトだということができます。これに対して，さまざまな意味で信用をえて，企業活動を安定化させるためには，ヒトの組織が安定している方が有利な点が多いのも納得できると思います。そこで企業はヒトを集め，企業内での仕事を担当してもらうことになります。一般的には，ノウハウが単純で経験が不要な定型的な仕事については，外部から人を調達しやすいので，外部労働市場が利用されます。ところが，企業の継続的な活動に重要であり，企業に特殊な能力やノウハウが蓄積している分野が存在する場合には，企業は人材を囲い込み，内部で育成し，企業の必要と社員の適性・能力に応じたポジションに配置し活用するので，企業内労働市場が発展することになります。

　終身雇用は日本の文化のようにいわれますが，実は明治・大正の頃は，転職はさかんに行われていました。それらは転職というより，ある職場から逃げ出して別の職場に移ってしまうような行動だったのですが，明治20年代頃の紡績業では職工の移動が激しく産業団体の役割のひとつは職工等の引き抜きをしな

いことに関する企業間の紳士協定の締結にありました（藤林，1960；大河内，1970）。日本での企業内労働市場は1925年頃から発達をはじめ，1930年代に入ると戦時経済体制が強固になり，労働移動が国家的に規制され，企業ごとの技術ノウハウが蓄積されるようになりました（尾高，1993）。

　以上の考察から，仕事と人間の関係について一般的にまとめてみると，根本的に大きく2つに分けて考えることができます。ひとつのタイプは，企業家が職務を設計し，それに基づいて，人を集めるというものです。これは仕事・職務が先にあるタイプです。これに対して，企業活動が安定してくると継続的に人が集められていて，その人びとが仕事を作り出すという関係も考えられます。前者のタイプは外部労働市場的であり，後者は企業内労働市場にマッチしています。産業が力仕事などの作業的なものから，管理的な仕事の比重が増すにつれて，そうした職務を担当する職員層を囲い込んでいく必要性はどこの国においても発展したのです。

　もちろん，日本とアメリカの雇用制度の違いはさまざまに対比することができ，その異質性は明らかです。しかし，そのように異質な日米において，共通に企業内労働市場が発展したことは注目すべきでしょう。ただし，アメリカと日本とで大きな相違点がありました。アメリカではホワイトカラー層にだけ企業内労働市場が発達し，作業は計画者が計画し実行者はマニュアルに従い，それを実行するだけであるという根本原則が確立されました。日本はブルーカラー層についても，企業内労働市場が発展しました。日本では，現場で働く作業者たちの経験の蓄積も重要と考えられ，これらの人びとを長期に活用し，能力を開発し，それに応じて賃金も上げるという職能資格制度が確立されたのです（佐藤，1999；小池，1991；図11-1も参照）。その代表的な表れが，品質改善のための小集団活動であり，国際語になった改善（KAIZEN）活動です。カンバン方式（在庫，とくに作業現場での在庫を減らし，かつ足りないことがないように考えられた部品の調達手法）やJIT方式（同様に必要なときに必要なものがあるように工夫されたシステム全体をJust in Time方式と呼ぶ）などの生産方式と並んで，作業者の作業へのかかわり方の変革という意味で，KAIZENとチーム労働は国際的に認められ，多くの欧米の企業が導入するようになりました。KAIZENは製造業では世界中で通じる言葉になっています。

第11章　情報社会の働き方

図11-1　各国の賃金カーブの比較

男性（管理・事務労働者）の賃金カーブ（年齢別）

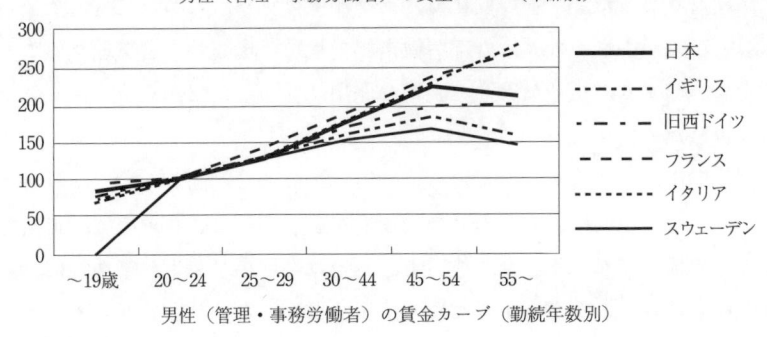

男性（管理・事務労働者）の賃金カーブ（勤続年数別）

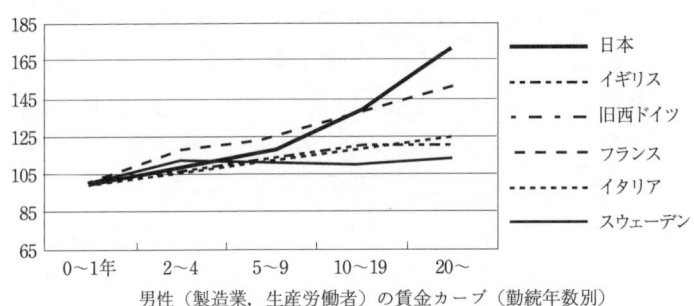

男性（製造業，生産労働者）の賃金カーブ（勤続年数別）

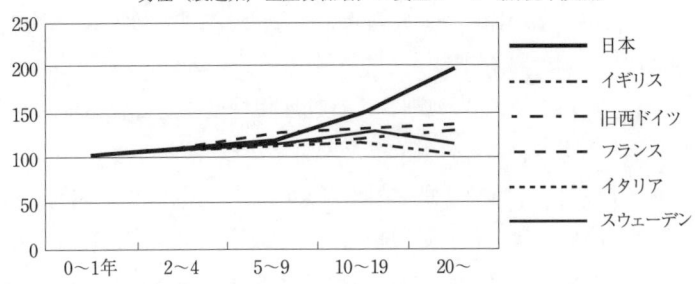

注：年齢は20から24歳を100，勤続年数は0年を100とした対数値で図示してある。管理・事務労働者について，年齢で見るとどの国でも年功的なカーブは存在し，日本のカーブはむしろきつくない。しかし，勤続年数別で見ると日本のカーブがもっともきついものとなる。とくに生産労働者については，しっかりとしたカーブを持っているのは日本だけと言っていいだろう。なお，女性の賃金カーブは専門職などの例外を除けば，総じて男性ほどはっきりしたカーブを描かない。

出典：日本：厚生労働省「平成9年賃金構造基本統計調査」，その他：EU"Structure of Earnings Statistics 1995"，労働政策研修・研究機構『データブック国際労働比較2005』のデータより加工。

IT 以後の労働の変化

　企業内労働市場の理解に基づきながら，アメリカで起こった変化の意味につ

いて考えてみましょう。ITの時代になって，アメリカ社会の働き方に大きな変化が起こりましたが，その変化は，ホワイトカラー層においても，企業内労働市場の役割が小さくなり，外部労働市場の比重が増した，と整理することができます。つまり，正社員として長期の雇用関係のなかで働くホワイトカラー層が減少したのです。

　外部労働市場の比重が大きくなったことは，2つの側面から考えられます。ひとつはより積極的に，能力の高い人びとがより高い賃金を求めて，企業を渡り歩ける素地が発展しました。他方で，企業は高い福利厚生や年功的に上昇する賃金を支払うことを嫌うようになり，正社員比率を抑制，外部化できる作業は外部化するようになります。企業の仕事の一部を外部に出すことをアウトソーシングといいますが，そうしたものの比率も増えているのです。情報技術の産業がまだ，製造業をベースにしていた時代においては，IT関連企業も企業内労働市場を充実させていましたが，ソフトウェア開発などの新しい分野が隆盛し，本格的なITの時代が訪れるにつれて状況は一変していきます。

　働き方の変化を上述の2面からみてみましょう。ひとつ目は，技能レベルが高く，企業が強く求める人材が流動性をもつようになり，そうした人材を招き，また保持する必要が企業の側に生じたことによる変化です。とくにシリコンバレーのような地域では，離職率は高まり，平均勤続年数は1.7年程度です（日本労働研究機構，2002）。年功的な処遇は，長期雇用制度に応じたもので，外部からスペシャリストを迎えるには適しません。ところが，新しいコンピュータ産業での仕事はよりプロジェクト的になり，比較的短い期間にある作業をやり遂げ，また別のプロジェクトに移っていくような働き方も実際に存在するようになりました。そのため，長期雇用を前提とした制度は有効性を失いつつあります。

　先ほどのような高い離職率は，より良い職を求めての転職が原因なだけではありません。前職場の倒産による離職のケースもかなりみられます。コンピュータ，とくにソフトウェアの開発にかかわる産業やインターネット関連ビジネスの発展は，働く人の二極化を推し進めている傾向があります。一部の人びとは転職をバネにその賃金をアップすることができましたが，より多くの人びとは，以前よりも単純な作業者へと地位を落とすようになってしまっています。

シリコンバレーの中心都市サンノゼで，1979年の所得階層中の最高位10％と最低位10％の所得比率（90/10比率）は3.89，最高位25％と最下位25％の比率（75/25比率）は2.04でした。ところが96年には75/25比率は2.41，90/10比率は5.20ときわめて大きくなっています。しかも，89年から96年にかけてサンノゼで賃金増を体験したのは所得階層トップ10％に過ぎなかったそうです（Osterman, 1999, p14）。

3　IT による労働の変化

日本では，IT 産業がどのように雇用システムに変化をもたらしているでしょう。経済産業省の産業構造審議会情報経済分科会は，図11-2のように変化をまとめています。

とくにこのレポートでは，「企業内調整」から「市場調整」へという形で，中途採用と中途退職が増加している現象に注目しています。これは本章で述べている，企業内労働市場の後退という現象と軌を一にするものです。大手企業10社に対して行った調査によれば，10年前と現在を比較すると，ホワイトカラーについては，新卒と中途の比率は，94.5％：5.5％だったものが，74％：26％と大幅に中途採用が増えています。とりわけバックオフィース（営業・生産部門・経営中枢以外の事務を担当している事務処理部門）では96％：4％の比率だったものが，47％：53％となり，半数以上が中途採用者になっています。これについては，戦略的人材・即戦力人材の積極的活用など，専門性の高い人材のニーズが増大したからであると分析されています。これに比べると，技術部門については94％：6％だったものが，80％：20％になっている程度です。

逆に，働く側からの離職傾向をみると，定年退職と早期退職の比率は企業や

図11-2　雇用システムの変化

日本型雇用システム	IT 産業における新しい雇用システム
新卒採用中心 年功賃金 ルール化できない人材評価 企業固有の人材教育 企業によるセーフティーネット	新卒採用と中途採用の最適な組み合わせ 賃金体系の多様化（実績，能力，成果） ルール化された人材評価 汎用的な人材教育 市場によるセーフティーネット

部門の成熟の影響の方が大きく，定年退職比率が大幅に伸びていますが，実数で比較すると，中途退職者が増えています。とくに30歳代，50歳代で多く，30歳代ではより高い処遇を求めて自ら退職したケース（スピンアウト）が多くなり，50歳代では，早期退職優遇制度を活用しながら，関連会社への転籍している場合が多いようです。なかには大学教授など転職している事例もあるそうですが，多いものではないでしょう。また，各社とも転職を円滑にするために，年功賃金での処遇との差額を補填するような制度を設けていました。

こうしてみると，やはり人材の企業を超えた流動性は高まってきており，企業内労働市場の弱体化がみられます。非正規社員の比率，請負契約などの比率も高まってきていることも注目されます。電機産業の労働組合である電機連合の調査（2000年）によると，非典型労働者について，3年前を100にしたときの今日の値を産業別に比較すると，重電，家電はまだ100に近い値ですが，通信機・コンピュータは112，半導体・液晶が157，電子部品が164となっています。同じことを技術で比較すると，成熟技術・中間技術は111ですが，先端技術では133となっています。これらの現象は，ひとつの企業で正社員として働き続ける人の減少を結果します。それは働く個人を守る企業のセーフティネットの弱体化を意味し，市場化された労働環境のなかで，働く人の権利，生活を守る新たなセーフティネットが必要になってくることを示唆しています。企業が個人の長い人生の全体を保障しなくなったら，個人は転職市場の波のなかをどのように安全に生きていけるのか，その安全を示す必要がでてきます。

▌雇用の流動化とセーフティネット

流動的な労働市場でのセーフティネットの必要性については，IT関連企業もまた，IT産業の労働組合もはやくから問題意識をもち，対抗策を打ち出しています。アメリカでは，外部労働市場が発達するに応じて，民間の仲介業も発展しました。いわゆるリクルート活動をビジネスにする企業たちは，離職希望者と中途採用を求める企業の情報を集め，離職希望者についてはカウンセリングを行ない，また転職に必要なスキルの情報や再教育（リカレント教育）についての情報を提供して，転職を誘導しています。とくにIT産業では外部労働市場が発展しているので，仲介業者の役割は大きいようです。

日本の場合，今日でも仲介業者が十分に発展しているとはいえないので，工夫が必要になります。たとえば，P電機では，人事部のなかに人材バンクのセクションを作り，そのような活動を行っています。P電機が人材バンク設置で本当に意図するところは定かではありませんが，一般的には企業側の必要性としては次のように考えられるでしょう。企業としては技術革新の速いIT業界で古いスキルしかもたない従業員を多数，正社員として年功的に定年まで処遇し続けるのは，国際競争力上難しくなっています。かといって，いったん採用した人間を生活保障なく解雇するようなことは，企業イメージにも，今後の採用活動にも大きなダメージになり好ましくありません。そこで，その人の能力を十分に発揮できる次の職場を紹介し，再出発に必要な訓練も行なうのです。こうした作業は一般的にアウトプレースメントと呼ばれます。終身雇用に絶対の価値をおけば，企業の身勝手な行動のように思われがちですが，そうとばかりもいえません。最先端の企業が，そのようにして従業員を放出してくれることで，それに続く企業群がその人たちを採用し，産業全体に高いレベルの技術・ノウハウが伝わり，全体の水準が高まる好循環がうまれるのです。もし，最先端企業群が，そうした人びとを活用しないままに抱え込んでしまったら，それは全体としてみると大きな損失なのです。とくに，新産業では優秀な人材の離職を防ぐために成果型の賃金，つまり成果を特定して，それに対して賃金を支払うシステムが広まっています。この制度では，成果主義によって，反対に低く評価される人が必ず出てしまいます。この人たちの多くは，一般的には優秀ですが，世界の最先端の競争に参加していくには，やや力が及ばない人たちです。こういった人たちが，それぞれの企業で滞留し，その能力を十分に発揮できないのは産業界全体にとって痛手なのです。

　以上で，アウトプレースメントが企業側にも従業員側にもある程度必要であるということが理解されたと思います。さらに，ITの先端企業では，汎用的な技術教育を行う機関をもっています。一般に日本の企業内の職業訓練教育は，OJTを中心として，企業内で役立つ汎用性の小さな企業特殊的な熟練を作り出すものが多いといわれてきました。しかし，そうした訓練だけを受けている人たちが転職すると，もっている技能は他の企業では有効でなく，初心者と同じになってしまうという問題に直面します。IT分野でも，技術のすべてが汎

用的ということではなかったのですが，近年では雇用流動性を意識し，どの企業も企業内研修において汎用的な技術教育に力を入れるようになってきているようです。特殊な能力の育成・教育をしてこなかった企業が従業員の離職を促すのは単なる身勝手であると非難されるかもしれません。しかし，IT関連企業では，技術・ノウハウの汎用化を進めながら，産業全体で外部労働市場を本格的に作りつつあるのだと評価できるでしょう。

　こうした状況に対応して，電機産業の労働組合である電機連合はいち早く対応し，従来型の労働組合運動とは異なる新たな目標を唱えるようになりました。労働組合はパート，派遣，準社員といった人たちが増えていることに注目し，その労働条件の改善にも取り組む。企業別組合では，市場を通じた雇用安定という観点から労働者保護を図ることが難しくなってきているので，職能別労働組合を組織することを考えていかなくてはならない，といったことがらを「電機連合中期運動方針　2001年～2010年　新しい豊かさへの挑戦」のなかで宣言しています。同組合の鈴木勝利中央執行委員長は「やはり労働市場が組合組織を作るんです。日本のように１つの会社に入れば定年まで勤める縦型の労働市場では，企業内労働組合が一番有効だったわけです。労働力の流動化が起きたら，企業内組合の範囲は限定されていきます。今日，100人辞めて，明日，100人入ってくるといった組織で，企業別組合というわけにはいかんでしょ。横型の労働市場では新しい職能別組合ができるとか，そういう方向で組合の再編が進んでいくのではないか」(『日経ビジネス』2001年11月26日号）と述べています。2004年2005年の電機連合の運動方針では，「『個』を高め，『個』を拡げる支援

▶ OJT と off-JT

　OJTは on the Job Training の略で，職場で実際に働きながら仕事を身につける研修方法をいいます。就職前教育と異なりとりわけ職場での訓練では，やはり働きながら仕事を覚えるのが基本なのは洋の東西を超えています。職場での人材育成の基本はOJTにあるということができます。企業内で人事異動がありスキルが企業内に蓄積される日本ではOJTの重要性がとくに高く，off-JTは形式的で無用の長物とみられがちでした。ところが，情報産業を中心にいわゆる知識産業の分野では経験を超えて，知識・情報の有無が仕事に直接かかわってきて，off-JTの役割も見直され，本文中で述べたような汎用的な教育の必要性も高まっています。情報関連分野だけでなく，ますます複雑になる行政との対応で求められる法律知識や国際的な会計基準への適応を求められる会計処理など，新しく高度な知識を体系的に勉強できる off-JT を活用せねばならない分野です。

に取り組む」ことが謳われ，2003年10月から「電機産業職業アカデミー」を開設した実績が紹介され，さらに，「キャリア開発推進者」の養成やキャリアデザインセンター（相談室）の本格稼動に向けて試行を継続するなどの構想も過去のメインテーマとして記載されています。

　以上のような電機連合の姿勢は，日本での実体の進行よりも先んじたものであった可能性も否定できません。しかし，IT産業においては，かつて日本ではみられなかった職能別での企業外の労働市場が発展し，転職が日常に行なわれるような状況のなかで，仕事に公正に報いる処遇制度と，技能を頼りに企業間を流動する労働者たちのセーフティネットのあり方を新たに構想することが現実味をおびた問題になったことの表れであるということができます。

4　労働と情報・メディア

　働く個人の側のセーフティネットというだけでなく，産業政策としても優秀な技能者の育成は重要であり，国家レベルあるいは地域レベルでの人材育成力は競争力上重要です。ところが，離職率が非常に高い状態での技能育成はどのように可能でしょうか。企業が従業員に対して教育を行うのは投資であり，技能の高まった従業員の働きによって，その投資は回収されると考えられます。ところが，従業員が簡単に離職してしまうと，投資は回収できなくなるので，企業としては従業員への教育を躊躇せざるをえなくなります。1999年に，行政に対する期待を企業や技術者に聞いた調査によると，若手技術者，ベテラン技術者ともに「教育訓練機関，教育訓練制度，助成金制度等を作ってほしい」という回答がもっとも高くなりました。若手，ベテランともに，「技術革新に追従することへの不安」をもっているのですが，企業は教育訓練を十分に行なっていないという現状があり，国が国際競争力に配慮し，支援してほしいという期待があるのです。

　公共政策によって，IT技術者の教育を行なう事例は，シリコンバレーにおいて存在しています。カリフォルニア州政府が職業訓練支援を行っているETP（Employment Training Panel）は，州内の企業の競争力を増し，国内外の企業を誘致するために企業が行なう職業能力訓練を支援しています。日本から

カリフォルニアに進出している企業も補助対象になっています。同組織では，他に起業家資格コース，ソフトウェア産業訓練向けのさまざまな技術研修，移民技術者に対する英語研修などを行っています（日本労働研究機構，2002）。こうした教育上の努力と，企業活動において，技能・スキルのデファクト標準化が進んだことによって，「境界のないキャリア」ということがいわれるようになっています（若林，2003；宮本，2004；Marsden, 1999）。

　ITの発達は他産業にも大きく影響を与えるでしょう。アメリカにおける統計をみると，IT産業よりも非IT産業においてこそ，はるかに多くのIT技術者が働いており，情報技術者の就業パターンは他産業での多くの人びとの働き方に影響を与えるようになっています。この人たちは，汎用的な技術をもち流動性が高いのです。こうした人びとによる流動的な外部労働市場，職種別労働市場が本格的に形成されてくれば，それに応じた社会保障制度と，教育制度の形も変わっていかねばなりません。教育は，個人の雇用可能性（Employability）を高め，その人を失業から守るという点で，より積極的な社会保障制度としての役割を果たすものとして推奨されるのです。知的技術力が産業の競争力まで規定するようになれば，なおさらその意義は増します。教育は個人のセーフティネットとしても（労働政策），また産業の競争力としても（産業政策），重要な意味をもつのです。基本的なスキルがデファクト・スタンダートとして社会的に公開され，企業内労働市場の役割が限定的になってくる情報化時代の産業においては，より高いレベルでの技能教育の仕組みを企業間に作ることは，個人にとっても，企業にとっても，地域・国家にとっても重要な意味をもってくるでしょう。

> コラム
>
> ### lifetime commitment：終身雇用
>
> 　かつて流動的な労働市場といえば，それは職人のものでした。「包丁一本さらしにまいて旅に出るのも板場の修業」と流行歌で歌われた自律性と流動性に憧れを胸に抱きつつも，宮仕えのサラリーマンたちは終身雇用のなかでの安定的な暮らしを欲してきたのが戦後の日本社会であったでしょう。終身雇用という言葉は，アベグ

レンというアメリカの研究者が，日本社会の遅れを分析するなかで lifetime commitment という形で概念化したのが嚆矢です。とりわけ，コミットメントという言葉が注目されます。日本の企業はコミュニティであり，コミュニティの一員になることが出発点であり，コミュニティへのコミットメントを求めることに特徴があります。そしてその関係は長期的なものであるという，日本の企業と従業員個人の関係の本質をとらえていたといえます。日本企業の好業績の分析も，サービス残業の蔓延のような問題点も，企業コミュニティへのコミットメントを求める日本の企業と個人との関係にその原点があるのではないでしょうか。

コミットメントについては評価は分かれるかもしれませんが，日本語の「終身雇用」は戦後60年にわたり，雇用保証の概念と結びつき，何か良き物と評価されてきました。たしかに日本の企業発展にとり，終身雇用は，企業内労働市場を発展させ優秀な企業人の働きやすい職場を作るうえで貢献してきました。しかし，社会学の立場からも，終身雇用制度には，若干の負の側面も指摘されてきました。たとえば，富永健一は，社会階層と移動全国調査（SSM調査）のデータに基づきながら，戦後日本社会の平等性は高まってきているが，日本では転職率が小さく，初職決定以後の階層固定化が進んでいる。初職は人生の早い段階で決まるので，それが人生全体での平等性を阻害している側面もあると指摘をしています。

とはいえ，中堅企業・大企業では学卒一括採用後の終身雇用がみられ，労働市場の相対的弱者が集まる中小企業・零細企業では流動性が高く，双方の間の移動は大企業労働市場から中小企業労働市場への一方通行であり，その逆は極小であるという二重構造論的な状況では，雇用流動化を積極的に進める条件は小さく，改革の方向は中小零細企業の雇用安定に置かれてきたといえます。

しかしながら，終身雇用を前提とした働き方が，従業員の立場からも，将来にわたって，本当に良いものかという疑問の余地がないわけではありません。コンピュータ技術の分野やマスメディアで働く人びとのなかには，インディペンデント・コントラクターとして，企業と一定の距離を置いて働きたいという希望が徐々に高まってきています。しかし，そうした擬似的な自営の立場が労働市場において危うさと脆さを抱えていることもまた事実です。新しい働き方の比重が増すならば，それに応じたセーフティネットもあわせて構築されていかねばなりません。そして，新しいセーフティネットのキーになるのは，失業補償ではなく，次の職を勝ち取るための教育なのです。

▌引用・参考文献

藤林敬三「明治20年代におけるわが紡績業労働者の移動現象について」明治史料研究連絡会編，『明治史研究叢書第6集　明治前期の労働問題』御茶ノ水書房，1960年

Jacoby, S. M. *Employing Bureaucracy,* Columbia University Press, 1985（荒又重雄・木下順・平尾武久ほか訳『雇用官僚制——アメリカの内部労働市場と良い仕事

の生成史』北海道大学図書刊行会,1989年）
河西宏祐『電産型賃金の世界』早稲田大学出版部,2001年
楠田丘『賃金とは何か——戦後日本の人事・賃金制度史』中央経済社,2004年
Marsden, D. *A Theory of Employment Systems: Micro-Foundations of Societal Diversity,* Oxford University Press, 1999
宮本光晴『企業システムの経済学』新世社,2004年
日本労働研究機構『雇用創出地域の人的資源管理——ITバブル崩壊直後のシリコンバレー』（資料シリーズNo.124）2002年
尾高煌之助「日本的労使関係」岡崎哲二・奥野正寛編『現代日本経済システムの源流』日本経済新聞社,1993年
大河内一男『暗い谷間の労働運動——大正・昭和（戦前）』岩波新書,1970年
Osterman, P. *Securing Prosperity: The American Labor Market: How It Has Changed and What to Do about It,* The Century Foundation, 1999（伊藤健市・佐藤健司・田中和雄ほか訳『アメリカ・新たなる繁栄へのシナリオ』ミネルヴァ書房,2003年）
Doeringer, P. B. and Piore, M. J. *Internal Labor Markets and Manpower Analysis,* DC Heath, 1971
産業構造審議会情報経済分科会『IT産業における雇用市場の制度設計』2002年3月
佐藤博樹・玄田有史編『成長と人材——伸びる企業の人材戦略』勁草書房,2003年
若林直樹「米国IT産業労働市場と人的資源管理の動向——Boundaryless Careerを支える社会ネットワーク」『電機総研リポート』288,2003年

▍推薦文献

P・オスターマン著／伊藤健市・佐藤健司・田中和雄ほか訳『アメリカ・新たなる繁栄へのシナリオ』ミネルヴァ書房,2003年
——1980年代終盤から90年代にかけて,アメリカの雇用制度,労働市場に起こった変化を分析した基本的な書物であり,IT産業の働き方を知るうえでは必読文献といえます。

宮本光晴『企業システムの経済学』新世社,2004年
——雇用システムの国際比較についてはわかりやすくまとめられています。同じ著者の『日本の雇用をどうまもるのか』（ちくま書房）の整理がたいへんわかりやすかったのですが,今日では入手困難となってしまったので,やや本格的な経済書ですが,本書をお薦めします。

第12章

健康・病気と医療の社会学
――社会的事実としての生と死――

早坂　裕子

「人はなぜ病気になるの？」と聞かれたら，皆さんはどのように答えるでしょう。一般的に病気は生理状態の異常とそのことに伴うさまざまな苦痛や不快感などを指しますが，それがどのような原因で起きるかを考えるとき，皆さんはすぐに病気の複雑さについて気づくのではないでしょうか。

試験の前や大勢の人の前でプレゼンテーションを行う前など，緊張しているときや不安なときに起きる胃痛や腹痛，そして悩みを抱えて考え込んでいるときに起きる頭痛など，日常のさまざまな場面で，私たちは苦痛や不快感を感じることがあります。しかし時が経ち，緊張，不安や悩みから解き放たれると，それらをすっかり忘れてしまうことも多いですね。病気について考えるヒントはこのような日常生活のなかにあるようです。

健康や病気そして保健や医療のさまざまな側面への社会学的なアプローチとその知識・理論体系は「医療社会学」「保健医療社会学」「健康と病気の社会学」「健康と医療の社会学」などの名称で呼ばれており，欧米では1950年代以降，日本では1970年代以降に急速な発展をみています。

社会医学や公衆衛生などの領域と本領域との違いについては，前者が医学・医療の立場から社会学的な側面を視野に入れる方法をとるのに対して（Sociology in Medicine），後者は社会学的な立場から医学・医療を対象とするものです（Sociology of Medicine）。しかし疾患モデルとしての生物医学モデルの限界と社会モデルの重要性が広く認識された現在にあって，どちらを起点とするかよりも，どちらを終点とするかの方に注目する必要があるといえます。

本章では「健康・病気と医療の社会学」の領域で最も重要なトピックのなかから3つの課題を取り上げ，情報やメディアとの関連性も踏まえてみていきます。

1　患者と情報

▌患　者

　医師との関係を中心に考えてみましょう。医師と患者の関係をどのように理解するか，は意見の分かれるところです。パーソンズ（T. Parsons）は医師と患者はお互いに特定の役割や社会的に規定された行動パターンをとるものであるという前提で両者間の共通認識を重視しました。医師には医療専門職としての役割があり，患者には病人としての役割（病人役割）があって，双方が役割を演じることが望ましいと考えたわけです。

　病人役割は2つの義務と2つの特権から成り立ちます。義務は，病気を望ましくないものと認め，回復しようとすること，医療専門職の援助を求め，その人に協力することです。特権は通常の社会的役割の遂行から一時的に免除されることと，病気になったことが患者自身の責任ではなく，また患者の力では回復しないとみなされることです。

　それに対して医師は，普遍的な成果のために高いレベルの科学的な知識や技術で病気を治療すること，その際に医学と物理，化学，生物学，心理学，社会学その他の諸科学応用分野との普遍的な関係を認識することが必要とされます。また患者との関係は，患者の社会的な立場にかかわらず普遍的に「健康問題」に限定されること，医師個人の利害よりも患者や地域の幸福・繁栄のために行動し，患者や家族の感情的な反応そして激しい苦痛や死に対する自らの感情に距離をおくことが求められるというのです。さらに専門家としての組織的なルールに従うことなどが期待される，としました。その一方で，患者の身体を診察し，個人的な情報に触れることができ，自律性を発揮でき，患者に対して権威的な位置を占めることができる，という権利があるとしたのです。

　パーソンズは病気を逸脱の一類型として認識し，医療を社会統制装置として位置づけていました。精神療法を強く意識していたことが著述から明らかです。パーソンズによる患者役割は基本的には病気が一時的であり，患者は早期に回復するという前提に立っています。また医師については「普遍」という言葉を繰り返し使い，科学のもつ普遍性の体現者であることを強調しています。さら

表12-1　3つの基本的な医師—患者関係のモデル

モデル	医師の役割	患者の役割	臨床の状況	原型
能動—受動	患者のために何かをする	受容者（反応不可能）	麻酔，昏睡，急性外傷，妄想など	親—幼児
指導—協力	患者への指示	協力者（服従者）	急性感染症，急性疾患など	親—子ども（思春/青年期）
相互参加	患者の自助を支援	連携の参加者（エキスパートの援助を活用）	慢性疾患　精神分析	大人—大人

出典：Szasz & Hollender 'A Contribution to the Philosophy of Medicine', 1956

に自律性や優位性を特権として認めているのです（Parsons, 1951）。

スサズとホーランダー（Szasz & Hollender, 1956）はパーソンズの学説を批判し，現実的には医師と患者の関係はより多様な側面をもち，お互いがもっと状況を調整できる存在にあると主張しました。そして3つの基本的な医師—患者関係の修正モデルを提示しました。

上記の議論はいずれも1950年代に提示されたものですが，それ以降の医師—患者関係に関する議論は次第に疾病構造の変化（慢性疾患の増大）や医療の力点の変移（治療中心から予防中心へ），医療の官僚制化などを反映した，医療における消費者志向の興隆をベースとしたものが焦点の1つとなっています（進藤，1990）。またビーチは1990年代に医師—患者間の相互の信頼関係をベースとして意思決定を行う「契約モデル」を提唱しました（Veatch, 1991）。

個人情報の保護

2003年5月に個人情報保護関係5法が成立し，2005年4月1日に施行されました。ここでいう「個人情報」とは生存する個人に関する情報で特定の個人を識別可能なものです（2条1項）。ただし厚生労働省「医療・介護関係事業者における個人情報の適切な取り扱いのためのガイドライン」（医療が情報通信，金融・信用の分野と並んで，とくに厳格な措置を講ずる分野として『個人情報の保護に関する基本方針』（2004年4月2日閣議決定）に明記された）によりますと，当該患者・利用者が死亡した後においても，医療・介護関係事業者が当該患者・利用者の情報を保存している場合には，漏えい，滅失，または毀損などの防止のため，個人情報と同等の安全管理措置を講ずるものとすることが定められていま

表 12-2　個人情報保護関係 5 法

「個人情報の保護に関する法律」(個人情報保護法)
「行政機関の保有する個人情報の保護に関する法律」(行政機関個人情報保護法)
「独立行政法人等の保有する個人情報の保護に関する法律」(独立行政法人等個人情報保護法)
「情報公開・個人情報保護審査会設置法」
「行政機関の保有する個人情報の保護に関する法律等の施行に伴う関係法律の整備等に関する法律」

出典：宇賀克也「個人情報保護法の医療分野への影響」『病院』64(4)：270, 2005 年

す．

　表 12-2 に示したように，この 5 法には個人情報保護法，行政機関個人情報保護法，独立行政法人等個人情報保護法の個人情報保護の一般法が含まれています．

　さらに，図 12-1 に表されているように，民間医療機関の場合には個人情報保護法 4～6 章の規定を受け，国立の医療機関の場合には行政機関個人情報保護法の適用を受けます．また，独立行政法人や国立大学法人の医療機関の場合には独立行政法人等個人情報保護法の適用を受けます．

　個人情報保護法は IT が進展する社会にあって個人情報の有用性に配慮しつつ，個人の権利利益の保護を目的としています．個人情報取扱事業者の義務等を具体的に定めており，基本的に OECD8 原則を具体化したものだといえます（宇賀，2005）．個人情報データベースなどの保有自体を規制することは困難ですので，個人情報の不正手段による取得を禁じ，保有目的をできる限り特定させ，目的外の利用や第三者への提供についての本人同意原則を採用しています．また，データ内容の正確性の確保を求め，安全管理措置，従業者・委託先の監督に関する規定を設置しています．さらに，保有している個人情報は本人からの開示の求めなどに応じる義務もあることが明文化されています．したがって医療・介護関係事業者は，本人または第三者の生命，身体，財産その他の権利利益を害する怖れがあるなどの場合を除いてカルテ開示を義務付けられているわけです．

　しかし，図 12-1 でわかるように，民間病院，国立病院，国立大学（独立行政法人）付属病院，地方自治体が運営する病院，それぞれの医療情報保護の法律にはいくつかの相違点があり，そのことにより患者にとっては理解しにくく，利用しにくい制度であることが注視されます．また，法律そのものに加え，ガ

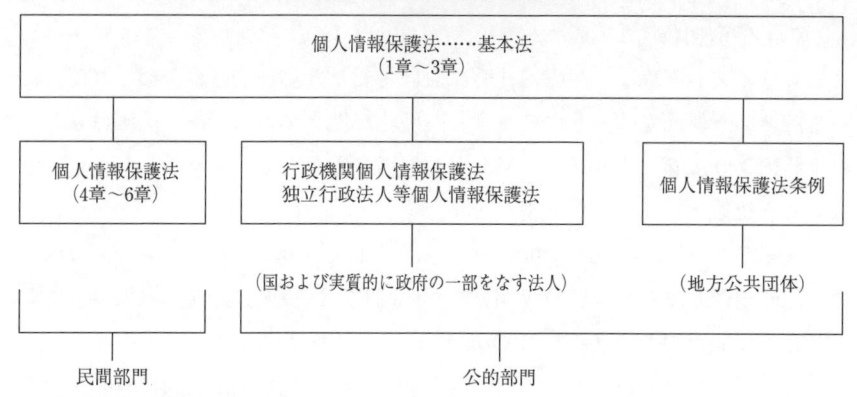

図 12-1　個人情報保護法制体系

```
                    個人情報保護法……基本法
                        (1章～3章)

   個人情報保護法      行政機関個人情報保護法      個人情報保護法条例
   (4章～6章)         独立行政法人等個人情報保護法

                  (国および実質的に政府の一部をなす法人)    (地方公共団体)

     民間部門                  公的部門
```

出典：宇賀克也「個人情報保護法の医療分野への影響」『病院』64（4）：270，2005年

イドライン，指針などで細目に関する規定があり，このことが個人情報保護法をいっそうわかりにくいものにしている点も検討課題です。

　樋口（2005）は同法とアメリカの「医療保険の移転と責任に関する法律」（HIPAA）とを比較し，ルール違反の際の罰則について前者の懲役6か月，30万円以下に対し後者は故意による違反と過失（不注意）による違反を峻別し，医療情報を売却するようなケースについては，最高刑で懲役10年または25万ドルまでという厳格さの違いを指摘しています。

2　医療化・医療化と情報・メディア・バイオ医療化・医原病

医療化

　「医療化」とは，従来，医療以外の領域，たとえば家庭・家族，教育，宗教，司法などに属するととらえられてきた社会現象を医療の対象として再定義することです。妊娠，誕生や死をはじめとして家族間での人間関係，アルコールへの依存，対人恐怖，注意欠陥，多動，PTSD（外傷性ストレス障害），過食・拒食，肥満そして更年期に伴う心身の状態や老化などが挙げられます。これらはしばしば「症」「障害」などの語を伴い，医師による診察，診断，治療が行われることになります。

　かつて同性愛がそうであったように，逸脱とみなされる行為も医療の対象と

なることがあります。そしてそれにより，社会的な非難や罰則を（部分的にでも）免れる可能性があります。イリッチ（Illich, 1976）は医療を「モラル・エンタープライズ」と称し，医療が社会における新たな倫理的基準をつくりだしている，という側面を強調しています。医療化が拡大するほどに，医療は私たちの生活により広範に入り込み，私たちの思考や行動をコントロールしていく度合いもまた拡大する，という視点です。

フリードソン（Friedson, 1970），イリッチそしてゾラ（Zola, 1972）たちは医療化を鋭く追及しました。医療専門職支配の強化，医療関連産業の利害などを強く意識していたのです（進藤，1990）。

「医療化」は主に前述のように医療の枠外におかれてきた状態に対して使われますが，これまでも医療の枠内に位置づけられてきた状態に対して医療の度合いが強まる場合にも使われます。たとえばアレルギー性疾患や頭痛，更年期障害などが該当します。

このように「医療化」は医療や薬品の消費を拡大させることを伴いますので，本章のコラムで述べているように，2004年7月からコンビニエンスストアで薬が買えるような状況をつくったことも医療化の促進につながると考えられます。さらに近年の医療グッズの多様化や医療サービスの商品化も医療化社会を加速させています。

▎医療化と情報・メディア

医療化と情報・メディアとの関連で注目されるのは，とくにアメリカにおけるDTCA（Direct-to-Consumer Advertising）です。DTCAとは医療用医薬品を一般大衆に直接的に広告することで，製薬企業は新聞，雑誌，テレビ，ラジオなどのマスメディアに加え，ダイレクトメール，ウェブサイトなど多用な方法を駆使しています。代表的なものはバイアグラ，PAXIL（精神安定剤，抗うつ剤），成長ホルモンなどです。

アメリカでは1980年代に医療用医薬品の活字媒体への広告が認められ，その後，テレビによる広告も可能になりました。FDA（米国食品医薬品局）は1997年にDTCAに関するガイドラインを作成し，従来は医薬品広告に含まなければならないとされた効能，副作用の危険性など，重要な情報の概要について，

入手先や入手方法を明示すれば広告自体に表示しなくてもよいという方針を打ち出しました（ISS HP）。1996年に100兆ドルだった同国の医療用医薬品の支出が2004年に200兆ドルに達した原因には消費急増があり，DTCAが関与したという指摘があります（Kaplan, 2002）。

　DTCAはどのようなメリット，デメリットがあるのでしょうか。メリットは患者が情報を得て選択肢を広げられることですが，デメリットとして①公平かつ客観的な情報を提供していない，②リスクが十分に認知される前に危険な薬が急速に使われる恐れがある，③薬剤費の値上げにつながり，医療サービスの安定を脅かす，④医療化を促進する。症状が緩やか，あるいは症状がなく，医薬品を必ずしも必要としていない人びとの間に需要をつくりだす（Health Action International, 2001）。

　現在，DTCAはアメリカとニュージーランド以外の国では認められておらず，日本も同様ですが，インターネットを利用するなどして医療用医薬品を海外から購入している人びとがおり，また将来における日本の医療政策の方向性が不透明なこともあって，注目すべき問題です。

　日本社会における医療化について考えてみますと，過度なまでの健康・医療信奉に加えて経済優先の立場からの規制緩和政策により，今後，医療化がいっそう加速することが懸念されます。

　一方で，国民医療費の高騰に直面する現在，必要な医療を削減する「省医療化」や医療・医薬品の購買力の差による「医療の社会的格差」の問題も見逃すべきではないでしょう。

■ バイオ医療化

　前述の医療化，脱医療化に対して，近年バイオ医療化という新たな問題が提起されています。身体的なリスクや病気がそれまでの臓器や細胞などのレベルに加えて遺伝子や分子，たんぱく質などのレベルで概念的に説明されるバイオ技術の普及がもたらしたもので，アメリカでは1985年頃から従来の医療化にプラスされて拡大してきたといわれています。

　バイオ医療化の特徴は①バイオ医学の非常に広範な領域での政治，経済的な再構築，②病気や不健康だけでなく健康な状態も対象とされていること，リス

クへの入念な視点そして監視，③技術的，科学的な性質の増大，④バイオ医学知識の創出，配分，消費そして情報の管理などに関する変質，⑤新たな属性そして新たな個人の創出と科学技術に基づく集団的なアイデンティティ，などが挙げられます（Clarke et al., 2003）。

　従来の医療化では身体は普遍的なものとして認識され，人びとは共通の身体的なアイデンティティを分かち合っていたといえますが，バイオ医療化では身体は基本的に変換可能なものとして認識され，個別化されて，特定の身体に対応する技術，薬品，機器などが使用されます。医療の特注品をオーダーするわけです。医療の商品化は飛躍的に加速され，人びとは他者と共通の身体的なアイデンティティをもつと同時に，個としてのアイデンティティも保持しているわけです。

　クラークたちは具体的なバイオ医療化の事例として人工心臓，人工骨，閉経後10年以上経ってからの出産，遺伝子操作などを挙げていますが，議論は質量ともに不十分です。しかしこの問題は今後，急速に増幅・深刻化することが予想されますので，議論のさらなる展開や深化が求められます。

医原病

　病気や怪我などを治す医療が，それ自体，病の原因になっている側面について考えてみたいと思います。1976年に出版した"Medical Nemesis"でイリッチは「医原病」を3つに分類しています。「臨床的医原病」「社会的医原病」「文化的医原病」です。

(1) 臨床的医原病

　治療による効果が明らかでない場合が多いにもかかわらず，医療への需要は増えるばかりだ。しかし医師などの医療専門職により引き起こされる医療事故は跡を絶たない。治療が無益なばかりでなく，有害な場合さえあるのだ。防御策をもたない患者は常に危険に晒されているといえる。

(2) 社会的医原病

▶バイオ技術
　生物の構造と機能，とくにDNAからなる遺伝子を化学的・物理的に解析・操作して，社会生活に役立てようとする工業技術（『医療・病院管理用語辞典』p. 123）

個人に直接的に向けられるものだけでなく、社会環境においても医療はまた病をつくりだしている。職場でのヘルスケアが当たり前のことになり、すべての苦しみや困難が病院での治療につながっていく。家庭での誕生、病気そして死も同様である。

人びとが自らの身体について語る言葉は理解されにくいものとなり、患者という立場以外での苦痛、悲嘆そして癒しは逸脱行為とみなされる。また、医療は「モラル・エンタープライズ」として独自の倫理観を患者に適用させている。

(3) 文化的医原病

医療は人びとが現実に立ち向かい、自身の価値観を表現し、不可避な痛み、抑えることのできない苦しみや衰弱、死などを受け入れる能力を蝕み、弱体化させる。計画、ルール、指導などにより個人の行動を支配する。

また、健康であることは、現実にうまく対応することであり、成功することでもある、という文化的価値を創出する。それぞれの文化には、本来、特有の健康の形や「受難に対するアート」とでもいうべきものがあるが、医療化はそのような固有の文化を浸食している (Illich, 1976)。

イリッチは学校・医療制度などに象徴される現代文明が、自律や協同など、人間が本来もつ特性を発揮するのを妨げていることに強い危機感をもっていました。

医原病も医療化と同様に1970年代に問題提起されましたが、現在も医療の主要な課題として存在しています

医療技術の飛躍的な発展の一方で医療ミスの頻発（基本的なチェックを怠ったことに起因するものが多い）や情報そして倫理に関することなど、問題は山積しています。

3 死そして死の周辺

▌自　殺

(1) 自殺の諸相

日本は自殺率の高い国として知られています。2004年にWHOが発表したデータによりますと、OECD諸国のなかでは1位、調査した世界99か国中で

図 12-2　自殺率（人口10万対）の年次推移（1980～2003年）：男女別

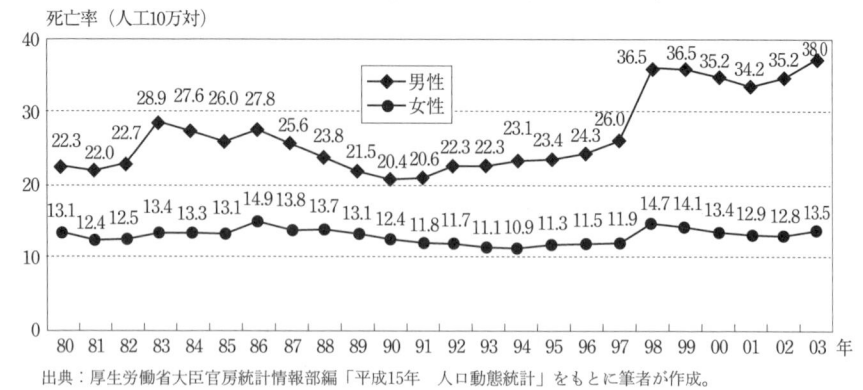

死亡率（人工10万対）

男性：22.3, 22.0, 22.7, 28.9, 27.6, 26.0, 27.8, 25.6, 23.8, 21.5, 20.4, 20.6, 22.3, 22.3, 23.1, 23.4, 24.3, 26.0, 36.5, 36.5, 35.2, 34.2, 35.2, 38.0

女性：13.1, 12.4, 12.5, 13.4, 13.3, 13.1, 14.9, 13.8, 13.7, 13.1, 12.4, 11.8, 11.7, 11.1, 10.9, 11.3, 11.5, 11.9, 14.7, 14.1, 13.4, 12.9, 12.8, 13.5

出典：厚生労働省大臣官房統計情報部編「平成15年　人口動態統計」をもとに筆者が作成。

は10位でした。

　2004年の日本の自殺者の総数は3万2325人で前年に比べ2102人（6.1％）減少しました。性別では，男性が2万3272人で全体の72.0％を占めました。年齢別では多い順に「60歳以上」が1万994人で全体の34.0％を占め，「50歳代」は7772人（24.0％），「40歳代」は5102人（15.8％），「30歳代」は4333人（13.4％）でした。図12-2は1980～2003年のデータを示しています。

　職業別では「無職者」が1万5463人で全体の47.8％であり，「被雇用者」が7893人（24.4％）「自営者」は3858人（11.9％），「主婦・主夫」は2690人（8.3％）でした。

　原因・動機については，遺書を残している人が全体の3分の1にも満たないため，その一端しかわかりませんが，「遺書あり」の人1万443人に限定しますと「健康問題」が4087人（39.1％），「経済・生活問題」は3436人（32.9％），「家庭問題」は1009人（9.7％），「勤務問題」は628人（6.0％）です。しかし遺書を残していても「その他」や「不詳」が合わせて8.6％近くあり，詳細は不明です。失業との関係は，警察庁のデータでは明らかになっていませんが，相関関係を検証した先行研究があります（早坂，2005：141-142）。失業が直接的・間接的に自殺の原因・動機に関係している場合があるという視点は予防対策上からも重要です。

　自殺の手段としては「縊死・絞首および窒息」が全体の64.4％と最も多く，

「ガスおよび蒸気」が11％，「飛び降り」が8.6％です（警察庁生活安全局地域課，2005；厚生労働省「平成15年人口動態調査」）。

　近年はインターネットを通して知り合った人同士による「ネット集団自殺」が増加しています。警察庁によりますと，2003年には12件で34人が死亡，2004年には19件で55人が死亡しました（読売新聞，2005年4月13日）。

　自殺願望をもつ人がその思いを不特定多数の人に向けて発信し，仲間を募るということは，ネット社会以前にはほとんど考えられないことでした。とくに若年世代で他者との関係を取り結ぶことは苦手な人が多いといわれる現代社会において，なぜこのような行動がとれるのでしょう。自殺と自殺予防について心理学的な視点から発言している，あるサイトには次のように記されています。「ネットは，本来両立するはずのない『匿名性』と『親密性』が両立できる魔法の道具です。自分のプライバシーを明かさず，時間をかけず，いきなり深いテーマではなせます。『はじめまして，ぼく自殺したいんです』現実世界でこんなことはいえませんが，ネットでなら可能です」。(http//www.n-seiryo.ac.jp/usui/news/jisatsu/2005/netsyuundan.html)

　自殺系サイトについては，1人で死ねない人が集団化により決行してしまう機会をつくるので排除すべき，という意見と，むしろ自殺防止の効果をもつ場合があるので一概に排除すべきではない，という意見などがあります。

(2) 自殺報道

　自殺報道をどのようになすべきかは日本においても諸外国においても一大関心事です。イギリスの独立したメディア倫理関連の慈善組織であるメディアワイズは，自殺防止のネットワークであるビフレンダーとともに，自殺報道に関する各国のガイドラインやトレーニングについての共同調査を行いました。

　報告書では14か国の現状が記述されており，ジャーナリズム全般に向けた規約が存在する国と，テレビ・新聞など同種のメディアが結成する協会などが公式にガイドラインを設定している国，そして個々のメディア（各放送局や新聞社など）が単独に組織内のガイドラインを設定している国とがあります。デンマーク，ドイツなど，多くの国がジャーナリズム全般を対象とした規約をもっていますが，日本には公式な規約やガイドラインがなく，NHKや大手新聞各社をはじめとして組織内のガイドラインだけに沿って報道している状況です。

これは一方において外部からの指示や強制を拒絶するという，日本におけるジャーナリズムの独立性の高さを示していますが，世界でも有数の自殺率が高い国でもありますので，報道の仕方にはいっそうの留意が求められ，視聴者・読者もその点に注目する必要があります。

　どのような規約・ガイドラインが設定されているのかを具体的にみていきますと，NHKには組織内のマニュアルがあり，自殺については公人と有名人以外は報道しないこと，そして自殺の方法は報道しないことになっています。また，自殺に関連する企業名や商品名は直接的なつながりがある場合以外は報道しないことになっています。大手新聞社の場合には明文化された規約やガイドラインがありませんが，公人・有名人以外の報道はしないこと，それらの人びとについても細心の注意を払って報道し，自殺の手段についての詳細は避けること，などをルールにしているとのことです。

　イギリスのBBCでは特定の人の自殺報道が一般の人びとの間で自殺を引き起こす可能性をもつことから，節度ある表現にし，十分な理由がない限り自殺の手段についての詳細は避けるべきとしています。また公的なジャーナリズム規範をもつノルウェーでは，一般的に自殺と自殺未遂は報道するべきでない，と明文化されています。

　さらに，韓国新聞倫理委員会が設定した倫理要綱では，犯罪や社会的にとくに重大な事件以外には自殺に使われた薬品名や致死量を公表してはならず，残酷な死に方についても言及してはならない，と記されています（Morris and Jempson, 2001）。

　自殺報道の違いは文化・社会的な違いを考慮しなければ妥当性の判断が困難です。しかし情報の国際性やメディアの影響力の大きさを考えますと，諸外国の報道のあり方やその背景に関心をもち，自国との違いやその妥当性について継続的に検討することが課題として挙げられるでしょう。またメディアの多様化に伴い，規範やガイドラインなどの外側にある情報についての対策も求められています。

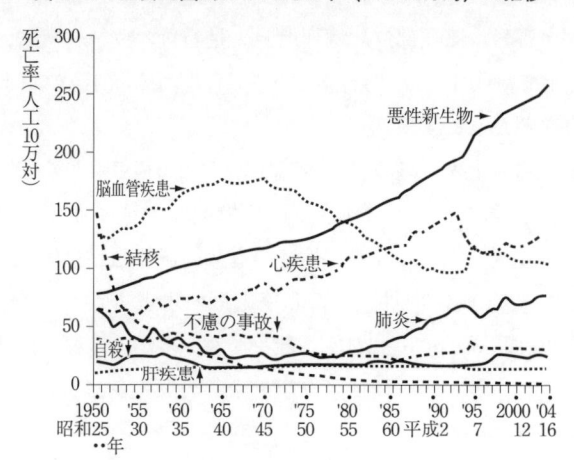

図 12-3　主要死因別にみた死亡率（人口10万対）の推移

資料：厚生労働省「人口動態統計」
注：平成6年までは旧分類によるものである。
出典：『国民衛生の動向2005年』厚生統計協会，2005年

がんと情報

　図12-3に示されているように，がんは日本人の死因のなかで1981年以来，最も死亡率が高い疾患です。2004年の厚生労働省による人口動態統計によりますと，がんによる死亡者は年間32万人を超え，死亡率（人口10万対）は253.9となっています。

　このような状況への対策として同省は2004年度から「第3次対がん10か年総合戦略」をスタートさせました。「がん発症，死亡率の激減」を掲げ，がんのより深い本態解明，基礎研究の成果を臨床に応用すること，革新的な予防，診断，治療法の開発，予防の推進による国民の生涯罹患率の低減，がん診療拠点病院の整備やがん専門医の育成などの目標を設定しています。

　しかし問題は必須であるがん罹患率などの正確なデータがないことで，「地域がん登録」の仕組みが関係しています。地域がん登録とは，特定地域集団におけるがん患者のすべてを把握し，罹患から治癒もしくは死亡に至る全経過の情報を集め，保管，整理，解析するもので，2004年時点で34道府県市が実施しています。病院や診療所各科の医師が登録票を記入し，自治体がデータを厚生省労働省や地域がん登録全国協議会に送るシステムになっています。通常1年

単位で集計結果が公表されます。届け出項目は患者氏名，性別，出生日，住所，診療機関カルテ番号，原発部位，病理所見，進行度，受診の経緯，診断結果，検査，治療（手術），死亡した場合には年月日，死因，剖検の状況，死亡診断を行った医療機関などです。

　地域がん登録はこれまで①がんの実態把握（がん罹患率とがん患者の生存率の計測），②対がん活動の企画と評価，③医療機関への情報還元と対がん医療の向上，④疫学研究への応用，⑤がん検診の有効性評価と精度管理などに有用とされてきました（大島明，2000）。しかし終末期の患者本人への告知率が50％以下であり（読売新聞，2005年6月22日），患者本人からがん登録の同意を得ることが難しいケースがあることや登録票を記入する医師の負担が大きいことなどが問題になっています。

　患者本人からの同意については，本章1節で述べた個人情報保護法の第16条の「利用目的による制限」および第23条の「第三者提供の制限」に関して，地域がん登録は公衆衛生の向上のためにとくに必要であり，本人の同意を得ることが困難であるときは同法の適用除外とされています。しかし，個人情報に関する意識の高まりから，自治体によってはがん登録に消極的・否定的なところもあり，データの精度が低いままになっています。この対策としては，オーストラリア，北米，北欧諸国のように地域がん登録そのものを立法化することが考えられます。

　医師の負担の大きさについては，年間4000人程度の医師が増加しているにもかかわらず，いくつかの理由により全体として医師が充足されていない臨床現場が多いという現状があります。厚生労働省はその理由の一部を以下のようにとらえています。

　医療の受給者側の変化：①インフォームド・コンセントの普及などにより患者と医師の関係が変化しており，患者一人あたりの診療時間が延びていると想定される，②疾病構造が変化しており，がん・脳卒中・心疾患など継続的な経過観察・治療を必要とするケースが多い，など。

　医療の供給者側の変化：①医師の専門化が進み，結果として1人の医師が対応できる患者や疾病の範囲が縮小しているのではないか，②女性の医師数が増加しているが，出産・育児による労働の一時的な中断や短縮が多く，女性医師

の比率の増加が結果的に医師数全体の増加に見合った診療量の増加をもたらしていないのではないか，など（厚生労働省，2005）。

医療・医学会では「EBM」が重要視されてきています。EBM はEvidence-Based Medicine の省略形で，1991年にカナダで提唱されたムーブメントです。「根拠に基づく医療」と訳され，日本でも1997年頃から浸透してきました。EBM の手順は①目の前の患者についての臨床上の疑問点の抽出，② evidence を示す文献の効果的検索，③臨床疫学と生物統計学の原則に則った文献の批判的吟味，④得られた evidence が目の前の患者に適応できるか否かの判断という4段階です。個々の患者の問題点から出発する「bottom-up」のアプローチであり，臨床ガイドラインを押しつける「top-down」とは正反対のあり方です（李　啓充，2001）。

EBM は IT の発展とも大いに関係があります。個々の患者についてのデータが蓄積され，共有され，それが疾病の治療や予防に役立つわけです。このような視点からも地域がん登録を病院や診療所の医師が記録することは重要です。

前述のように，この制度が現時点でうまく機能していないことは，がん研究の基礎的なデータが不十分だということです。このような状況を放置したまま「がん発症，死亡率の激減」をめざすプロジェクトを立ち上げても大きな効果を期待するのは難しいといえます。がんの原因はまだ解明できていない部分が多いのですが，増え続けるがんの犠牲者一人一人からより広く，深く学ぶことが求められており，そのための具体策を検討しなおすことは医療関係者のみでなく，私たち全員が担っています。

コラム

コンビニで薬——「国民のニーズ」とは？

2004年7月からコンビニエンスストアで薬が売られていますね。政府の規制緩和政策の一環として厚生労働省が進めたもので，買えるものは，「医薬部外品」です。コンビニに並んでいた栄養ドリンク剤や絆創膏などの品目に加え，それまで薬局・薬店のみで買えた「一般用医薬品」のうち，人体に対する作用が比較的緩和で安全性が高いなどの理由で15区分371品目が，新たに医薬部外品に移行されました。これ

らにはビタミン含有保健剤，健胃・消化薬，整腸薬などが含まれます。
　これに先立つ総合規制改革会議（2001年4月1日に内閣府に政令で設置された組織で，委員の多くが企業経営者）と厚生労働省の担当者，そして別に設定された「新指定医薬部外品検討会」（委員の多くが医学・薬学関係者）と同省の担当者で行われた会議の議事録，および首相官邸発の資料によりますと，推進派は作用が比較的穏やかな医薬品群については，主に以下の理由からコンビニなどの一般小売店においても早急に販売できるようにすべきであると主張しました。
① 深夜のコンビニエンスストアで取り扱ってほしい商品・サービスのなかで「医薬品」が第一位を占めるなど国民のニーズが高い。
② 薬店などにおいて薬剤師が不在であることも多く，対面で服薬指導をしている実態は乏しい。また特例販売業（一般の消費者を対象とするもの）が，薬剤師の配置を義務付けられている薬店の3分の1以上存在するにもかかわらず，そのことに直接起因する過量使用や副作用による事故は一切報告されていない。
　議事録を読むと，主に総合規制改革会議の委員たちがコンビニでの医薬品の販売を強力に推し進めたことがわかります。厚生労働省の担当者，医学・薬学関係者からは安全面に関する懸念から慎重に対応すべきという意見が強かったのですが，結局，妥協策として特定の品目を医薬部外品に移行し，販売することになったわけです。
　コンビニでの医薬部外品販売はコンビニ自体にメリットがある上，医薬品業界にとっても販路拡大，売上拡大の方途になります。ところで，上記①で論じられている「国民のニーズ」ですが，だれが，どのような方法で調査したのでしょう。調査を行ったのは社団法人日本フランチャイズチェーン協会という，コンビニやハンバーガーショップなどの外食業を含む，チェーン形式で営業するお店が加入している団体です。2002年8月に同協会が，ある研究所に委託して調査を行いました。この結果が上記の「国民のニーズ」の根拠になっているのです。
　「コンビニエンスストアの24時間（深夜販売）営業および年中無休営業に関する実態調査」というタイトルの調査報告書によりますと，調査対象は一般消費者，調査方法はインターネットによるアンケート調査で，有効回答数は1000とされています。調査項目は「深夜のコンビニエンスストアで扱って欲しい商品やサービス」（複数回答）で，大都市圏居住者（N＝462）の70.1％，その他地域居住者（N＝538）の67.7％が「薬・薬品」と答えています。この他の選択肢が6項目あり，「郵便物の取扱い」「行政サービス」が大都市圏で50％代，それ以外の地域で40％代となっています。
　コンビニで医薬品を売ることの是非についてはそれぞれの立場での判断があると思われます。しかし，ここに示された70.1％という数字が，「国民のニーズ」として首相官邸から一般に向けて発信された規制緩和改革会議関連の資料のなかで示され，最終的にコンビニで医薬品を売ることになった根拠の1つであることの妥当性に疑問をもつ人が多いのではないでしょうか。
　なお，本件に関する議事録や資料には，「医療化」に関する議論はみられませんでした。

引用・参考文献

Carr-Saunders, A. M. & P. A. Willson *The Professions,* Oxford Univ. Press, 1933

Clarke, A. F. Shim, J. K. Mamo, L. et al. 'Biomedicalization: Technoscientific Transformation of Health Illness, and U. S. Biomedicine', *American Sociological Review,* 68(2): 161-194, 2003

Conrad, P. and Leiter, V. 'Medicalization, markets and consumers', *J Health Soc Behav,* 45 suppl, 2004, 158-176

Freidson, E., *Profession of Medicine: A Study of the Sociology of Applied Knowledge,* Univ. Chicago Press, 1970

早坂裕子「第5章 健康と貧困との相互関係」岩田正美ほか『講座・福祉社会9 貧困と社会的排除』ミネルヴァ書房：119-145，2005年

Health Action International, *Direct-to-Consumer Prescription Drug Advertising The European Commission's Proposals for Legislative Change,* 2001（http://www.haiweb.org.）

樋口範雄「米国の医療における個人情報の取扱いについて」『病院』64（4）：290-293，2005年

Illich, I. *Medical Nemesis: The Expropriation of Health,* Random House, 1976

ISS HP「医療用医薬品マーケティング手法の変化に見る国内市場の将来展望」（http://www.issc.com/hc/03.html）

Kaplan, W. 'Direct-to-consumer advertising' 2002 (http://dcc2.bumc.bu.edc/richard/IH820/Mid-term-papers/dtca.doc)

警察庁生活安全局地域課「平成16年中における自殺の概要資料」2005年

厚生労働省「医師の需給に関する検討会中間報告書（案）」2005年

―――「第1回新指定医薬部外品検討会議事録」2003年3月18日

Morris, B. and M. Jempson *Covering Suicide Worldwide: Media Responsibilities,* The PressWise Trust, 2001

内閣府総合規制改革会議「第1回アクションプラン実行WG 議事概要」2003年3月5日

日本病院管理学会用語委員会編『医療・病院管理用語辞典』ミクス，1997年

大島明「地域がん登録の必要性と個人情報保護の現状」『個人情報保護法制化専門委員会ヒアリング資料』2000年

Parsons, T. *The Social System,* The Free Press, 1951

李啓充「EBMとUp To Date」『週間医学界新聞』2451，2001年9月3日

進藤雄三『医療の社会学』世界思想社，1990年

Szasz, T. S. & M. H. Hollender 'A Contribution to the Philosophy of Medicine', *Archives of Internal Medicine,* 97: 585-592, 1956

宇賀克也「個人情報保護法の医療分野への影響」『病院』64（4）：270-273，2005年
読売新聞「ネットで自殺予防」2005年4月13日
───「患者への告知率46％」2005年6月22日
Zola, I. K. 'Medicine as an Instituion of Social Control', *Sociological Review*, 20: 487-504, 1972

▌推薦文献

早坂裕子・広井良典編著『みらいを拓く社会学──看護・福祉を学ぶ人のために』ミネルヴァ書房，2004年
──本書の姉妹編で，看護や福祉を学び，将来ヒューマンケアに携わる人たちのために刊行されました。すべての章が医療や福祉の領域を視野に入れつつ論じられ，テキストとは思えない躍動感あふれる文章から構成されています。「ジェンダー」「感情」「環境」などもカバーされており，情報・メディアを学ぶ人にも大いに役立ちます。

中島みち『がん　奇跡のごとく』文藝春秋，2005年
──極度に難しいがんに冒され，厳しい病態にあった患者たち，「もはや余命いくばくもない」と医師から宣告された患者たちが甦えるまでの軌跡を辿ったものです。生命力の限界について考えさせられるとともに，臨床現場での情報収集という視点からも参考になります。

福島真人『暗黙知の海防──認知と社会のインターフェイス』金子書房，2001年
──暗黙知とはマイケル・ポラニーが創出した概念です。その概念を用いて，著者は私たちの周辺で日々繰り返される「ルーティン」を身体に注目しつつ解明してみせます。どんなルーティンも，それなりの経験と学習によって組み立てられている……そのことの再認識，人の身体的な営みの再発見に導いてくれます。

カチンス＆カーク（高木俊介・塚本千秋監訳）『精神障害はつくられる──DSM診断の罠』日本評論社，2002年
──DSM（Diagnostic and Statistical Manual of Mental Disorders）という名の精神科診断マニュアルが創られる経緯と，それがアメリカ社会に及ぼした影響が論じられています。利権・偏見・政治的取り引き……これらの妥協の産物であるそのマニュアルに沿って日常生活のあれこれが病気化・医療化されていくという，まるで社会全体が異常とさえ思われる実態は，日本社会への警鐘とも思われます。「訳者あとがき」に注目。

第 13 章

データの読み方・使い方
――情報の正しい解釈――

対馬　栄輝

1　データとはどのようなものか

　パソコン，通信機器の普及に伴ってデータの収集・解析が容易となり，メディアでもさまざまなデータが公開されています。新聞記事やテレビのニュースなどでグラフが表示されたり，"平均"といった用語も，目にすることが多いでしょう。そして，そうした解析結果をもとに，いろいろな解釈・意見が述べられています。

　データは客観的な証拠ですし，変えようのない事実であることは確かです。ところが，間違ったデータの解析・解釈が非常に多いのも事実であり，最悪なのは恣意的に歪められた解析・解釈を提示している場合もあるのです。こうした誤りの情報を，そのまま鵜呑みにしていると問題が発生する恐れもあります。情報・メディアを学ぶ人に限ったことではありませんが，データの正しい読み方と使い方を習得する必要があることはいうまでもありません。本章では，データの読み方・使い方について，初歩的な基本事項を述べていきます。

▍データの尺度

　▶調査または実験などによって，何らかの対象者（または個体）の属性，特徴

▶**調査**
　調査とは，自然な状態におかれていると考えられるものを，何らかの目的に応じて計画的に観測・測定することです。調査は社会的調査，自然科学的調査に大別され，個人または事業体調査，断面または継続調査といった調査デザインや，具体的にデータを取る手段としての面接法や郵送法，電話法といった調査法によって分類されます。

を数値で表すとします。この数値を集めたものをデータといいます。データはさまざまな形で表され，ときには同じものを異なる基準で表すこともあります。たとえば，"気温30度"と表す方法と"高い気温"と表す方法があります。前者は絶対的な表し方なので変えようのない事実ですが，後者は評価する人の主観によって基準がまちまちとなるので，客観性は低くなるでしょう。データの特徴を評価する上で，データの尺度を把握することは重要です。

データの尺度には，以下のような分類があります。

(1) 比尺度

加減乗除に意味のある数値で記録されており，真の0が定義されている尺度です。たとえば，身長や体重といった長さや重さを指標とした物理的データが挙げられます。

(2) 間隔尺度

数値を足し引きしても意味をもつデータです。真の0が存在しないために乗除できない点で比尺度と異なります。摂氏温度10℃と20℃では，10℃の差があります。しかし，10℃が20℃の2倍とはなりません。なぜなら，絶対温度（ケルビン）に対する相対的な指標だからです。0ケルビンは−273℃ですから，摂氏10℃＝283ケルビン，20℃＝293ケルビンとなり，2倍ではなくなります。このことから，摂氏温度で表されたデータは間隔尺度，絶対温度で表されたデータは比尺度といえます。

(3) 順序尺度

データの測定項目または数値の順序のみに意味がある尺度です。足し引きさえも意味をもちません。たとえば，{1＝最も良い，2＝良い，3＝普通，4＝悪い，5＝最も悪い}といった順序性をもたせて，数値を割り当てたデータが順序尺度です。このデータの{1＝最も良い}と{3＝普通}を足して{4＝悪い}になるとは考えられません。

(4) 名義尺度

測定項目が分類化されているデータを指します。性別や住んでいる地域など，数値で表せないデータです。たとえば，性別の変数として{1＝男，0＝女}のような区分（カテゴリーといいます）に数値を割り当てても加減乗除はもとより，順序性すら意味を為さないデータのことをいいます。

(5) その他の分類

この他の分類法として，量的データと質的データといった分類もあります。比尺度，間隔尺度は量的データ，順序尺度，名義尺度は質的データに該当します。

▎データの取り方

実際の調査なり実験では，大きな対象者集団（母集団といいます）を想定して，そこから無作為に数名の対象（標本といいます）を選びます。できる限り正確な傾向を知るためには対象の数（標本の大きさといい，"n"で表します）が多いほど好都合なのですが，無作為でなければ多くても役に立ちません。また，調査の規模・方法によっては少数しかとれないこともあります。そこで，こうした問題を考慮したデータのとり方――標本抽出法▶――が提案されています。以下では，いくつか主なものを紹介します。

(1) 単純無作為抽出法

対象名簿に固有番号を割り当て，数字をでたらめに並べた乱数表を使って，無作為に対象を抽出する方法です。最も原始的には，公平なさいころを振って対象を決める方法があります。単純で行ないやすい利点があるのですが，比較的多数の対象が載った名簿を用意しなければならないという手間がかかります。

(2) 集落抽出法

母集団を無作為に数個の小集団に分け，各小集団から対象を選んでいく方法です。単純無作為抽出法と比較して，対象を一人ひとり選んでいく手間はありませんが，無作為という点では劣ります。

(3) 層別抽出法

いくつかの属性に注目して層別化し，それぞれの層から無作為抽出する方法

▶ 標本抽出法

標本とは母集団の部分のことであり，母集団とは有限または無限数の標本の集まりのことをいいます。母集団を「20歳以上の日本人男性」というときは，日本全国，場合によっては時代を超えた20歳以上の男性を表します。数多くの20歳以上の日本人男性から，調査・研究の規模に応じて数名の対象者（標本）を抽出することを標本抽出といい，できる限り母集団を反映できるように計画して抽出することを標本抽出法といいます。

です。たとえば性別や職業別に層別化して集団を作り，それぞれの集団から対象を無作為抽出します。層ごとの特徴を比較するような調査では，均等に収集できるので非常に望ましい方法といえます。

■ データの偏り

標本抽出法に従ってデータをとっても，まだ問題があります。もうひとつ重要な注意点は偏り（バイアスといいます）です。たとえば面接調査で，面接を受ける者が面接者に好感または嫌悪感をもっているかによって回答が異なる偏りは，標本抽出法で解決できません。実際には，偏りを完全に除去することは不可能ですが，面接者をランダムに配置するとか，質問方法を変えて複数の同じ質問項目を入れたりするなど，計画の段階で対処しておけば最小限に食い止めることはできます。

(1) 選択偏り

標本抽出の際に生じる偏りの一般を選択偏りといいます。このひとつに，調査に参加していない対象者の特性を考慮できない非応答者偏りがあります。アンケート調査などで回収率が60％であった場合，残る40％はどのような人でしょうか。それらを考慮して結果を考察することが必要です。また，特定集団の会員，たとえば，老人クラブに参加している人のみを対象にした場合に生じる会員偏りも見逃せません。調査者のつてを頼りに調査依頼すると，回収率は高くても趣向が似通った者だけが集まるゆえに，正しい傾向が得られないこともあります。こうした偏りを考慮した上で，標本抽出を計画しなければなりません。

(2) 情報の偏り

対象者から情報を得るときに生じる偏りを情報の偏りといいます。過去の記憶を思い出して対象者に回答してもらう際，関心の有無によって正確さが異なるという思い出しの偏りは，そのひとつです。また，調査者が特に知りたい項目を，つい執拗に聞いてしまうという偏りもあります。面接での質問の聞き方によっても偏りが生じるでしょうし，前後の質問が影響するキャリーオーバー効果もあります。さらには，プライベートなことなど，回答し難いことは偽の回答が生じやすいでしょう。これら情報の偏りは，選択偏りよりも気づきやす

いために，計画の段階で防ぐことが可能です。

データの要約

データを羅列しただけでは，何を訴えたいのか理解できません。そこで，代表値や散布度で要約すれば，データの様相が理解しやすくなります。代表値とはデータの代表的な値を表し，散布度とはデータのばらつき度合いを表すものです。以下のデータ例で計算手順を解説します。

> データ例：13，14，14，15，15，15，16，18，20，22，25
> 　　　　　　　　（標本の大きさn＝11）

(1) 代表値

① 平均（mean）……すべての値をたして標本の大きさnで割って，$(13+14+14+15+15+15+16+18+20+22+25)\div 11=17$のように求めます。当然ながら，名義尺度データには使えません。

② 中央値（median）……データを小さいまたは大きい順に並べて，ちょうど真ん中に位置する値（50％点）を求めます。データ例では6番目の"15"となります。なお，対象の大きさnが偶数個のときは，真ん中の2つの値の平均を求めます。これも名義尺度データには使えません。

③ 最頻値（mode）……データの中で最も頻度の多い値を求めます。データ例では同じ値が3つある"15"となります。通常は名義尺度のデータで使用します。

(2) 散布度

名義尺度のデータには散布度を適用できません。

① 分散（variance）……平均から各データの値を引いて2乗した和をnで割って求めますが，統計解析ではn−1で割った不偏分散 $\{(13-17)^2+(14-17)^2+(14-17)^2+(15-17)^2+(15-17)^2+(15-17)^2+(16-17)^2+(18-17)^2+(20-17)^2+(22-17)^2+(25-17)^2\}\div (11-1)=14.6$として求めます。

② 標準偏差（standard deviation [SD, sd]）……（不偏）分散の正の平方根 $\sqrt{14.6}=3.82$で求めます。平均と対応させて使う散布度です。したがって，

平均±標準偏差,すなわち17±3.82と記載することがあります。また,理論的に平均±標準偏差の範囲には約68％,平均±2×標準偏差には約95％のデータが入ることが知られています。

③　四分位偏差（qurtile deviation）……データの小さい順から,4分の1番目（25％点）の値（第1四分位数といいます）と,4分の3番目（75％点）の値（第3四分位数といいます）を求め,（第3四分位数－第1四分位数）÷2で求めます。中央値と対応させた散布度として使われます。例では第1四分位数は14,第3四分位数は20なので,（20－14）÷2＝3となります。

④　範囲（range）……最も大きい値から最も小さい値を引いて求めます。この例では25－13＝12となります。

上のデータ例で求めた代表値と散布度から「n＝11のデータで平均は17,標準偏差は3.82」と縮約して述べると,平均17を中心にして,17±3.82の範囲に約68％のデータが存在すると推定できます。

グラフ

データの縮約には代表値と散布度のほか,グラフも併用すると,より効果的です。現在では,パソコンの表計算ソフトや統計解析ソフトなどで簡単に描けます。ここでは,よく使われる棒グラフや線グラフ,また円グラフのような一般的なグラフの解説は省略し,統計解析で多用されるグラフを紹介します。

(1)　ヒストグラム

図13-1はヒストグラム（柱状グラフ）と呼ばれるグラフです。単純な棒グラフと考えても差し支えないでしょう。データの階級ごとの頻度（度数）や散ら

図13-1　さまざまなデータのヒストグラム

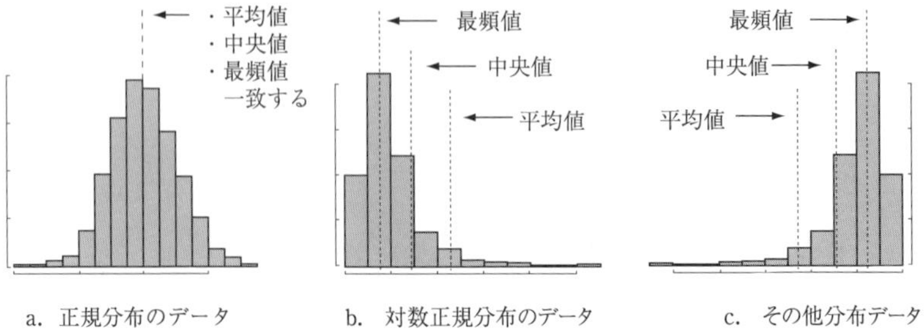

a.　正規分布のデータ　　b.　対数正規分布のデータ　　c.　その他分布データ

ばり具合など（これをデータの分布といいます）を視覚的に把握するために，有効なグラフです。ヒストグラムによる分布観察の要点としては①棒の尖り（分布の中心）位置，②データの散らばり具合，③分布の左右対称性，④異常に外れたデータはないか，があります。

とくに，図13-1a.のような釣り鐘状の分布は正規分布と呼ばれ，多くのデータはこの分布に従うといわれます。平均，標準偏差（または分散）を使った計算が理論通りに使えるという点でも，非常に都合の良い分布です。図中にも示してありますが，すべての代表値は，ほぼ一致する特徴があります。図13-1b.の分布は対数正規分布と呼ばれ，社会学で扱うデータにも見られる分布です。この分布は左右非対称であり，代表値は一致しないという欠点をもっています。平均よりも中央値や最頻値，散布度は四分位偏差を使ったほうが妥当です。図13-1cはbを反転したような分布ですが，これも対数正規分布と同様に中央値や最頻値を使ったほうが良い分布です。

いずれにしても，正規分布に従わないデータに対しては，平均以外の代表値，標準偏差以外の散布度で表す必要があります。

(2) 幹葉表示

幹葉表示（図13-2）はステムアンドリーフとも呼ばれます。あまりみることのないグラフですが，手っとり早くデータを観察するためには非常に便利なグラフです。データを任意の区間で区切って幹とし，その区間のデータを葉のように積み重ねて描きます。

図13-2は年齢のデータ例です。左端の数字は十の位です。十の位ごとに1,

図 13-2　幹葉表示

```
1 : 667
2 : 0134 55689
3 : 0023 5556788
4 : 00123344 5566777899
5 : 000111222223333344 5566777888
6 : 00000111222333344 5556666677777888888
7 : 011112223444 5779
8 : 001234

High : 95
```

2, ……, 8で区切られています。それぞれ十の位に該当するデータの一の位の値を小さい順に羅列しています。ですから，図中，最も上の行では16歳が2人，17歳が1人存在することを意味します。最下行の「High:」は，グラフ中に示せないくらい高くて，かつ少数の外れた値をそのまま述べます。つまり，95歳の人が1人いることになります。

莫大な量のデータであればヒストグラムの方が簡単ですが，少なめのデータであれば幹葉表示はパソコンを使わなくても描け，また各階級の度数，様相がわかりやすい点で便利です。階級の区分や描き方を工夫すれば，よりみやすくなります。

(3) 箱ひげ図とエラーバー

図13-3に，いくつかの箱ひげ図とエラーバーを挙げています．箱ひげ図は，箱（四角形）の真ん中の横線を中央値，底辺を第1四分位数（25%点），上辺を第3四分位数（75%点）として表し，箱から上下に伸びる"ひげ"を範囲（最小〜最大値）で表します．箱ひげ図は箱型図とか箱図とも呼ばれます。ひげの部分は，使用するパソコンソフトによって定義が若干異なることがありますが，およそ上述の解釈で観察しても問題ありません。エラーバーは中央の点を平均，上下のひげを標準偏差で表すシンプルなグラフです。ただし，まれに上下のひげを信頼区間で表すこともあるので注意が必要です。

図13-3には6つのグラフを示しています。これは，図13-1a, b, cと同じデータを，それぞれ対応させて箱ひげ図とエラーバーで表しています。ヒスト

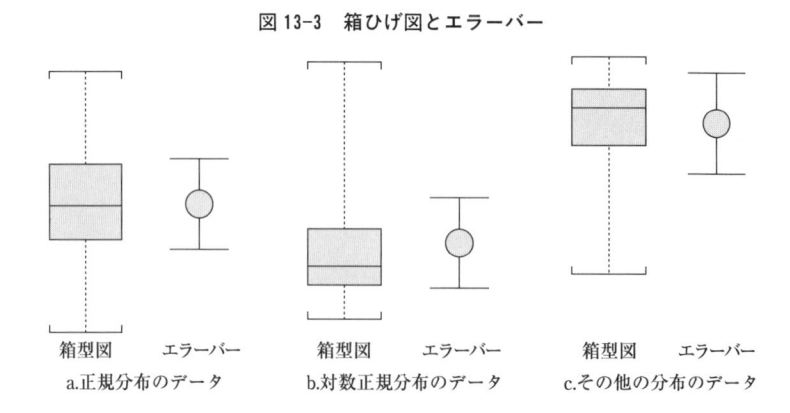

図13-3 箱ひげ図とエラーバー

箱型図　エラーバー	箱型図　エラーバー	箱型図　エラーバー
a.正規分布のデータ	b.対数正規分布のデータ	c.その他の分布のデータ

グラムと見比べてみて下さい。エラーバーが分布の形を忠実に表せるのは，左右対称の形をした正規分布のみです。b, c のデータにおいては，エラーバーよりも箱ひげ図の方が分布を正確に表しています。

(4) 散布図

散布図とは図 13-4a.のように 2 つの変数を X-Y 軸上に表したグラフで，変数間の比例関係を観察するには最も適した方法です。また，3 つ以上の変数の関係を観察したいときには，2 つずつ散布図を描くよりも図 13-4b.のように散布図を並べた散布図行列が見やすくなります。特に 3 つの変数の関係を見るために，図 13-4c.の三次元散布図を利用することもあります。層別ごとに点の

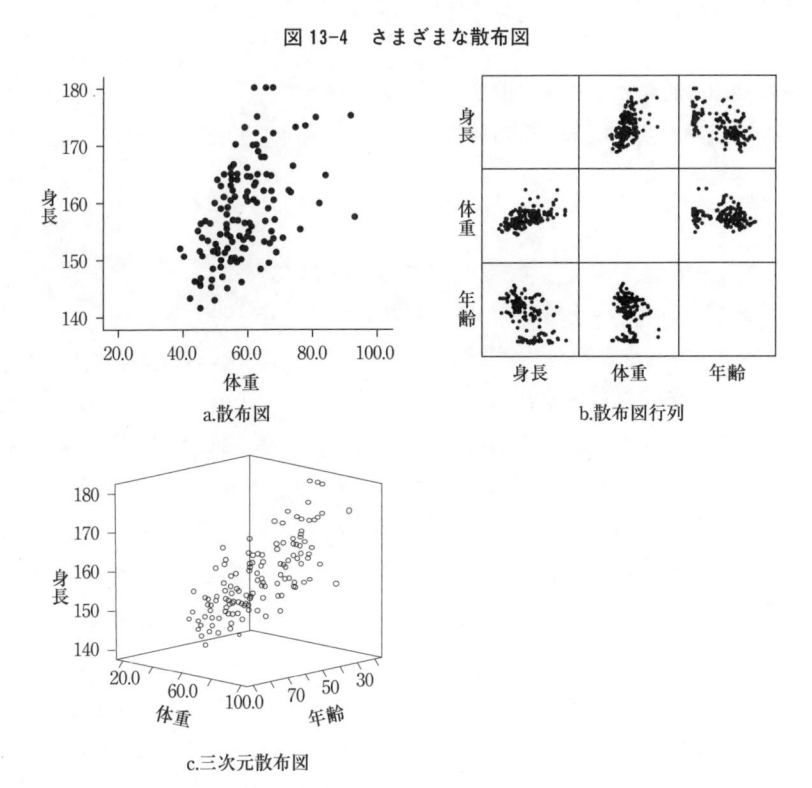

図 13-4 さまざまな散布図

a.散布図

b.散布図行列

c.三次元散布図

色を分けて表したり，工夫次第でさまざまな関係を観察できます。

2　データを読む

　上述した基礎知識をきちんと押さえていれば，データを正しく読むための基礎能力が備わったと考えても良いと思います。しかし，多くの情報は多様にわたり，ケースバイケースなので，日頃からデータを観察するように心がけていなければ，正しい能力は身に付きません。従ってここで解説することがすべてではなく，あくまで基本的な要点に過ぎないことに注意して下さい。
　データを読むための要点は，①標本抽出の特徴とデータの偏り，②要約値は適切か，③グラフは適切か，④解釈は妥当か，です。

▍標本抽出の特徴とデータの偏り
　架空の例題を基に標本抽出の特徴とデータの偏りを考えてみます。

> N新聞社が○月，全国世論調査（電話調査法）を実施したところ，山田内閣の支持率は45%，不支持は40%であった。

　データはどれくらいの数だったのでしょうか。n＝100かもしれませんし，n＝10,000かもしれません。一般的に，後者の方がより信頼できるといえます。しかし，データは単に多ければよいというものではありません。
　まず"データはどうやって取られたか"という，標本抽出の特徴を考えてみましょう。そのためには，表13-1のような調査法を理解しておかなければなりません。最近ではインターネットを利用したインターネット調査という方法もあります。例題は電話調査法ですが，さらに電話帳掲載者の調査，携帯電話調査，RDD（Random Digit Dialing）調査といった方法に細分化されます。電話帳掲載者は，登録者6～7割という状況で，都心部に登録者が少ない，独居の学生や若年層の登録が少ない，といった対象の偏りが生じます。電話帳名簿掲載者と非掲載者では，回答が異なったという報告もあります（林，2003）。携帯電話調査では，若年層が多い可能性もあり得ます。RDD調査はコンピュータにより乱数を発生させて電話番号を決めて調査する方法です。これは一見，無

作為抽出しているようにみえますが，電話を所有していない者や，電話に応答しなかった者は無視される偏りがありえます．さらに電話調査法は面接調査法と比較して対面していないために，偽った回答になり易いという問題もあります．

上述のことを踏まえて，本来の理想としている母集団と対象は，どの点で異なっているかを留意しなければなりません．回答者は「電話を所有している人で，かつ応答できた者」と推定されますから，どういった年齢層，職業の者を，どのような調査法で対象としていたか明らかにできないと，鵜呑みにすることは危険です．

次は偏りです．選択偏りとして"データの出所はどこか"を追求してみましょう．最も疑わしいのは，調査の対象地域です．地域によっては地域性が大きく反映される可能性があります．N新聞社が，企業に調査を依頼していた場合，その企業または対象とした団体に，たとえば特定の政党を指示する者が多くいるときには相当偏っている恐れがあります．調査者と回答者に縁故関係があればなおさらでしょう．情報の偏りとして，調査時期も考慮します．世論調査であれば，政党の汚職事件などがマスコミで大きく取り上げられた直後では結果に大きく影響することもあるでしょう．また，調査の時間帯が早朝や夕方に集中していれば，出勤，帰宅，家事の準備などが影響して，回答に十分な時間を割いてもらえない恐れもあり，いい加減な回答となるかもしれません．回答者への協力費（報酬）の有無や，調査者が回答者に「先日○○の汚職事件があったのを知っていますか？それは…」などと関連事件を解説し，予備知識を与えてから回答させることも偏りの原因となります．

要約値は適切か

もう一つ別の例題を挙げます．

> ○×年における納税者1人当たりの平均所得金額は555万円であった．前年と比べると97万円の減少で，10年前よりも約10％も減少している．

平均に対する解釈の記事です．平均は正規分布のデータならば代表値として信用できることを思い出してください．この記事も"データが正規分布に従う

ならば信用してもよい"ことになります。ヒストグラム，または中央値や最頻値なども提示されていれば確認できますが，この手の記事は提示しないことがほとんどです。

ところで，一般に"所得金額は正規分布に従い，平均555万円を中心として上下均等に散らばっている"と考えて良いでしょうか。恐らく少数の高額納税者が存在して，およそ図13-1b.のような対数正規分布のような分布を呈していると考えます。そうであれば，平均は分布の中心ではなく高額の方へ偏っている可能性があります。代表値や散布度の利点と欠点を考慮して，どういった問題が潜んでいるか，予想しなければなりません。

また，○○%といった比率の表示についても注意が必要です。この記事では"97万円"と明記しているのでよいのですが，場合によっては"○○%の減少で"とだけ表示して，具体的な数値を述べないために騙されることもあります。%の値が表示されていたら，分母の数などの計算のもととなった値を確認するようにしましょう。

グラフは適切か

グラフは，データの様相を視覚的に表す有効な手段ですが，裏目に出ることもあります。

図13-5の左右2つのエラーバーは，同一データについて縦軸スケールを変えて表示しています。いかにも差があるようにみせたいときは図13-5左図のようなグラフにしたり，できるだけ差がないようにみせたいときは図13-5右図のようなグラフを使うという錯覚に騙されることもあり得ます。複数のグラ

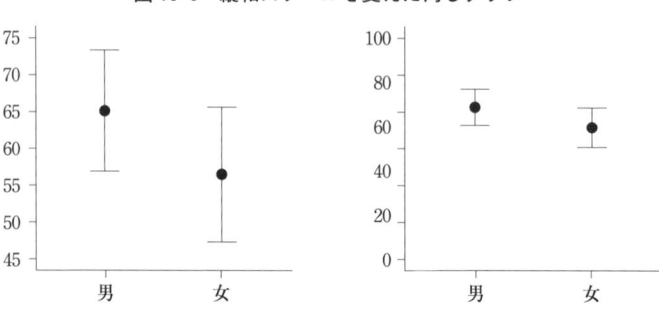

図13-5 縦軸スケールを変えた同じグラフ

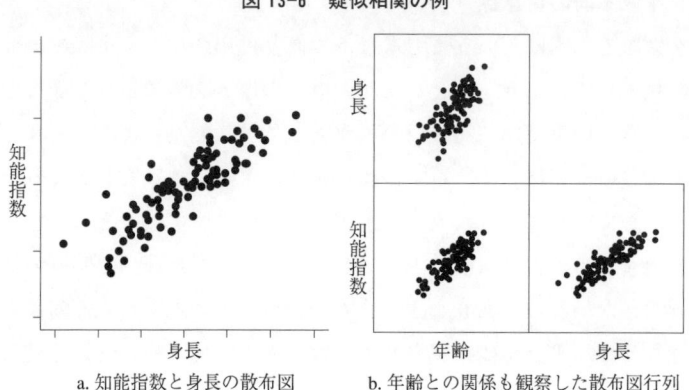

図 13-6 疑似相関の例

a. 知能指数と身長の散布図
b. 年齢との関係も観察した散布図行列

フで示されているときは，縦横軸スケールが同じであるか，チェックする必要があります。

　図 13-6a は，知能指数と身長の関係を表した散布図です。このグラフだけを提示して「知能指数と身長は比例関係にある」ことを主張したとしましょう。一般に，知能指数と身長が比例するとは考えられません。そこで，年齢も考慮した図 13-6b の散布図行列をみて下さい。年齢と知能指数，年齢と身長も比例関係にあります。実は，この研究の対象者は小学生のみであったわけです。年齢と共に身長は高くなり，知能も発達しますので，当然の結果だったわけです。これを"疑似相関"といい，発見のカギとなった変数——年齢——を"第3の変数"または"制御変数"といいます。ここでは明らかで簡単な例題を挙げましたが，現実には簡単にみつからない例も多いのです。このように2変数の比例関係を解析する際には，必ず第3の変数が存在しないか疑って，3つ以上の変数による散布図行列も観察することが重要となります。

3　データを使う

　前述してきたデータの読み方を身につければ，自らがデータを解析するときの自己診断も容易となります。

▌データを取る前の留意点

　データを取る基本は，いうまでもなく無作為抽出ですが，実際には簡単でないことに気づくでしょう。例として20歳以上の成人を対象とした調査を行なうとしましょう。母集団は"20歳以上の成人"です。しかし実際に対象を選ぶとき，A市とB市に在住して，電話帳に掲載され，電話に応答してくれた人で，さらには調査に応じてくれた人という制約条件が伴っているとします。この制約条件を改善するための事前計画が必要です。しかし，費用と時間の制限によって改善できない部分もあります。その場合は，他の地域の人を対象としたときはどうなるか，電話帳に掲載されていない人とは何が異なるかを熟考し，解釈の限界として押さえておく必要があります。

▌データのチェック

　質問票の設計が完成したら数名の対象者でプリテストを行い，うまくいくようであればデータを取ります。取ったデータは図13-7のようにパソコンの表計算ソフトに入力して保存しておくと，処理・解析作業が円滑に行なえます。

　作業に入る前にデータの全体を眺めて，欠損値の有無を確認しましょう。もし欠損値があれば，調査票を見直して再入力します。調査票に記載されていなければ，なぜ記載されていなかったかを追求します。また，欠損値によって入力欄がズレている恐れもあります。他には異常値（外れ値）のチェックも必要です。データが多いときには，外れ値を1つ1つみつける作業も大変です。表計算ソフトの関数や統計ソフトを利用して，変数（図13-7の各列）ごとに最大値，最小値を計算したり，昇順（または降順）に並べ替えると見つけやすくなります。

▶質問票の設計

　対象者の観察・測定を行なうための質問項目を定めたものが質問票です。設計では質問形式，表現法，構成，質問順序を考慮しなければなりません。質問形式としては択一法，選択法，評定尺度法などがあります。表現法は質問文のわかりやすさや論理性が問われます。構成として質問の量や質問紙の書式など，質問順序は前後の質問との兼ね合い（キャリーオーバー効果）や，面接法であれば対象者と調査者の信頼関係によって最初に問うべきか，後に回すべきかといったことを考えます。具体的なチェック方法は，章末の文献（林，2003など）も参考にして下さい。

図13-7 表計算ソフトへのデータ入力例

調査項目は1変数につき1列で入力します．列は，いくら多くなっても構いません

	A	B	C	D	E	F	G
1	番号	氏名	性別	年齢	体重	身長	問1
2	1	佐藤	1	72	45.3	146	1
3	2	釜萢	1	63	61.7	160	2
4	3	菊池	1	73	51.7	154	4
5	4	木村	1	68	48.0	153	5
6	5	工藤	1	51	55.3	164	1
7	6	加藤	1	58	68.8	151	3
8	7	佐山	0	58	80.8	175	2
9	8	小林	1	67	58.6	152	1
10	9	斉藤	1	53	45.4	146	3
11	10	山田	1	61	76.2	155	1
12	11	境	1	66	45.3	152	2
13	12	桜井	1	61	56.5	150	4
14	13	佐々木	0	77	48.7	156	4

対象者は行方向に入力します

質問項目はコード化して入力した方が，パソコンでの解析は簡単です

▍記述統計とグラフ

　記述統計とは，代表値，散布度などの簡単な統計値を求め，提示することです．とにかく，データはグラフで表してみます．グラフで表すと，データの訴えかけることが確認しやすくなるので，必ず描くようにしましょう．基本的にはヒストグラムまたは幹葉表示によって，データの分布を観察します．観察のポイントはヒストグラムの節で述べました．データが正規分布に従うかは，$n>30$であれば，観察上ヒストグラムが左右対称の釣り鐘状（図13-1a）に類似しているか否かで判断しても大きな間違いはありません．外れ値は，意外にデータの入力間違い，記録時の間違いであったりします．こうした間違いではなく，本当に外れ値であれば，なぜ外れたかの原因を探索します．原因がわかれば解析から除外すべきか，含めるべきか判断できますが，原因が不明のときもあります．迷うときには，含めた場合と除外した場合の2通りの可能性を考えて解析するとよいでしょう．

　たとえば身長をいくつかの年代に分けて表す場合に，ヒストグラムを1つ1つ描くよりは，箱ひげ図を並べた方がみやすくなります．観察の要点はヒストグラムのときと同様です．2変数以上の比例関係をみるために散布図を利用するときは，散布図行列も描いて制御変数の影響がないかを確かめてください．

図13-8 統計的解析と検定選択のための簡易チャート

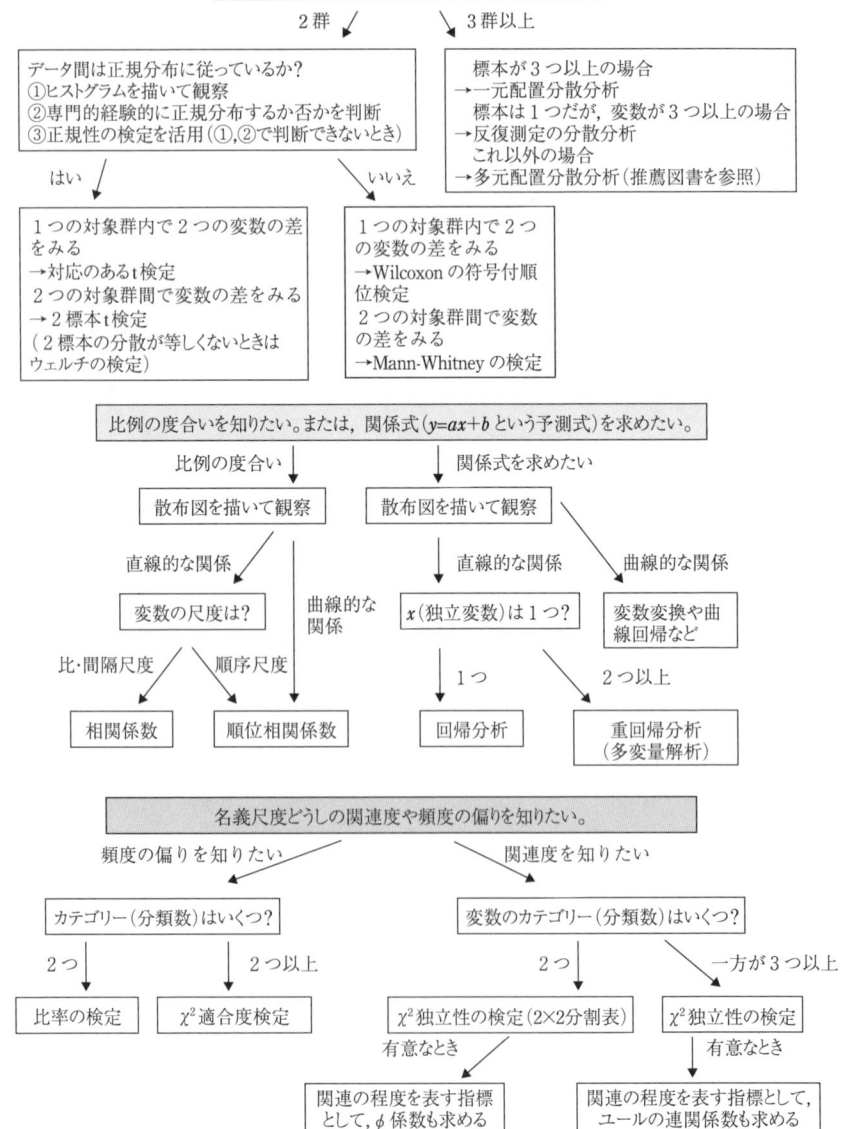

```
データ間の差を知りたい。比べたい群の数は？
        │
    ┌───┴────┐
   2群      3群以上
    │         │
    │    ┌────────────────────────────┐
    │    │標本が3つ以上の場合          │
    │    │→一元配置分散分析           │
    │    │標本は1つだが，変数が3つ以上の場合│
    │    │→反復測定の分散分析         │
    │    │これ以外の場合               │
    │    │→多元配置分散分析（推薦図書を参照）│
    │    └────────────────────────────┘
    │
データ間は正規分布に従っているか？
①ヒストグラムを描いて観察
②専門的経験的に正規分布するか否かを判断
③正規性の検定を活用（①，②で判断できないとき）
    │
 ┌──┴───┐
 はい    いいえ
```

- **はい**:
  - 1つの対象群内で2つの変数の差をみる
    → 対応のあるt検定
  - 2つの対象群間で変数の差をみる
    → 2標本t検定
    （2標本の分散が等しくないときはウェルチの検定）

- **いいえ**:
  - 1つの対象群内で2つの変数の差をみる
    → Wilcoxonの符号付順位検定
  - 2つの対象群間で変数の差をみる
    → Mann-Whitneyの検定

比例の度合いを知りたい。または，関係式（$y=ax+b$ という予測式）を求めたい。

- 比例の度合い → 散布図を描いて観察
  - 直線的な関係 → 変数の尺度は？
    - 比・間隔尺度 → 相関係数
    - 順序尺度 → 順位相関係数
  - 曲線的な関係

- 関係式を求めたい → 散布図を描いて観察
  - 直線的な関係 → x（独立変数）は1つ？
    - 1つ → 回帰分析
    - 2つ以上 → 重回帰分析（多変量解析）
  - 曲線的な関係 → 変数変換や曲線回帰など

名義尺度どうしの関連度や頻度の偏りを知りたい。

- 頻度の偏りを知りたい → カテゴリー（分類数）はいくつ？
  - 2つ → 比率の検定
  - 2つ以上 → χ^2 適合度検定

- 関連度を知りたい → 変数のカテゴリー（分類数）はいくつ？
  - 2つ → χ^2 独立性の検定（2×2分割表）
    有意なとき → 関連の程度を表す指標として，ϕ 係数も求める
  - 一方が3つ以上 → χ^2 独立性の検定
    有意なとき → 関連の程度を表す指標として，ユールの連関係数も求める

こうした手順を経て，データの様相を視覚的に把握したら，適切な代表値，散布度を求めて提示します。さきにも述べた通り平均と標準偏差を使ってデータの様相を表せるのは，正規分布のデータのみです。それ以外の分布のデータでは中央値，散布度としては四分位偏差も記述しておく必要があります。また，名義尺度データの場合は，最頻値や最少値の頻度の大小に注目するようにします。

データの統計的解析と検定

簡単な統計的解析と検定の選び方を図13-8に挙げました。図13-8では本文に出てこない統計用語が多く記載されています。多くのパソコン用統計ソフトに組み込まれてある用語なので，使いながら照らし合わせてみると，理解しやすくなると思います。十分に理解していなくても，まずは統計ソフトに触れてみることが習得への早道となるでしょう。そうした意味で，簡単な手法の選択方法だけを述べました。

もちろん，各手法の具体的な意味を知ることも必要ですから，今後，詳細については対馬（2004）や，章末の推薦文献などを参考にして理解を進めて下さい。

引用・参考文献

林知己夫編『社会調査ハンドブック』朝倉書店，2003年
対馬栄輝「第13章　看護・福祉の社会調査」早坂裕子・広井良典編著『みらいを拓く社会学──看護・福祉を学ぶ人のために』ミネルヴァ書房，2004年

推薦文献

ダレル・ハフ著／高木秀玄訳『統計でウソをつく法──数式を使わない統計学入門』講談社，1968年
　──身近な社会調査の記事を，面白い内容で批判しています。データの読み方を習得するためには必読の書です。

谷岡一郎『社会調査のウソ──リサーチリテラシーのすすめ』文藝春秋，2000年
　──本邦の実在する社会調査記事・データを例に挙げて，徹底批判しています。ダレル・ハフの著書よりも，やや専門的に突っ込んだ内容となっています。

辻新六・有馬昌宏『アンケート調査の方法』朝倉書店，1987年
　——データの取り方，アンケート用紙の作り方，データチェックの仕方から統計的解析まで，調査研究の基礎を系統的に解説しています。

林知己夫編著『社会調査ハンドブック』朝倉書店，2003年
　——社会調査法の計画から質問表の作り方，分析まで幅広く書かれてあります。実例をふんだんに盛り込んでいるので，読みやすい内容となっています。

第 14 章
社会学理論
―― 機能分化と個人 ――

小松　丈晃

　社会学は，近代社会についての学として出発しました。近代社会の自己観察の学としての社会学――このことは，皆さんが社会学を学んでいく際に必ず念頭におかなければならないことの一つです。この「近代」と呼ばれる社会のあり方は，17～18世紀頃の西欧に由来するわけですが，では，近代社会は前近代社会とどのように違うのでしょうか。社会学を独自の学問分野として確立させようとしてきたいわゆる社会学の古典理論家たちは，この違いの一つを，「文化領域の自立化」「社会分業」「社会分化」「機能分化」などといった概念で表現しようとしたのでした。

　「機能分化」とはどういうことで，またそういう社会のなかで個々人はどんな人生を生きることになるのでしょうか。この章では，近代社会を「機能的に分化した社会」として描きながら，そこにおける「個人と社会」の問題――社会学を学ぶ人なら一度ならず思いを馳せるはずの，まさに社会学の「根本問題」（ジンメル（G. Simmel））――を軸にして社会学理論をごく簡単にみていくことにしましょう。

1　社会有機体説と「機能の分化」

　機能分化や分業あるいはそれに類似した考え方は，近代初頭のさまざまな社会思想のなかに見出されますが，ここでは，とりあえず，社会学でもよく言及されるイギリスのスペンサー（H. Spencer）の理論からはじめましょう。彼の理論は社会進化論や社会有機体説で知られています。社会有機体説とは，社会を，目や脳・足などを備えた1個の有機体に喩えて考えるもので，一見，荒唐

無稽にみえますが、諸部分は全体の中ではじめてなにがしかの意味をもつとする社会観を呈示し、社会を個人の単なる集積としてとらえる見方（原子論的モデル）への反論となっている点などで、その後の社会理論の展開にとって重要な含みを持っています。

スペンサーは、ちょうど有機体の進化が単細胞生物のような「単純」なものからヒトのような「複雑」なものへと進化していったのと同じように、社会も、単純な状態から複雑な状態へ、つまり「同質的状態から異質的状態へ」と変化していくのだ、と考えました。すなわち、全体（社会）というまとまりは、互いに同じものではない多様な諸部分に分割され、そうした諸部分に異なった課題が割り当てられる、というわけです。これが、「諸機能の分化（differentiation）」（Spencer, 1876-96）という事態です。

有機体とのアナロジーはさらに続きます。有機体は、人間の身体をみればわかるように、胃の働きは、肺や心臓といった他の部分の働きを前提としています。これと同様に、各機能を割り当てられた社会の各部分も、他の諸部分の働きを前提とし、それらに依存していると主張します。各部分の自立化と相互依存とが同時に強化されるのだというわけです。この見方もまた、後の社会システム理論には不可欠のアイデアとなっています。

スペンサー理論の時代背景

このように数々のアイデアの源を提供してくれているスペンサー理論ですが、しかし、注意しなければならないのは、この理論が、極端ともいえるほどの「功利主義的個人主義」によって彩られていることです。

スペンサーの理論の背景にあったのは、封建的な体制から抜け出て、産業革命や市民革命によって「市民社会」が成立していった18世紀から19世紀の欧米の社会状況でした。この市民社会では、新興市民階級（いわゆる「ブルジョワ」）が社会に台頭し、国家と拮抗するかたちで、経済的自由に基づく資本主義を進展させ、自由な経済活動によって己れの欲望をどんどん解放させていきました。

功利主義的個人主義

　功利主義的個人主義とは，ごく簡単にまとめてしまえば，物質的な目的（欲望，利益）を合理的な手段で個々別々に（孤立して）追求してゆく個人をよしとする考え方です。「生存競争」や「適者適存」を強調する社会進化論の立場から，スペンサーは次のように考えます。個性をもった諸個人の間の自由な競争によって，ある特定の環境にもっとも適した者のみが生き残るであろう（適者適存）。だから「天与の法」とは「同等自由の法則」（すべての人間は同等に自由であるべき）であり，これのみを政府は守るべきであって，それ以外のことには口出しすべきではない——こうした考え方は「夜警国家」論や自由放任主義につながる考え方ですが，そのことにより，優れた者が勝ち残り劣った者は敗れ去る（「優勝劣敗」）ので，社会全体が優れた者たちによる社会に変わる。要するに，個人の個性や自由の開花は同時に社会全体の強化をも意味するというわけです。

　スペンサー理論のなかでも有名な社会の発展段階図式——個人が全体のために没個性的に奉仕する「軍事型社会」から個人が自由かつ自発的に産業に従事する「産業型社会」へ，さらに将来社会像としての「完全社会」へ——という社会の発展段階論も，その発展の基準は，個人の自由の全面開花ということでした。しかし，この考え方は，個人の自由という価値を強く称揚する反面で，平等という価値の軽視へと行き着いてしまいますし，社会の「規範」や人びとの互いの「連帯」や結びつきの意義も，的確にとらえることができません。

　このようなスペンサー理論は，明治期の日本における自由民権思想や19世紀のアメリカ社会に，大きな影響力をもってとり入れられました。しかし，自由民権思想のように民衆の権力への抵抗の基盤として受容される一方で，同時に権力側やロックフェラーのような資本家階級の正当化のためにも利用されるというアンビバレントな受け入れられ方をしたため，数々の論争ももたらすことになりました。

　新自由主義的な風潮のなかで，スペンサーの優勝劣敗の思想を縮小再生産したかのような言説が横行する現代日本においても，彼の理論をめぐる過去のさまざまな論争は，警鐘という意味でいまでも参照に値するでしょう。ともあれ，彼の社会学理論は，その後の社会学理論に引き継がれてゆく，いくつかのアイ

デアを含んでいたものの，その功利主義的個人主義に基づく立論は，その後の社会学理論の展開の過程で厳しく批判されてゆくことになります。

2　19世紀から20世紀の社会学へ

▌社会分業

とりわけ，当時のヨーロッパにあって，スペンサーの議論に対して強い批判を行なっていたのが，フランスの社会学者エミール・デュルケム（E. Durkheim）でした。デュルケムが批判したのは，スペンサー理論のなかの，前述した功利主義的個人主義に関わる論点でした（宮島，1987）。1節で述べたように，当時の（イギリスやフランスも含めた）ヨーロッパの急激な産業化によって，物質的な目的（欲望）を合理的な手段で個々に（孤立して）追求してゆく個人——功利主義的個人主義はこのような個人を称揚していました——が，大量に析出されることになったわけですが，デュルケムが危惧したのは，その結果として，この物質的欲望に対するブレーキがきかなくなり，欲望の無限解放を招き「アノミー」という問題を引き起こしてしまったことです（同上）。

(1) アノミー

アノミー（anomie）というフランス語は，ギリシア語 anomos（無法律状態）を語源とする言葉で，あえてそのまま訳せば「無規範」「無規制」となります。

表14-1　自殺の4類型

類型	(1)自己本位的自殺	(2)集団本位的自殺	(3)宿命的自殺	(4)アノミー的自殺
原因	社会統合が弱すぎて個人の孤立化が強まる	社会統合が強すぎて集合に強く一本化	個人の欲望が過度に抑圧される	個人の欲望が過度に肥大化する
例	・教会による結合力が強いカソリックよりもそれが弱いプロテスタントのほうが自殺率が高い ・国民の団結力が高まる戦争のときのほうが，平和時よりも自殺率が低い	・軍隊や国家への強い忠誠心をもつ兵士の自殺率は，一般市民よりもかなり高い ・狂信的な宗教団体に見られる集団自殺	・身分の違う男女によるいわゆる情死 ・奴隷の自殺	・経済的な不況期に多発する自殺

まずデュルケムの『自殺論』を繙いてみましょう(Durkheim, 1897)。

この書物は、直接には、統計学的資料を駆使しながら、また当時みられた(今日からみればじつに奇妙な)自殺の原因説を逐一退けつつ、近代社会における自殺の原因を探求したものですが、ただ自殺の話をしているだけでなく、優れて近代社会分析の書となっています。彼は、自殺を、表14-1のように4つに類別するのですが、ここで重要なのは、④のアノミー型自殺です。これは、③の類型とは逆に、欲望の過度の肥大化の結果として生ずる自殺のことで、彼は、近代社会の特徴を顕著に物語るものとして、この類型にとくに着目します。

デュルケム

なぜ欲望の肥大化が自殺を招くのでしょうか。デュルケムは、1882年冬のパリ株式市場の破局を事例にあげながら、自殺率がその年以降増加していることを統計データによって裏付けます(Durkheim, 1897)。資本主義的な市場経済は、市場をたえず拡大しようとするため、身分の上下を問わず、人びとの営利欲望を無限に刺激しつづけます。欲望への規制(nomie)がきかない(a-)わけです。そのことによって「物質的幸福」が最良のものと考えられるにいたり(「物質的幸福の神格化」)、人間の欲望が異常なまでに上昇してゆきます。好況期にはそれでもいいのですが、不況期になると、そうした増強された己れの欲望を充足するための十分な手段がなかなかみつかりません。つまり、高度の欲望とその充足手段との間に著しいアンバランスが生じ充足されない欲望も増大してゆきます。その結果、フラストレーションが増大し人は自殺に追いやられてゆくのです。(ちなみに、こうしたデュルケムのアノミー論は、20世紀になると、アメリカの社会学者マートン(R. K. Merton)などによって展開されていきます。)

このような事態を回避する方策としてデュルケムが考えていたのは、功利主義的個人主義に欠落している、道徳的規範にもとづく人びと同士の結びつき(「連帯」)を取り戻すことでした。個々人同士の連帯の力が適度な強さをもっているとき、無限増大する欲望にブレーキをかけることのできる道徳的な規制力をも蘇らせることができるというわけです。欲望追求という情熱は、「その畏

敬する道徳的力の前でしか立ち止まらない」のです（Durkheim, 1893＝1971；2）。

(2) 社会分業

もとより，近代社会への移行に伴って個人の個性が開花してゆくという事態を，デュルケムとて否定するわけがありません。ですから，デュルケムが理論を構築するにあたって最大の関心だったのは，「個人がますます自立的になりつつあるのに，いよいよ密接に社会に依存するようになるのは，いったいどうしてであるか。個人は，なぜいよいよ個人的になると同時にますます連帯的になりうるのか」ということでした（Durkheim, 1893＝1971；37）。個性化と連帯とを両立させる社会のあり方──これを，デュルケムは，「社会分業」という概念を使って考察することになります。社会分業とは，デュルケムにとっては，連帯と不可分の関係にあるものなのです。

「分業」という概念は，英語でいえば division of labor で，「労働の分割」ということですから，経済の分野で主に使用されていたもので，たとえばイギリスの有名な経済学者・道徳哲学者であるアダム・スミスが『国富論』で使用している「分業」の言葉は，明らかに経済的な意味でした。しかしデュルケムは，経済の領域にとどまらず社会の全領域に適用できるものにまで，この概念を拡張します（男女の役割分担という意味で，「性的分業」といった言い方も登場します）。ですから，彼の処女作は『社会分業論』と題されているわけです。分業の概念を，功利主義に支配されている経済の領域にとどまらない大きな広がりをもつ言葉として使用することによって，経済学とは違う「社会学」の独自性を打ち出そうとしたのだ，ともいえるでしょう（Luhmann, 1977）。

▶アノミー論のその後の展開

　マートンは，アノミー論に示唆を受けて，合州国での下層階級の犯罪の多さを，人間の本性などからではなくアメリカ合州国の社会的・文化的構造から説明します。彼によると，アメリカは階級・階層の上下を問わず「アメリカンドリーム」としての「(金銭的) 成功」を煽る文化をもっています。しかし成功するための，社会構造上許された（合法的な）手段をもつのが困難な下層階級の人々にとっては「成功」はいつまでたっても手の届かない夢にとどまります。そこで，欲望と充足手段とのこの「距離」を一気に埋めるために，強盗や麻薬密売のような非合法的な手段に訴えてしまうわけです。こうした議論以外にも，アノミー論は，デュルケム以降さまざまなかたちで展開されてきています。

デュルケムによれば，連帯といっても，それは時代ごとに違った形態をとります。近代以前の社会では，似たような各部族や氏族（これらを「環節」とデュルケムは呼ぶのですが）が並列して存在し，伝統のなかで同様のしきたりや習慣にしたがって生活しています。いうなれば「似たもの同士」の結びつきの社会です。こうした社会での連帯をデュルケムは「機械的連帯」と呼びます。これに対して，近代社会は，「社会分業」の進んだ社会です（デュルケムにとって他との協同を欠落させた「分化」と，「分業」とは明確に異なるものでした）。個々人はそれぞれに異なった職業につき地位や役割も異なります。つまり個性的で異質な個人同士が，「相手は自分とは異なる個人である」ということを前提として取り結ぶような関係が主流となります。異質な他者と結びつくこうした連帯を「有機的連帯」と呼びます。個々人の個性が開花し異質性が増大することは，決して個々人がバラバラになることではなく，むしろ分業の真の機能は，2人あるいは数人の間に連帯感を創出することだと，いわなくてはならないのです。デュルケムはそういう連帯を実現する具体的な場としては，各種の「職業集団」をあげています。『社会分業論』（1893年）の第2版序文「職業集団化にかんする若干の考察」（1902年）で，国家と個人の中間に位置する「中間集団」としての「職業集団」を復活させるべきことが説かれています。職業集団とは，同一産業の関係者によって構成される同業組合のことで，古くから存在していましたが，18世紀に次々と消滅してしまいました。しかし「個人のエゴイズムを抑制し，労働者の心のうちにいきいきとした共同連帯の感情を絶やさぬようにし，弱肉強食の法則が商工業上の諸関係にこれほど露骨に適用されないようにする」道徳的な力（Durkheim, 1893＝1971：9）を，彼は，この職業集団を蘇らせることによって活性化しようとしたのでした。

文化諸領域の分化

(1) 宗教と経済

デュルケムとほぼ同時代に生きたマックス・ウェーバー（1864-1920）が描く個人像もまた，功利主義的なそれとはきわめて異質のものでした。デュルケムの『自殺論』と相並んで社会科学の「古典」というべき『プロテスタンティズムの倫理と資本主義の精神』（Weber, 1904-05, 1920）（以下，『プロ倫』）という本

ウェーバー

のなかで、ウェーバーは、近代資本主義が成立する重要な契機の1つとして、宗教わけてもキリスト教のなかのプロテスタントの経済倫理に注目します。宗教というと、どうしても、俗世を離れたところでの修行などの（世俗外の）生活に目がいってしまいますが、16世紀ドイツでのルターによる宗教改革によって現れたプロテスタントにおいては、世俗のなかで営まれる労働に対して、従来とはまったく違った意味づけが与えられます。つまり、信者たちは、世俗内の自分の仕事を、神から与えられた「天職」（ドイツ語ではBeruf、英語ですとcallingですが、この仕事のために自分がまさに神から「呼ばれている」というわけですね）として理解したのです。

もっとも、ルターの思想では、各人はそれぞれの仕事に励むことを通して神の与えた社会秩序へと「適応」するのだとされたため、ルター派は、保守的・権威主義的な傾向をもつようになりました。これに対して、同じく宗教改革の一端を担ったカルヴァンの「予定説」は、社会秩序に対して、これとはまったく別の態度を生み出します。この予定説によれば、神はすでにあらかじめ、救いが予定されている者と予定されていない者とを選んでしまっている。しかし、有限な人間には、その神の意志などをはかり知ることができない。そうなると人は、大変な不安感に苛まれることになります。どうしても、自分が、救われる予定の人間である証、「救いの確証」を得たくなります。そこで、そのためのヒントを、日々の自分たちの職業のなかに探し求めることになります（大塚1977）。つまり、自分が救いに予定されている人間であるならば、放蕩な生活に耽ったり自堕落な生活を送るのではなく、神から与えられたこの「天職」に節度をもって禁欲的に取り組むことができるはずだ、そして自分はそういう天職を通して、「神の栄光」をこの地上にもたらす「道具」として存在しうるはずだ――そう考えるわけです。

そうなると、人びとは職業労働のなかで、「自堕落な生活はしていないか」「節度をもって取り組めているか」と、たえず自分自身の生活を点検するようになります。ルター派のように現存する秩序に埋没するのではなく、むしろ、

いまある社会秩序を合理的に変革すべく禁欲的な生活態度を確立させていくことになるのです。これが，合理性・計画性のある資本主義的経営へとつながっていったのだ，とウェーバーはみます。個々人がみずからの欲望のままに，たとえば何かの経済活動で儲けた分を，自分で勝手気ままにすっかり消費してしまうようなやり方では，資本主義的経営は成立しないのです。

こうしたウェーバーの見方によれば，たんなる「営利衝動」や「利潤の追求」は，資本主義の成立とは何の関係もありません。そういう無制限の営利欲をむしろ抑制した，計画的で合理的なかたちでの職業との取り組みこそが，資本主義的経営と深い関わりをもつのです。ウェーバー社会学の基本的な課題は，なぜ西洋においてのみ，後に全世界に広がってゆくほどの普遍的な意義と妥当性をもつさまざまな文化現象（科学や音楽等々）が出現したのかを解明することでした。この観点から彼は，資本主義という後に全世界に広まっていくほどの普遍性をもつ現象が，なぜ西欧においてのみ成立したのかをプロテスタンティズムに着目しながら考えたわけです。

このウェーバーの社会学にみられる「個人」は，スペンサーが語っていたような功利主義的個人像とはまったく違うものです。個人は，利潤の追求という直接的な利害だけに動かされるものではない。「利害」に加えて，宗教のような「理念」的な要素もまた人の行動や歴史を動かす大きな力を有しているのであって，そういう「理念と利害のダイナミクス」を追求してゆくことが，社会学にとって重要ではないかとウェーバーは考えるのです。

(2) 分化

さて，こうして宗教との関わりにおいて資本主義的な経済が成立してくるわけですが，しかし，いったん資本主義の歯車が回り始めると，成立当初は必要とされていた宗教的エートスは，すっかり抜け落ちていってしまいます。むしろ，その後の展開過程においては，近代の合理的資本主義の経済秩序が，それに内在する固有の法則性にしたがって動くようになればなるほど，宗教的な同胞倫理からかけ離れ，むしろ対立するようにさえなってきます。こうした緊張関係は，宗教と経済の間だけではなく，宗教と芸術や性愛の間，宗教と経験科学の間，さらには宗教と政治の間にも起こってくることになります（Weber, 1920-1921）。しかも，こうした文化諸領域の間の緊張関係は，宗教が，救いの

宗教としての本来的な姿を備えていればいるほど激しいものとなる，とウェーバーはいいます。要するに，社会のなかの個々の領域（宗教，経済，政治，性愛，美，科学，等々）がその「内的な自己法則性」にしたがって動きはじめることになるのです（同上）。ここで語られているのは，社会の「機能分化」そのものにほかなりません。そうなると，もはや近代社会には，そうした諸領域相互の対立・緊張関係を調停したり拘束力をもって決を下したりできるような，そうした（かつて宗教が占めていたような）「中心」となる審級は存在しえなくなってきます。こうした認識は，現代社会学でも，ドイツの社会学者ルーマンらの精力的な理論展開の基盤ともなっています。

(3) 官僚制の進展

さらに，経済や政治から宗教が抜け落ち，合理的経営という外枠だけが残されると，経済や政治の領域では，①規則による職務配分，②公私分離，③文書による事務処理，④ヒエラルキー，⑤専門的職員の任用といった特徴をもつ「官僚制」が著しい勢いで進展してゆくことになります。この官僚制は，物事を非常に効率的に処理する上で重要なもので，個人の感情や恣意は極力抑えられます。しかし他方で，こうした官僚制が，社会全体に浸透してゆくと（「全般的官僚制化」），人間は，「精神なき専門人」へと堕してゆくことになる，とウェーバーは前述『プロ倫』の末尾で警告を発しています。管理化された組織社会のなかで，「精神」をなくし，まるで機械の歯車のような「末人」たちの跋扈こそ，近代西欧社会の運命であるというわけです。後にみるように，こうしたウェーバーの問題意識とある点で共通しながら，1960年代になると管理社会論が盛り上がってゆくことになります。

AGIL 図式

20世紀中葉になって，デュルケムやウェーバー同様，功利主義的人間像を厳しく批判し「理念と利害のダイナミズム」という考え方をさらに洗練された理論体系へとまとめ上げていったのが，アメリカの社会学者パーソンズ（T. Parsons）です。しかし彼は，ウェーバーのいささか悲観的な時代診断とは異なる，近代社会に対するもう少し「明るい」展望を若い頃から一貫して抱いていました。

パーソンズは，50年代半ばの『経済と社会』という本のなかで，いかなる行為システム（社会システムも含めて）もシステムとして存立しうるためには，4つの機能——環境に適応（Adaptation）する機能，目標達成（Goal Attainment）の機能，（社会システムであれば）メンバー間のまとまりを高める統合（Integration）の機能，緊張緩和ならびに潜在的パタン維持（Latent Pattern-Maintenance）の機能（システムが維持されるには，相互作用が実際に行なわれていない（latent な）間も，構成員の行動パタンがある程度維持されていなければならない）——が相互に連動しなければならない，と主張します。社会システムは，この4つの機能を担った下位システムによって支えられているわけです。全体システムは4つの下位システムに分化する（「機能分化」），といってもいいでしょう。この考え方は，4機能それぞれの頭文字をとって「AGIL 図式」と称されています。

　ですから，全体社会（日本社会などというときの「社会」）も，AGIL それぞれの機能を担う下位システムから成り立つとされます。そのときAは経済，Gは政治，Iは国民社会，Lは信託システムに相当します（詳しくは，高城，2002）。信託システムというのがわかりにくいですが，これは，社会の新しい世代の人びとに価値を内面化させ，メンバーの緊張を管理するよう信託されているシステムのことで，具体的には，家族や学校や宗教組織（教会）などのことです。もちろん，全体社会だけでなくサークルとかクラブのような小規模な社会システムも存立するためには，AGIL という4つの機能が必要となります。皆さんの身の回りの集団にあてはめて，考えてみてください。

　さて，この4つがうまく組み合わされることによって1つの社会（システム）が成り立っている，ということは，逆にいえば，個々人の功利主義的な利害関係を主軸として動かされる経済的な論理（A機能）だけでは，社会は決して動かない，ということです。Lのような価値的・理念的な論理（L機能）もまた必ず必要で，これらの諸機能の絡まり合いが重要なのです。ですから，パーソンズのこの AGIL 図式は，実は先にみたウェーバーの「理念と利害のダイナミズム」の洗練された表現となっているわけです。

(1) 機能分化は近代化に伴う過程のほんのひとつ

　ただし，社会が AGIL 個々の領域に次第次第に分かれていって個々の領域

が独自の論理で動きはじめる，ということだけが，パーソンズの強調したいことではありません。分かれていっても，それと同時に，分かれた領域同士を何らかのかたちでつなげ，架橋するような動きもまた，必要になるというのです。たとえば，人びとがよしとする「価値」は，機能分化が進めば進むほど，分化した多様な各領域を十分にカバーでき架橋できるようなものにならなければなりませんから，ある領域にだけ妥当するような特殊なものではなくて，かなり一般性の高いものにならねばなりません。「近代化が進む」，ということは，たんに「機能分化」が進むというだけではなくて，こうした「価値の一般化」なども同時に進行するのでなくてはならない，というわけです。（パーソンズは，近代化に付随する動きとして，①機能分化，②価値の一般化のほかに，③自然環境などのような環境に対する社会の適応能力が高まる「適応能力の上昇」という過程や，④かつては社会の周辺に位置づけられていた人びと（女性，移民など）が社会の中心的なメンバーとして次第に認められてゆく「包摂」という過程も挙げています（Parsons, 1977：48-49）。）このように，分かれていくだけでなく分かれた領域相互のつながりもパーソンズは重視していたという点に着目して，パーソンズの本来のテーマは各領域の自立化よりもむしろ，分化した下位システムの間の「相互浸透」なのだと主張する社会学者もいます（Münch, 1988）。

(2) 官僚制とは異なる組織類型

最後に付言しておくと，パーソンズは，「鉄の檻」にもたとえられる全般的官僚制化によって「精神なき専門人」が跳梁することを予言したウェーバーとは異なり，官僚制とは異なる新しい組織のあり方を考え，近代社会の行く末についての悲観主義から逃れています。能力や経験の差による格差は考慮されるけれども地位と権限に応じた上意下達式のヒエラルヒーを原則とするのではなく，互いに平等な同僚として関係しあう「合議制アソシエーション」という組織類型がそれです。病院や大学のような組織はまさにその典型です。

3 「個人と社会」と情報・メディア

フランクフルト学派の問題提起

とはいえ，近代社会が個人の自由や個性を抑圧する「管理社会」と化してき

ているという把握は，とりわけ1950年代から60年代にかけて大きな説得力をもっていたことは事実です。先にみたウェーバーの全般的官僚制化の議論は，こうした「管理社会論」の問題意識を先取りしているということもできます。フランクフルト学派のアドルノ（T. Adorno）やホルクハイマー（M. Horkheimer），マルクーゼ（H. Markuse）といった人びとの研究は，こうした管理社会論に対して重要な視点を提供することになりました。

たとえば，マルクーゼは，アメリカに典型的な高度産業社会の管理体制のなかに組み込まれて，人間理性が本来もっている現実を乗り越えていく「否定の力」＝批判精神を枯渇させ自己決定能力や個性を失ってしまっている人間を「一次元的人間（One-Dimensional Man）」と呼び，そういう人間を作り出してしまう管理社会を批判しました（Markuse, 1964）。

また，ホルクハイマーとアドルノは，『啓蒙の弁証法』といういささか難解な本のなかで，ホメーロスの叙事詩「オデュッセイア」に託しながら，近代社会の逆説的な発展を論じています。人類はこれまで「啓蒙」によって，無知を啓発し理性を駆使しながら野蛮な状態から文明化された状態へと移行してきたはずなのに，なぜいま，その反対に，新しい野蛮の状態へと落ち込んでいっているのか――。この「新しい野蛮」とは主にはドイツのナチズム体制のことで，人間の個性や自由を消去し一元的に管理・抑圧する管理社会ですが，当時のアメリカ合州国も含まれています。

このような管理社会は，当時急速に発達しつつあった情報メディア（ラジオや新聞，映画）によって促進されると彼らは考えました。マスメディアは，権威ある者を批判する手段ではなく，逆に，「娯楽」を提供する場と化し，人びとはそれによって社会全体の動きに鈍感になりみずからを「愚化」してしまっている。苦しみがあってもそれについては考えてはならないようにさせられて

▶フランクフルト学派
　1930年代のはじめ以降と50年代初頭以降に，ドイツのフランクフルト大学の社会研究所のもとに集い雑誌『社会研究雑誌』を中心に活躍し「批判理論」の名で知られる人びとの総称。主な論客に，本文で取り上げた人びとのほかにE.フロムなどがいます。その後の世代としては，現代ドイツ社会学の論壇を代表するJ.ハーバマスやA.ホネットといった人びとがいます。西欧マルクス主義にフロイトの精神分析学を取り入れることによって，管理社会化する近代社会批判を展開し，60年代の新左翼運動に多大な影響を与えることになりました。

いる。要するに，人間から主体性や自由を奪い，権威をもつ者に同調する意見を広汎に宣伝し人にそれを受容させるための道具が，マスメディアなのだというわけです。映画やラジオやレコードといった「複製技術」によって大量に提供される「文化」は一種の「産業」(「文化産業」) であって，これらにより人びとの想像力や自発的な能力が麻痺させられてしまうというわけです。

ただし，このような考え方に対しては現在，マスメディアの受け手の創造的な解釈能力をあまりにも軽視している，とか，あるいはもっと一般的に，同じくフランクフルト学派のハーバマス (J. Habermas) によって，人間の「理性」を非常に狭いものとして捉えているなどと批判されています。が，しかし近代社会に内包されている「管理社会」としての一面を突いた議論として，当時の時代状況のなかでは大きな影響力をもっていました。

現在，フランスの哲学者のドゥルーズ (G. Deleuze) などが，――こうした管理社会論とはまったく別なかたちでですが――情報テクノロジーの高度な発達を背景にした新しいかたちでの管理社会が出現しつつあることの兆候を見出しています (Deleuze 1990)。「リスク社会」「情報社会」などといわれる今日的状況に合致したかたちでの新しい管理社会論を，精緻に組み立てていく必要があるだろうと思われます (本章末コラム参照)。

■「個人と社会」のゆくえ

さて，ここまで，機能分化と「個人―社会の関係」を軸に，これまでの社会学理論 (ほんの一部ですが) をみてきました。最後に，いま私たちが生きているこの社会での個人と社会の関係はどのように捉えられるのかについて考えてみましょう。これについては，「個人化 (individualization)」の議論に焦点を当てるのが都合がよさそうです。個人化論は，「個人」や「個人の自律性」をめぐる近年の錯綜しねじれた状況をうまく捉えているからです。

個人化論は，ドイツの社会学者ベック (U. Beck) を中心に主張されているものです。ドイツに特有の状況をあまりに一般化しすぎているのではないかといった批判もありますが，現代の日本に生きる私たちにとっても示唆するところは決して少なくありません。

個人化が進む，といっても個人の自由や自律性を重んじる社会が実現しつつ

ある、という甚だ楽観的な主張ではありません。ベックによると、まず、今日の個人化は、「個人の自由の増大かさもなくばアノミーか」、あるいは「自律か拘束か」といった対立図式では把握しきれない内容をもつ、非常にアンビバレントな過程です。

　ベックが念頭においているのは、20世紀後半の先進諸国の（とりわけドイツの）状況なのですが、そこで観察されることは、ますます個々人に「自分自身の生活を送るべし」という要求が課せられているという事態です。つまり、自分自身のライフコースは自分で決めねばならない、自分で決定を下さねばならないという強い目に見えない要求が、個々人にもたらされているのです。いわば、個人化への強制ということができます。しかもその際、求められている決定を、他の選択肢と比較考量した上で実際に自律的に下すことができるかどうかはあまり関係ありません (Beck, 1986)。にもかかわらず、それぞれの個人のライフコース上の出来事の数々は、個人が自分の決定によって下すべきもの、あるいは下されたものだと、みなされるのです。このような、チャンスと同時に強制としても体験されうる両面価値的な過程が、個人化なのです。ベックはサルトルの言葉をもじって次のようにも述べています――「人間は、個人化の刑に処せられている」、と。

　個人化とは、いうなれば、みずからのライフコース上の出来事の多く――失業や疾病も含めて――が、個人の決定の結果として「帰属」される過程です。成人であれば誰でも一定の確率でかかりうる病という意味合いが付与されていたかつての「成人病」も、こうしたなかでは、その個人の生き方や生活習慣が悪いせいで罹患する「生活習慣病」に変わりますし、失業も個人の「モラル」や「意欲」の問題へと切りつめられてしまいます。そうなると、大量失業のような本来社会的なはずの問題も、いまや「社会の問題」としてではなく「個人的なものとして現象」するようになっていきます (Beck 1986, 訳174頁)。いわば個々人の日常の選択のなかに、「社会的なもの」を知覚することが困難になってくるわけです。これをベックは、「個人と社会との新しい直接性」という独特の言葉で表現しています。

　さらに――ややこしいことに――この個人化の過程は、個人化という言葉とは逆に、社会への新しいかたちでの依存性を強化することになります。たとえ

ば，労働市場に，教育に（人生上のある個人的な決定はその人の学歴に依存する等々），消費生活に（ファッション消費を通したアイデンティティ表現等々），セラピーに，これまで以上に強く依存せざるを得なくなってきます。

このような社会に登場し，また求められる個人像とは，（実際にできるかどうかは別として）溢れるほどの情報をみずから選択・処理し，自分の人生とそのなかで出会う数々のリスクを自分で管理・処理する主体としての個人です。自分の人生のなかのさまざまな「リスク管理」を自分自身で行うことを強いられながら，「▶リスク社会」を生きねばならない存在です。このような主体像は決して机上の空論ではなく，社会のなかで実際に「使用」されています。たとえば，保険の分野でも，みずからの健康管理をどこまで行なっているかによって保険契約者を差別化する動きがありますし，銀行などの金融機関に行ってパンフレットをみれば，「預金はあなたの自己責任で」というフレーズが目に飛び込んできます——金融の動きなど金融アナリストですら精確に予測できないのに，です。

もちろん，ベックはこのような個人化過程を，悲観的な色彩だけでもって描いているわけではありません。数々の「新しい社会運動」もまた，こうした個人化過程のなかから生まれてくるものであって，そこにある種の希望も見出しています。いずれにせよ，私たちは——そこに希望を見いだすにせよ，その閉塞感に苛まれるにせよ——このようなアンビバレントな現代社会を生きていかねばなりません。

▶ **リスク社会**
産業社会がある意味で頂点に達したあとの社会状況を特徴づけるために，ドイツの社会学者ベックによって考え出された概念。実は，彼の「リスク社会」論には，本当は一緒には論じることのできない非常に多様な内容が含まれていますが，①現代社会においては，個々人がみずからのライフコース上のリスク管理を強いられるということ，また②科学技術がもたらす数々のリスク（原発のリスク，化学物質のリスク等々）のゆえに，産業社会での「富の配分」の代わりに，今日では「リスク配分」が問題となる，といったかたちで，「リスク」を鍵概念にして現代社会を特徴づけたところに重要な意味があります。

第14章 社会学理論

> コラム
>
> ### 安全社会／リスク社会と情報
>
> 　現代社会のいわば「時代のキーワード」をあげるとすれば，それは「安全(セキュリティ)」もしくはその裏返しの「リスク」でしょう。インターネットのセキュリティ，環境リスクに対する安全，ナショナル・セキュリティー（国家安全保障），社会保障 (social security)，医療上の安全，防犯による地域の安全，災害からの安全……。こういった安全への希求は，自分たちの生活を何らかの脅威によってかき乱されたくないというごく自然な欲求に基づいているといえます。
>
> 　しかし他方で，リスクを事前に避け安全をたえず求めるこの衝動が，新しいかたちでの（しかも抵抗の拠点を作りにくい）管理社会を招き入れつつあることも事実です。たとえば，ショッピングセンターや街路など町のあちこちに溢れる無数の監視カメラ，前科者に対する GPS（全地球測位システム）による遠隔監視，性犯罪歴のある人の居住地に関する情報の地域住民への公開，警察に蓄積される遺伝子情報データベース等々といった種々の情報テクノロジーを利用しての監視などが，そのほんの一端です。
>
> 　何かのリスクから身を守ろうとするそのことが，監視や管理を強める事例は，私たちの身の回りに溢れています。しかもそこでは，「監視からプライバシーを守れ」式の訴えはあまり効果をもちません。むしろ「警官がいたり監視カメラがあったりするとなんとなく安心」というように，「漠然たる不安」に駆られながら監視・管理されることをみずから望む，という感覚が支配的になっているようにも思われます。また，危険をもたらす「可能性」があるという理由だけで一定層の人びとを社会からあらかじめ排除してしまうことにもつながりかねません。
>
> 　本文でも触れた『危険社会』の著者ベックも，「リスク防御」を正当性原理とするリスク社会は，実は不可避的に「全体主義」を生み出す傾向を有するのだ，と警告を発しています。もちろん不必要なほどの警戒心はかえって物事をみる目を曇らせてしまいますが，しかし，リスクを事前に計算し，そういうリスクを回避すべく事前の管理を社会が強化していくことが，アンビバレンスをはらむものであるという点は，十分に考慮しておくべきかもしれません。そうした新しいかたちでの管理に，最新の情報テクノロジーが少なからず貢献している点も，情報・メディアを学ぶ私たちにとって重い課題です。いずれにせよ，「安全」の問題は，社会学理論に対して，新しく難しい課題をつきつけているといえます。

引用・参考文献

Beck, U. *Risikogesellschaft*, Suhrkamp, 1986（東廉・伊藤美登里訳『危険社会』法政大学出版局，1998年）

Beck, U. & E. Beck-Gernsheim *Individualization*, SAGE, 2002

大塚久雄『社会科学における人間』岩波新書，1977年
Deleuze, G. *Pourparlers,* Ed. de Minuit, 1990（宮林寛訳『記号と事件』河出書房新社，1992年）
Durkheim, E. *De la division du travail social,* F. Alcan, 1893（田原音和訳『社会分業論』青木書店，1971年）
――― *Les Suicide:étude de sociologie,* F. Alcan, 1897（宮島喬訳『自殺論』中公文庫，1985年）
Horkheimer, M. & T. W. Adorno *Dialektik der Aufklärung,* Querido Verlag, 1947（徳永恂訳『啓蒙の弁証法』岩波書店，1990年）
Markuse, H. *One-dimensional man,* Beacon, 1964（生松敬三・三沢謙一訳『一次元的人間』河出書房新社，1980年）
Münch, R. *Theorie des Handelns,* Suhrkamp, 1988
Luhmann, N. 'Arbeitsteilung und Moral: Durkheims Theorie', *Durkheim, Über die Teilung der sozialer Arbeit,* Suhrkamp: 17-35 (Einleitung), 1977
Parsons, T. *The Evolution of Societies,* ed. & with an introduction by J. Toby, Prentice-Hall, 1977
Parsons, T. & N. J. Smelser, *Economy and Society,* Routledge and Kegan Paul, 1956（富永健一訳『経済と社会』Ⅰ-Ⅱ，岩波書店，1958-1959年）
Spencer, H. *The Principles of Sociology,* 3vols., Transaction Publishers, 2002 (Original: 1898)
高城和義『パーソンズ―――医療社会学の構想』岩波書店，2002年
Weber, M. *Die protestantische Ethik und der Geist der Kapitalismus,* 1904・1905・1920（梶山力・大塚久雄訳『プロテスタンティズムの倫理と資本主義の「精神」』岩波文庫，1989年）
―――*Die Wirtschaftsethik der Weltreligionen,* 1920-1921（大塚久雄・生松敬三訳『宗教社会学論選』みすず書房，1972年）

▌推薦文献

内田義彦『読書と社会科学』岩波新書，1985年
―――情報の氾濫するなかで，見えない「社会」を「みる」ための「概念装置」を身につける読書術。社会科学を学ぶ者の必読文献。

高城和義『パーソンズとウェーバー』岩波書店，2003年
―――20世紀最大の社会学理論家パーソンズのウェーバー理論との対話の軌跡。

宮島喬『デュルケム理論と現代』東京大学出版会，1987年

――デュルケム理論を通して「社会学的思考」の核心の一つを一貫した問題意識から浮き彫りにする。

大村英昭・宮原浩二郎・名部圭一編『社会文化理論ガイドブック』ナカニシヤ出版, 2005年
――抽象的で難解なのに「役立たない」社会学理論……こうした「理論」についてのイメージに挑戦し日常世界と理論との架け橋をもくろむ社会学理論入門書。

事項索引

＊ページ数太字は，脚注キーワード解説で説明されているもの

あ 行

RDD（Random Digit Dialing）調査 ……210
ICT（Information Communication Technology）……47
アウトソーシング ……174
アクセス権 ……132
アソシエーション ……158
新しいコミュニティ ……12, 14
新しい社会運動 ……131
アドボカシー活動 ……**129**
アノミー（anomie）……222
　──型自殺 ……223
　──論 ……**224**
eデモクラシー ……77
EBM ……197
生きる力 ……**114**
医原病 ……190
イデオロギー ……59
遺伝子情報 ……6, 8
稲作の遺伝子 ……13
医療化 ……187
インターネット ……69
インターネット新聞 ……74
ウェブサイト ……137
ウェブログ（ブログ）……74, 137
疑り深い信者 ……108
ALS ……55
AGIL図式 ……228, 229
NPO／NGO ……129, 135, 160
エラーバー ……208
エンパワーメント ……54
OJT ……**177**
オートポイエティック・システム ……**42**

オープン・チャンネル ……136
オリエンテーション欲求 ……134
オルタナティブ・メディア ……**140**

か 行

科学革命 ……4
可視性 ……**133**
偏り ……204, 211
学校知 ……**117**
カテゴリー ……202
カリスマ ……95
　──の日常化 ……99
カルチュラル・スタディーズ ……**53**
間隔尺度 ……202
関係性 ……10, 12
　──の組みかえ ……14
監視 ……70
　──社会 ……**91**
管理社会論 ……231, 232
官僚制 ……228, 230
官僚的システム ……131
企業内労働市場 ……171, 172, 174
疑似相関 ……213
記述統計 ……215
議題設定（アジェンダセッティング）機能 ……**133**
機能分化 ……219, 228-230
近代世界システム論 ……21
グラフ ……206, 212
グローバル・ビレッジ ……103
ケア ……8, 9
形相 ……7
検閲 ……143
検定 ……217

事項索引

権力 ……………………………… 133
合意 …………………………… 122, 123
公共圏 ……………… 22, 64, 65, 163, 164
公民権運動 ……………………… 131
公論 ………………………………… 65
個人化 ………………… 119, 122, 232-234
個人情報保護関係5法 …………… 185
コピーキャット …………………… 89
コミュニケーション・モデルズ …… 37
コミュニティ ………………… 10, 158
コミュニティ・アソシエーション …… 162
コミュニティ・メディア ………… 147
雇用可能性 ……………………… 180
雇用システム …………………… 170
コンピュータ・リテラシー ……… 48
コンピュータ教育 ……………… 115

さ 行

最頻値 …………………………… 205
散布図 …………………………… 209
散布度 …………………………… 205
CM ………………………………… 49
資源動員論 ……………………… 131
事実確認的 (constative) ／行為遂行的
　(performative) ………………… 41
質問票の設計 …………………… 214
資料 ………………………………… 7
シニアネット …………………… 162
シビック・ジャーナリズム …… 142, 143
四分位偏差 ……………………… 205
自前主義 …………………… 160, 161
市民ジャーナリズム ……………… 74
市民社会 ………………………… 72
社会学的想像力 ………………… 32
社会参加 ………………………… 59
社会システム論 ………………… 40
社会的構築主義 ………………… 81
社会分業 ……………… 219, 224, 225
宗教的言語 ……………………… 107
終身雇用 ………………………… 168
従属理論 ………………………… 21

集団分極化 ……………………… 165
住民基本台帳ネットワークシステム …… 153
自由民権運動 …………………… 136
集落抽出法 ……………………… 203
順序尺度 ………………………… 202
情報 ………………………………… 68
情報化 …………………………… 114
　──社会 ………………………… 35
情報格差 ………………………… 56
情報の偏り ……………………… 204
情報リテラシー …………………… 48
　──（Information Literacy）教育 …… 116
職務給 …………………………… 170
シリコンバレー …………… 175, 179
スティグマ ……………………… 97
スピリチュアリティ ……………… 7
　──研究 ………………………… 95
正規分布 ………………………… 207
聖典 ……………………………… 107
生命＝情報観 …………………… 6
セーフティネット ……… 176, 179, 180
世界社会フォーラム …………… 130
世界喪失 ………………………… 124
全国総合開発計画 ……………… 151
戦争 ……………………………… 69
選択偏り ………………………… 204
層別抽出法 ……………………… 203
遡及的解釈 ……………………… 88

た 行

大正デモクラシー ……………… 136
代表値 …………………………… 205
単純無作為抽出法 ……………… 203
誕生死 …………………………… 108
地域がん登録 …………………… 195
地域情報化 ……………………… 150
　──政策 ………………… 151, 154
中央値 …………………………… 205
中間支援組織 …………………… 137
調査 ……………………………… 201
沈黙の螺旋理論 ………………… 133

239

DTCA	188	阪神淡路大震災	139
データ	201	PR	52
──の尺度	201	被害者	84
──のチェック	214	被疑者(逮捕された人)	84
テクスト	39	被告人	87
デジタル	4	比尺度	202
デジタルジャーナリズム	138	ヒストグラム	206
デジタルデータ化	103	ビット	2
デジタルデバイド(情報格差)	56, 145	ビデオジャーナリスト	139
デジタル・ネットワーキング	165	非日常的資質	96
電子政府・電子自治体	77	標準偏差	205
電子ネットワーク	143	病人役割	58, 184
動機	89	標本	203
統計的解析	217	標本抽出法	203
		フィードバック	38
な　行		フェアネス・ドクトリン	135
内発的発展	155, 156	フランクフルト学派	231
2ちゃんねる	94, 108	フリーライダー	145
日本型雇用モデル	168	平均	205, 211
ニューメディア	151	変革への挑戦	135
入力補助装置	56	暴力	125
人間拡張の原理(the extensions of man)	103	法話のインターネット中継	107, 108
ネチズン	137	母集団	203
ネットワーク型の宗教集団	108	補助技術(Assistive Technology)	61
ネティズン	75	ボランティア	157, 159
年功賃金	168, 169	ホワイトバンド	130
ノイズ	38		
脳情報	9	**ま　行**	
		幹葉表示	207
は　行		水俣病	139
バーチャル参拝	105	ミニコミ	137
バーチャルツアー	105	民衆運動	136
バイオ医療化	189	民衆ジャーナリズム	136
バイオ技術	189	民主主義	64, 65, 68
箱ひげ図	208	無罪推定	87
外れ値	214	名義尺度	202
パブリック・アクセス・チャンネル	135	メインストリーム	133
パブリック・メディア・センター	144	メディア	50, 133
範囲	205	メディア・リテラシー	36, 47, 48, 147
犯罪ニュース	81, 83, 84	──教育	115
犯罪白書	85	メディア決定論	101

メディア社会構成論 ……………102
世論 ……………65
落選運動 ……………138
や・ら行
ラスウェルの公式 ……………**37**
Yahoo! Japan ……………**106**
リアリティ（現実）……………**81,82**
ユニバーサルデザイン ……………61
リスク社会 ……………232,**234**,235
世直し ……………130
リテラシー ……………53

人名索引

アーレント，H.（H. Arendt）………124,125
 ……………94,184,228-230
アドルノ，T.（T. Adorno）………………231
ハーバマス，J.（J. Habermas）
イリッチ，I.（I. Illich）…………188,190,191
 ……23,64,65,67,68,72,73,122,124,125,232
ウィーバー，W.（W.Weaver）………………35
ブーアスティン，D.（D. Boorstin）…………52
ウィリアムズ，R.（R. Williams）……………54
ベイトソン，G.（G. Bateson）………………34
ウェーバー，M.（M. Weber）…94,95,225-228
ベック，U.（U. Beck）………………232-234
オスターマン，P.（P. Osterman）…………167
ホガード，R.（R. Hoggart）…………………53
ギデンズ，A.（A. Giddens）………………70,71
ホルクハイマー，M.（M. Horkheimer）……231
グーテンベルク，J.（J. Gutenberg）………101
マートン，R. K.（R. K. Merton）……223,224
シャノン，C.（C. Shannon）………………2,35
マクルーハン，M.（M. McLuhan）
スペンサー，H.（H. Spencer）…………219-221
 ……………………………………39,51,101,102
タックマン，G.（G. Tuchman）………………84
マルクーゼ，H.（H. Markuse）……………231
ダンス，F. E. X.（F. E. X. Dance）…………36
ミルズ，C. W.（C. W. Mills）………………32
デュルケム，E.（E. Durkheim）
メイロウィッツ，J.（J. Meyrowitz）…………99
 ……………………………………94,222,224,225
吉見俊哉（T. Yoshimi）………………………39
中根千枝（C. Nakane）…………………………11
ラスウェル，H.（H. Lasswell）………………37
パーソンズ，T.（T. Parsons）
ルーマン，N.（N. Luhmann）…………40,228

241

執筆者紹介（執筆順）

広井　良典（ひろい　よしのり）　編者，第1章執筆
　現在，千葉大学法経学部教員（医療経済・社会保障論，科学哲学）
　2001-02年　マサチューセッツ工科大学（MIT）客員研究員
　1986-96年　厚生省勤務
　1986年　東京大学大学院総合文化研究科修士課程修了（相関社会科学専攻）
　1984年　東京大学教養学部卒業（科学史・科学哲学専攻）
　主著・論文：『生命の政治学——福祉国家・エコロジー・生命倫理』岩波書店，2003年；『定常型社会——新しい「豊かさ」の構想』岩波新書，2001年；『ケア学』医学書院，2000年など

早坂　裕子（はやさか　ゆうこ）　編者，第2章，第12章執筆
　現在，新潟青陵大学看護福祉心理学部教員（保健医療社会学，福祉社会学）
　1996-2000年　東北福祉大学勤務
　1996年　東京大学大学院医学系研究科博士課程単位取得，博士（社会福祉学）
　1991年　ロンドン大学大学院 RHC 社会科学研究科，MSc.（Medical Sociology）
　1988年　ケント大学社会科学部，BA（Sociology & Social Anthropology）
　主著・論文：「第5章　健康と貧困との相互関係」岩田正美・西澤晃彦編著『講座・福祉社会9　貧困と社会的排除』ミネルヴァ書房，2005年；「がん患者の在宅ターミナルケアを実践する医師の調査」『日本醫事新報』4071，2002年；「第4章　健康・病気の社会的格差」山崎嘉比古編著『健康と医療の社会学』東京大学出版会，2001年など

小松　丈晃（こまつ　たけあき）　第2章，第14章執筆
　現在，北海道教育大学教育学部釧路校教員（理論社会学，地域社会学，ドイツ社会学思想，リスク論）
　1998年　東北大学文学研究科博士課程後期修了，博士（文学）
　主著・論文：『リスク論のルーマン』勁草書房，2003年；「グリーン・ツーリズムの導入とその受容過程」『文化』64(1/2)，2000年；「リスクとシステム信頼」『社会学年報』29，2000年など

矢原　隆行（やはら　たかゆき）　第3章執筆
　現在，福山市立女子短期大学教員（臨床社会学，社会システム論，ジェンダー研究）
　2000年　九州大学大学院文学研究科博士後期課程単位取得退学
　主著・論文：「何かのための社会学と社会学のための何か——臨床社会学の発見」『社会分析』30，2003年；「男性看護職をめぐる課題と戦略——その隘路と可能性について」『看護学雑誌』66(11)，2002年；「『家族』をめぐる語り——人々の視点を用いた家族社会学の可能性」木下謙治編『家族社会学——基礎と応用』九州大学出版会，2001年など

柴田　邦臣（しばた　くにおみ）　第4章執筆
現在，大妻女子大学社会情報学部教員（ICTメディア研究，福祉情報論，社会情報学）
2003年　東北大学大学院文学研究科人間科学専攻博士課程修了，博士（文学）
主著・論文：「ボランティアの"技法"——障害者福祉領域でのパソコン・ボランティアから」『社会学年報』33，2004年；「福祉NPOにおける"支援"のあり方——障害者福祉での電子ネットワークの諸相」（共著），『NPOの電子ネットワーク戦略』東京大学出版会，2004年；Shibata, K. 'Analysis of "critical" Approach in Media Literacy——Comparative studies between Japan and Canada——', *Keio Communication Review*, No. 24, 2002.

水上　英徳（みずかみ　ひでのり）　第5章執筆
現在，大分県立芸術文化短期大学情報コミュニケーション学科教員（理論社会学）
1995年，東北大学大学院文学研究科博士課程（後期3年の課程）退学
主著・論文：「再分配をめぐる闘争と承認をめぐる闘争」『社会学研究』76号，2004年；永井彰・日暮雅夫編著『批判的社会理論の現在』（共著）晃洋書房，2003年；「公共圏と市民社会」『社会学年報』32号，2003年など

大庭　絵里（おおば　えり）　第6章執筆
現在，神奈川大学経営学部教員（犯罪社会学，逸脱論，社会問題の社会学）
1991年　上智大学大学院文学研究科社会学専攻博士後期課程満期退学
主著・論文：矢島正見ほか編著『よくわかる犯罪社会学入門』学陽書房，2004年（2，14，15章その他執筆）；「犯罪ニュースにおけるフレイムと犯罪に関する公的議論」『現代社会理論研究』10号，2000年など

深水　顕真（ふかみず　けんしん）　第7章執筆
現在，関東学院大学経済学部（非常勤）（宗教社会学，メディア論）
1989年　九州大学大学院文学研究科宗教学専攻博士課程単位取得退学
2003年　広島大学大学院社会科学研究科社会学専攻博士後期課程単位取得退学
主著・論文：「オンライン伝道」「サイバーカルト」「バーチャル宗教」井上順孝編著『現代宗教辞典』弘文堂，2005年；「インターネット時代の宗教」宗教社会学の会編『新世紀の宗教』創元社，2002年；「宗教ウェブサイトの実力——広島県内の寺院・教会の事例より」『宗教と社会』6号，2000年など

執筆者紹介

重松　克也（しげまつ　かつや）　第8章執筆
現在，北海道教育大学教育学部（釧路校）教員（社会科教育，授業研究の原理的研究，発達研究）
1999年　東京学芸大学大学院連合学校教育学研究科単位取得退学，博士（教育学）
主著・論文：「教育技術・方法改善を志向する授業設計の構造――アルフレッド・シュッツの『労働の世界』論を手がかりにして」(1)(2)『北海道教育大学紀要（教育科学編）』55-1，2004年，56-1，2005年；「中学生・高校生・大学生の人権意識について（II）――青少年の人権意識についての調査から」『横浜国立大学教育人間科学部紀要I（教育科学）』4，2002年（影山清四郎との共著）；「書きことばに着目した定量的な授業分析――規範が判断の視点に与える影響に関する実証的研究」『社会科教育研究』84，2000年など

松浦さと子（まつうら　さとこ）　第9章執筆
現在，龍谷大学経済学部教員（社会学，メディア論，NPO/NGO論）
1999年，名古屋大学大学院人間情報学研究科修了，博士（学術）
主著・論文：『パブリック・アクセスを学ぶ人のために』世界思想社，2002年；『市民参加型社会とは――愛知万博計画過程と公共圏の再創造（共著）』有斐閣，2005年；『そして，干潟は残った――インターネットとNPO』リベルタ出版，1999年など

山尾　貴則（やまお　たかのり）　第10章執筆
現在，作新学院大学人間文化学部教員
2001年　東北大学大学院文学研究科博士課程後期終了，博士（文学）
主著・論文：「インターネット時代の福祉情報化――長野県諏訪地域における取り組みを手がかりに」『作新学院大学人間文化学部紀要』3，2005年；「G. H. ミード科学方法論の検討」『作新学院大学人間文化学部紀要』1，2003年；「自我とコミュニケーション」（共著）船津衛・安藤清志編著『自我・自己の社会心理学――ニューセンチュリー社会心理学』北樹出版，2002年など

竹内　治彦（たけうち　はるひこ）　第11章執筆
現在，岐阜経済大学経営学部教員（労務論，産業社会学）
1989年　慶應義塾大学社会学研究科博士単位取得退学，社会学修士
主著・論文：日本労働研究機構『ドイツ企業の賃金と人材育成』（共著），1998年；『グローバリゼーションの社会学』（編著）八千代出版，1997年；藤田弘夫・西原和久編『権力から読みとく――現代人の社会学・入門』有斐閣，1996年など

対馬　栄輝（つしま　えいき）　第13章執筆
　現在，弘前大学医学部助手，同大学理工学部教員（併任）（統計学・データ解析学，老年医学，骨関節疾患系理学療法学）
　2000年　弘前大学大学院理学研究科（統計学・データ解析学専攻）修了
　主著・論文：「第13章　看護・福祉の社会調査」早坂裕子・広井良典編著『みらいを拓く社会学』ミネルヴァ書房，2004年；「理学療法の研究における信頼性係数の適用について」『理学療法科学』18，2002年；「理学療法分野の研究における分散分析の適用」『理学療法科学』17，2001年　など

みらいに架ける社会学
――情報・メディアを学ぶ人のために――

2006年2月10日　初版第1刷発行	＜検印省略＞
	定価はカバーに表示しています

編著者　早　坂　裕　子
　　　　広　井　良　典

発行者　杉　田　啓　三

印刷者　田　中　雅　博

発行所　株式会社　ミネルヴァ書房
607-8494　京都市山科区日ノ岡堤谷町1
電話代表(075)581-5191番
振替口座01020-0-8076番

©早坂裕子・広井良典ほか，2006　　創栄図書印刷・清水製本

ISBN4-623-04541-2
Printed in Japan

N. アバークロンビー・S. ヒル・B. S. ターナー 著
丸山哲央 監訳・編集
新版　新しい世紀の社会学中辞典　本体2800円

早坂裕子・広井良典 編著
みらいを拓く社会学　本体2600円
――看護・福祉を学ぶ人のために――

大谷信介・木下栄二・後藤範章
小松　洋・永野　武 編著
社会調査へのアプローチ［第2版］　本体2500円
――論理と方法――

阿部　潔 著
公共圏とコミュニケーション　本体4000円
――批判的研究の新たな地平――

武市英雄・原　寿雄 責任編集
グローバル社会とメディア　本体3500円

橋本良明・吉井博明 責任編集
ネットワーク社会　本体3500円

渡辺武達・松井茂記 責任編集
メディアの法理と社会的責任　本体3500円

山本武利 責任編集
新聞・雑誌・出版　本体3500円

津金澤聡廣・佐藤卓己 責任編集
広報・広告・プロパガンダ　本体3500円

――― ミネルヴァ書房 ―――
http://www.minervashobo.co.jp/